语言与文化论坛

论坛

Forums of Language and Culture

主办 浙江越秀外国语学院

主编 朱文斌 庄伟杰

2019.1
总第15辑

上海交通大学出版社
SHANGHAI JIAO TONG UNIVERSITY PRESS

图书在版编目(CIP)数据

语言与文化论坛.2019.1/朱文斌,庄伟杰主编.—上海:上海交通大学出版社,2019
ISBN 978-7-313-21451-5

Ⅰ.①语… Ⅱ.①朱…②庄… Ⅲ.①社会科学-文集 Ⅳ.①C53

中国版本图书馆 CIP 数据核字(2019)第 122013 号

语言与文化论坛(2019.1)

主　　编:朱文斌　庄伟杰
出版发行:上海交通大学出版社　　　　　　　地　　址:上海市番禺路 951 号
邮政编码:200030　　　　　　　　　　　　　电　　话:021-64071208
印　　制:江苏凤凰数码印务有限公司　　　　经　　销:全国新华书店
开　　本:787mm×1092mm　1/16　　　　　印　　张:13.25
字　　数:291 千字
版　　次:2019 年 7 月第 1 版　　　　　　　印　　次:2019 年 7 月第 1 次印刷
书　　号:ISBN 978-7-313-21451-5/C
定　　价:30.00 元

通讯地址：(312000)中国浙江绍兴市越城区会稽路 428 号
　　　　　　　浙江越秀外国语学院《语言与文化论坛》编辑部
电　　话：0575 - 89114475　89114479
投稿邮箱：yuexiuxuebao@163.com

语言与文化论坛

目　录

地理文化

序跋评述

学术动态

编后记

语言与文化论坛

Contents

差异性原理视阈中的我国新高考改革

——基于芬兰、丹麦高考招录制度的启示

◎ 施文妹　许伟通　吴若茜

摘　要：社会发展既受统一或同一律的制约，又受差异律的制约。差异是事物存在的基本样态，是人类从事认识和实践活动的基本的方法论原则。差异性原理从哲学角度为我国新高考改革提供一个全新而又比较具体的分析视角。芬兰、丹麦已经建立起较为成熟的统一性与差异性相结合的高考招录体系，这一体系将不同能力和特长的学生选拔到适合其能力发展的高校进行培养。在我国高考改革试点从浙江、上海再扩展到北京、天津、山东、海南"二省二市"之际，作为人才选拔的关键性环节——高考招录制度可以借鉴这些国家的成熟做法，审视差异化带来的发展的复杂性、多样性、非同步性、阶段性，并警惕与防范差异带来的消极性。

关键词：差异性原理　高考　招录制度　改革

基于差异性原理来审视社会发展，具有十分重要的认识论功能和动力机制作用。差异是一种客观存在，这就必然要求无论是发展理念和目标的确立、发展政策的制订，还是发展手段的选择等都要从差异化的客观实际出发。[①]在前人研究的基础上，马克思、恩格斯系统地阐述了他们的差异性思想，体现了事物运动过程的不平衡性、目的与结果的不统一性、时代差异性、人类历史差异化发展等。[②]从哲学角度讲，物质的统一性原理回答"是什么"，而物质的差异性是回答"怎么样"。[③]这种对"怎么样"问题的追根溯源便造就了物质世界的普遍联系和永恒发展，将其应用于我国新高考改革发展中，便是从哲学高度为新高考改革发展提供了一种崭新的分析视角。

一、基于差异性原理理解我国新高考改革

我国新高考改革备受瞩目，这是一项综合性系统工程，涉及高考内容、科目、形式和录取手段等内容。尊重差异、增加选择性是新高考制度改革的核心价值，差异性原理为改革的进一步推进提供了更多的理论依据。

（1）差异的普遍性使高考改革成为必由之路。差异的普遍性表现在三个方面：一是世界上一切事物、现象、过程与周围的其他事物、现象、过程之间存在着这样那样的差异；二是指任何事物、现象、过程的各个部分、要素、环节之间存在着差异；三是指一切事物在其发展的各个时期或各个阶段都存在着这样那样的差异。只讲统一或同一而不讲差异，

就会导致差异问题上的虚无主义,出现忽视差异甚至消灭差异的现象。如现实中存在的平均主义、"一刀切"的做法。我国沿用已久的高考制度因注重统一性而导致唯分数论、"一考定终身"等问题,就是忽视差异、一味追求绝对平等造成了新的不平等,改革就成为必然之选项。

(2)差异的客观性需要高校提升识别个体差异的能力。差异也是客观差异,具有不以人的意志为转移的客观本性。"有个性的个人与偶然的个人之间的差别,不是概念上的差别,而是历史事实"。高考改革的目标是让各个层级和类型的高校,能够根据自身学科和专业特点,识别具有差异的个体,招收到具有专业学习兴趣和潜质的学生。

(3)实践差异的思想需要我们正视改革实践中存在的问题。恩格斯的"实践差异论"揭示了人的实践目的和实践结果之间所存在的差异问题,他强调:"预定的目的和达到的结果之间还总是存在着极大的出入。"我国正在推行的新高考改革的目的是增加考生的自主选择权,这一制度设计基础需要学生具有完全的选择意愿和选择能力,学生了解自己真正的兴趣,对自身特长有清晰认识、对学业和职业有自主规划,这样才能确保学生自主选择权的实质性落地,改革需要正视长久以来学生自主选择权弱化而导致的一系列客观问题。④

二、我国现有高考招录制度特点及存在问题

(一)我国现有高考招录制度特点

浙江、上海、北京、天津、山东、海南、江苏、福建、辽宁、广东、湖南、湖北、河北、重庆等省、自治区、直辖市已出台的高考综合改革方案,都把招生录取制度的设计作为重点改革内容,以选拔符合专业人才培养要求的学生为目标,现有招录制度呈现出以下特点:

(1)在录取标准上,以"二依据一参考"为原则。新高考录取标准基于统一高考和高中学业水平考试成绩、参考综合素质评价(简称"两依据一参考"),以此增加高校与考生相互选择的匹配度。考生总成绩由统一高考的语文、数学、外语 3 个科目成绩和高中学业水平考试 3 个科目成绩(由考生根据报考高校要求和自身特长,在思想政治、历史、物理、化学、生物等科目中自主选择,浙江省加增信息技术科目)组成,外语及选考科目有二次考试机会,选考科目成绩二年有效。⑤

(2)在录取主体上,逐步试点高校自主招生。高校招生主体权逐步回归,国务院于 2001 年颁发了《关于基础教育改革和发展的决定》,开始实施高校自主招生改革试点。同年,上海开始春季高考改革试点。2011 年,浙江省率先试行"三位一体"综合评价招生改革。2014 年,《国务院关于深化考试招生制度改革的实施意见》出台,综合评价招生改革在全国推开,扩大高校在选拔人才中的自主性和能动性。⑥2016 年,江苏省共有 11 所省属高校在省内进行综合评价录取改革试点工作,综合五个维度考量。上海市近两年在 9 所高校推进综合评价录取改革试点,以"6+1+3"的赋分方式(即高考投档成绩占 60%,校测成绩占 30%,参考高中学生综合素质评价的相关记录)确定考生最终的综合评价录取成绩。⑦

（3）在录取形式上，不分文理及减少批次。全国已有30个省份出台高考改革方案，取消文理分科渐成共识。浙江自2017年开始，把原按批次分批填报志愿、分批录取转变为按考生成绩分段填报志愿、分段录取；海南从2020年起不分文理，仅设本科批和专科批；山东省一批二批合并，除提前批次外，不再分批次录取。对学生来讲，由于不受文理限制，逐步减少高校招生录取批次，能够增加普通高等学校与学生的双向选择机会。

（4）在录取次序上，按"专业＋学校"填报志愿，实行专业平行录取。志愿次序的设置是高考录取的一条重要游戏法则。浙江、上海、山东、福建等地新高考招生制度，均明确考生以"专业＋学校"的模式填报志愿，按专业（类）平行投档。⑧在分数优先、专业投档优先的制度设计下，直接带来高校新一轮的专业撤并与优化。

（5）在录取技术上，实行网上填报志愿和远程网上录取。利用现代技术手段，实行远程网上录取，这是招录制度改革中最成功的改革，既提高了录取时效，而且还通过程序设计规避人为操作可能存在的录取风险。

（二）招录制度中存在的问题

新高考改革在尊重差异、增加选择性为高考制度发展带来机遇的同时，也给高考利益相关者（这里的利益相关者包括考生、中学、高校和各省市教育考试院）带来了挑战，目前在招录制度设计中仍有一些关键问题需要破解：

（1）除自主招生试点高校部分计划录取外，高校在招生录取中的主体地位仍不突显。我国高校长期依赖的传统计划分配招生路径，对学生的个性、特长等无法以分数体现的非智力因素，目前尚未建立科学公正的评价体系，在高校准备不足且招录权力回归仍然有限、宏观上社会诚信体系尚未切实建立的背景下，高校招生权仍然演变为根据分数接收考生的接收权。

（2）学生对学业和职业自主规划能力的缺失，导致"被选择"的困境。新高考改革制度设计需要学生对自己的兴趣、自身的特长有清晰认识，能自主进行学业和职业规划，这样才能作出符合自身真正意愿的选考及专业志愿选择。而高中生涯规划指导的缺失、生涯规划导师的缺乏，以及生涯规划课程和生涯体验基地的缺乏让这一良好的愿望在实践中遭遇困境，导致学生产生选择困惑或者盲从选择。

（3）部分高中学校受功利思想驱使，存在应对学考、选考的"新应试教育"倾向。新高考改革是高中课程改革的指挥棒，在这一轮改革中，高中学校承担着十分重要的改革历史使命。然而一些高中学校客观上仍存在着配套改革能力不足的问题，如师资不足、场地受限、学生管理模式亟待转变等，部分高中学校出现了用"选考套餐"限制学生选择范围，强制实行分班教学，集中时间赶进度搞"学考会战"等应试教育表现。⑨

三、芬兰、丹麦高考招录的相关做法

笔者在2017年曾访问芬兰、丹麦相关教育管理部门和部分高校，访谈了芬兰入学考试委员会的Robin Lundell和Thomas Vikberg教授、哈姆应用科技大学的Antti Isoviitay

主任、丹麦高等教育与科学部的 Mads Flyvholm 高级顾问，丹麦大学联盟的 Sofie Thaagaard Hyllested 部门负责人。在我国新高考改革面临一些需要突破的问题之时，审视芬兰、丹麦两国一些做法深有感触。

芬兰是高度发达的资本主义国家，人均 GDP 约 4.5 万美元。这个人口只有 500 多万的北欧小国，创造了世界瞩目的教育奇迹。芬兰 1921 年实行义务教育，高中实施无年级制和实现学习的个人化。芬兰大学入学考试是具有 150 多年历史的国家考试制度，溯源有 400 年历史。每年在芬兰约有 22 万余名大学生就读 25 所理工院校以及 16 所综合大学。

丹麦同为北欧五国之一，人均 GDP 高达 5.6 万美元。丹麦拥有不同类型的高等教育，有两年短周期（课程）的专科院校职业项目，有 3 年半到 4 年（课程）的专业学士项目，有分学士学位项目（第一周期）、硕士学位项目（第二周期）、博士学位项目（第三周期）三个层次的大学学位项目。丹麦的高等教育机构包括了 8 所综合性大学、9 所商学院、7 所大学学院、3 所建筑设计和艺术院校、10 所海事教育机构，丹麦建立大学入学申请协调机制（KOT 系统），2016 年大学在校生总数为 15.4 万人。

北欧两国高等教育体系对于社会的发展具有举足轻重的作用，这一体系把不同的学生分流到适合其发展的各类学校中接受不同程度的教育，既体现了因材施的教育原则，又为两国经济发展培养了各种类型的人才，推动了两国经济的快速发展。

（1）统一性与差异性相结合的招生录取制度。芬兰大学入学考试"一考两用"，既作为高中毕业的要求，又作为全国高考成绩，部分高校可据此直接录取，部分高校则会增加校考。目前，每年约 3 万名考生参加大学入学考试，总计约 20 万科次考试，仅有不到 6％的考生无法通过考试。通过大学入学考试的考生可以在大学中继续学习深造，没有通过大学入学考试的考生还有机会通过单独的配额申请芬兰的大学，并在申请通过后被录取。大学入学考试也不是芬兰学生上大学唯一的途径，职高学生可凭职业资格证书和自身工作经历等申请应用技术大学。这种"两次考试、综合评价"的高校招生录取制度，兼顾统一性与差异性，不仅有全国统一的大学入学资格考试，而且也允许各大学根据自身学校专业特点来单独组织对学生做进一步考查的考试，做到对学生基础学习能力的测查和综合能力的评价并重。⑩

（2）个性化入学考试为人才选拔录取提供多样可能。大学入学考试科目及难度等级可供选择。芬兰所有考生至少参加必考加选考共四项科目考试，必须参与母语测试（芬兰语或瑞典语或萨米语，三者选其一），其余三项必考内容的选择范围如下：一是第二民族语言，二是外语，三是数学，四是通识学科的成套测验（即科学和人文学科综合测试，包含宗教、伦理学、社会学、化学、地理学、健康教育、心理、哲学、历史、物理、生物等课程）。学生也可自主选择科目考试等级，例如第二民族语言分为中级和高级，数学、外语科目分为基础课程和高级课程两种水平，通识学科不分级，学生可以根据自身实力自主选择适合的考试科目等级。无论在高中学习的是哪级课程，考生都可以在考试时任意选择难度等级，但只能参加一门科目中的一个等级的考试，并且必须通过至少一门必考科目的高级课程考试。学生根据自身拟报考高校专业的需要，选修不同的通识学科科目，增加大学入学考试科目门数。例如,想报考大学生物专业的学生,一般会选修选考数学、物理、生物、化学等科目。此外,大学入学考试中可能会包含额外的考试项目,也可由学生自主选择。考生如果未通过某门必考科目测试,可以在接下来的三次连续考试中重考两次该科目,获得的更好成绩可以替代之前的成绩。如果选考科目的考试成绩未及格,考生可以无时间限制地重考两次。

个性化高考以开放性试题为主,除语言是标准化试题外,其他科目都是开放性的试题,如通识科目的考试虽然只有 4 至 8 道题目,却全部都是论述题,难度较大。开放性试题重点考察学生的领悟能力和运用能力,这样学生就很难通过机械训练、题海战术或利用考试技巧取得高分。

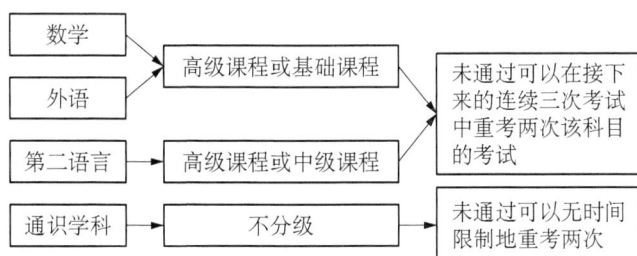

图 1 芬兰的层级考试及重考安排

芬兰还增加了实践学分,学生可以在高中毕业两年内,参加与申请专业相关的社会实践活动并获得相应的学分。例如,如果想申请大学医学专业,则在医院当义工可以折算为大学学分。考试成绩长期有效,学生有不合格的科目可以有 3 次重考机会,合格科目不允许重考,已考科目成绩长期有效。如在两年内被大学录取,考试成绩可以乘以 1.08 的系数。

(3) 大学具有组织招生录取的自主权。大学入学考试只是大学招生参考的一项内容,芬兰学生能否被录取的关键条件是学生参加学校考试的成绩以及学生高中的学习成绩和名次、学校老师和校长的推荐信、面试情况等。学校可以根据参加申请及考试通过学生人数,自主扩大当年的招生计划。

面试注重考核学生的英语水平和综合能力。高中毕业的学生,网上申请资格审核合格后,会被邀请参加学校组织的网上考试和网上面试。面试一般 5 人一组,每组面试 20 分钟,特别注重考查学生的英语水平,面试试题多样化,内容广泛。重点考查学生的可持续发展能力、国际视野、与他人合作意识等。

(4) 推行大学入学考试和录取的数字化(电子化)工程。芬兰 2016 年秋季首次尝试数字化考试,2019 年将全面推行。数字化考试是全程数字化,如考试题目设计、考试系统开发、学校评估(由老师完成)、审查员评估、结果公布等全部过程。目前使用基于 Linux 的操作系统(DigabiOS),操作系统从 USB 存储器启动,无需在考生电脑上进行更改或设备安装,无需访问电脑硬盘,提供完整的用户环境(网页浏览器)和办公室程序(文字处理、电子表格、制图、计算器等),提供 Web 浏览器中的测试和背景材料。学校所需的训练平台——Abitti. fi 免费课程测试系统已于 2015 年开发完成，每天测试运行量从几百人次增加到了接近 2 万人次。

图 2　芬兰推进数字化考试时间表

四、对推进我国相关省市高考招生录取和教育改革的启示

差异性原理所提供的"差异性思维"或"识差法"是人们认识事物的重要方法。在"识差"的基础上采取综合法，即在掌握了事物的不同之后，再设法找出它们之间的共同之处如共有的本质、规律等，然后再以这种共同的认识去指导把握新的差异性事物。芬兰、丹麦两国高考招生录取"以学生为中心"的理念，对照我国正在深化完善的新高考招录制度，通过"识差"后，可以找到改革的规律性内容。

（一）重视高考改革从结构和功能上体现的复杂性，体现以生为本理念

复杂性是指结构上的交叉性和功能上的相互博弈性，它要求我们以复杂性思维来考察新高考改革，充分运用非线性思维模式而避免以简单性原则来看待事物。新高考改革是利益相关的各种因素共谋与博弈的过程。芬兰、丹麦普遍建立的教育立交桥、灵活的转专业制度、考试科目和难易等级的自主选择、考试内容和题目的开放性、考试时间和形式的灵活性和人性化安排等，无不体现了其浓厚的人文关怀和学生为本理念。我国高考改革需要尊重学生的个体差异，改变评价方式的单一性，不断完善中学学生综合素质评价。

（二）重视高考改革直观表现样态上的多样性，培养和提升学生选择能力

给学生多样化的选择是中学新课程改革、高考招生录取制度改革、高校大类招生和人才培养模式改革的主要原则之一，但在改革实施过程中却遇到了学生选择能力相对不足的现实困境。芬兰、丹麦"间隔年"的制度设计，初衷就在于让学生在中学阶段、在申请大

学入学之前通过社会实践和工作实习,培养和提升选择能力,明白自己想读什么大学专业,想要什么样的未来发展和人生。丹麦教育部门也规定,未被高校正式录取的高中毕业生,可以在2年内,通过参与和自己申请大学专业相关的社会实践活动来获得相应的学分。高中实施无年级制和实现学习的个性化,就是让学生根据自身情况和不同的兴趣特长,从高中起就选择制定自己的学业计划。芬兰还通过普及全民阅读(北欧国家普遍重视全民阅读,年人均阅读量居世界前列)、自然教育、营地教育等方式,培养学生综合素质、自然素养、自立能力和团队合作精神。

(三)重视高考改革横向关系上的非同步性,赋予高校更充分的招生自主权

由于发展主体间总是存在着这样那样的差别,因而在某一特定的时空条件下,基于横向的角度考察,现实的发展实践总是不平衡的。目前我国正在进一步深化教育体制机制改革,坚持放管服相结合,推进学校依法自主办学,稳妥推进新高考改革试点。在多年高考改革试点的基础上,可以很好地总结分析试点经验,增加自主招生试点院校和扩大招生规模,推广高职院校"注册入学"制度,构建高校自主招生测评体系,对于要招收多少学生、招收什么样的学生以及怎样招收学生,让高校有更大的自主权。

(四)重视高考改革纵向关系上的阶段性,逐步利用互联网技术发展助推改革

阶段性是从发展的纵向关系上对社会发展的差异化现象的考察,即任何发展都是分阶段的,这意味着同一发展在不同时期的侧重点不同或主要矛盾、主要任务等不同。[①]在互联网快速发展的阶段,数字化考试拥有了多种新可能。例如:写作过程化;评估过程匿名化(学校名称、考生姓名);背景材料的增加和多样化,如书面文件上可利用文本、文章数据库、网站,视觉材料上可利用图表、地图、图片,视听材料上可利用视频、动画、模拟、音频,数字材料上可利用表格数据、统计数据、测量数据;能够使用真实的情境和数据,更好地解读和处理材料信息,应用知识背景等。数字化考试还具有评分更安全、更公平等优势。芬兰、丹麦互联网技术的广泛而普及的应用,芬兰数字化考试的超前规划和稳步推进,有力促进了高考招录制度的深化改革。当前,我国信息经济和互联网应用迅猛发展,遵循云计算和大数据发展趋势与走向,理应着力推进高考招生录取的数字化工程,谋划在线计算机考试、完善学生电子信息档案、推进自主招生考试数字化工程等,以计算机和互联网技术手段,助推全面深化考试招生制度和教育改革。

(五)重视高考改革发展价值上一定的对抗性,减少高考改革风险

重视一定的对抗性主要是从发展价值的角度,即从差异所带来的发展之消极性的角度对社会发展差异化现象进行认识。当新高考改革不同的发展主体力图把自我利益最大化的时候,改革在发展中就会产生对抗,就会导致高代价发展或风险性发展。新高考改革涉及众多利益主体,包括考生及家长、中学、高校和各省市教育考试院等,牵一发而动全身,要及时、有效地警惕与防范差异带来的消极性,实现社会公共效益的最大化。

马克思差异论指出"极为相似的事变发生在不同的历史环境中就引起了完全不同的

结果。如果把这些演变中的每一个都分别加以研究，然后再把它们加以比较，我们就会很容易地找到理解这种现象的钥匙"。北欧两国高等教育资源相对丰富，学习和借鉴时必须注意我国的具体发展阶段和水平，将高考改革放在教育全球化和国际化大背景下，符合中国目前社会发展阶段和顺应主流民意，坚持开放的视野、辩证地看问题，从发展价值角度坚持高考改革的人本取向。

注释：

① 邱耕田：《差异性原理与科学发展》，《中国社会科学》2013 年第 7 期。

②③ 马克思等著：《马克思恩格斯全集》（第 9—10 卷），中共中央马克思恩格斯列宁斯大林著作编译局译，人民出版社 1973 年版，第 412 - 413、559 - 560 页。

④ 柳博：《选择性：高考制度改革的机遇与挑战》，《教育研究》2016 第 6 期。

⑤ 边新灿：《新一轮高考改革对中学教育的影响及因应对策》，《中国教育学刊》2015 年第 7 期。

⑥ 余澄、王后雄：《高考改革试点方案的定位、分类及结构分析》，《高等教育研究》2015 年第 10 期。

⑦ 常生龙：《综合评价录取释放了哪些信号》，《中国教育报》2018 年 7 月 17 日，第 5 版。

⑧ 樊本富：《我国高考志愿填报方式与录取机制的利弊分析》，《考试研究》2014 年第 2 期。

⑨ 浙江省教育厅办公室：《关于纠正部分普通高中学校违背教育规律和教学要求错误做法的通知》，http://www.dhyz.net/info/1060/6041.htm（2016 年 10 月 22 日），2018 年 10 月 18 日访问。

⑩ 姬会娟：《芬兰"个性化高考"及其对我国高考改革的启示》，《教育测量与评价》2011 年第 2 期。

⑪ 刘秀琴：《差异性原理与图书馆学创新发展》，《图书馆学研究》2014 第 23 期。

（施文妹，女，1976 年出生，浙江绍兴人，博士生，浙江越秀外国语学院党委副书记，副研究员，主要研究方向为民办教育、高校招生制度；许伟通，男，1972 年出生，浙江宁海人，硕士研究生，浙江工业大学学生处处长，副教授，主要研究方向为高校招生制度；吴若茜，女，1977 年出生，浙江温州人，硕士研究生，浙江省教育考试院办公室副主任，副研究员，主要研究方向为教育管理）

主 持 人 语

　　本专辑"日本文学论"共六篇,分别论及芥川龙之介、村上春树、战后文学的"第三新人"以及日本女性主义文学批评。

　　日本是个文学大国。中国读者对《源氏物语》《万叶集》耳熟能详。从古代到近代,日本文学充分汲取了中国文学、文化的养分。近代以后,日本推进文明开化,崇奉西洋,开始渐渐冷落了中国文化。这当然也与中国清末、近代的历史文化状况相关。近代以来,中国读者广为知晓的日本作家有夏目漱石、森鸥外、芥川龙之介、川端康成、大江健三郎、村上春树、三岛由纪夫、谷崎润一郎、永井荷风、太宰治等。这些作家各具特色,夏目漱石留英、森鸥外留德、大江健三郎受法国文学影响,而村上春树声称与日本文学的传统不搭界,主要受美国现当代文学的影响。夏目漱石、森鸥外、芥川龙之介三位作家皆具极高的汉学修养;芥川龙之介被称作日本最后一位富有东方文人色彩的文学大家;川端康成、三岛由纪夫、谷崎润一郎、永井荷风和太宰治则属唯美主义代表作家。此系列作家在中国尤具人气。太宰治也被称作"毁灭型"私小说代表作家,"毁灭型"私小说与唯美主义又有难以分割的关联。还有一个不得不提的问题即几位日本顶级作家与中国文豪鲁迅的关联。芥川小说的中文译介最早见于鲁迅、周作人编选《现代日本小说集》(商务印书馆 1923 年版),鲁迅最早翻译了《罗生门》和《鼻子》,1927 年开明书店出版了鲁迅、方光焘、夏丐尊翻译的《芥川龙之介集》,其中《罗生门》《鼻了》沿用鲁迅译本。芥川去世后,鲁迅在其创刊的《文学研究》(1930)上刊出唐木顺三的文章《芥川龙之介在思想史上的位置》(韩诗桁译)。诺贝尔文学奖获得者大江健三郎多次在公开场合表示,鲁迅是其文学人生的启蒙者和引领者。最后,太宰治则写过一部具有争议性的、以鲁迅为主人公的小说《惜别》。

　　　　　　　　　　　　　　　　　　　　　　　　　魏大海

　　　　　　　　　　　　　　　　　　　　　　　　　2019 年 1 月 23 日

芥川龙之介的《中国游记》①论

——以芥川、章炳麟的会晤对谈为中心

◎ 魏大海

摘　要： 近年来，芥川龙之介的《中国游记》受到学界广泛关注，研究者基于各不相同的立场与视角，对这部非小说性的名作进行了分析和解读。本文拟从空间、时间功能性或特定时段历史文化背景的角度，对"游记"中芥川与中国文化名流章炳麟会面时的著名对谈做出进一步探究。

关键词： 中国　游记　中国蔑视　空间与时间　章炳麟　功能

一

芥川龙之介(1892—1927)生于东京，本姓新原，号"柳川隆之介""澄江堂主人""寿陵余子"，俳号"我鬼"。出生后 9 个月，其母精神失常，遂被送至舅父芥川家做养子。芥川家为旧式士族家庭，特殊的氛围对其日后的生命历程和文学生涯皆有很大影响。芥川龙之介中小学时代的读书经历或阅读范围包括江户文学、《西游记》《水浒传》以及泉镜花、幸田露伴、夏目漱石、森鸥外等近代日本文学巨匠的作品。1913 年考入东京帝国大学英文科；1914 年同丰岛与志雄、久米正雄、菊池宽等两次复刊《新思潮》，促进了文学新潮流新思潮的传播。短篇名作《罗生门》(1915)、《鼻子》(1916)、《芋粥》(1916)等的发表，确立了其新进作家的地位。1917—1923 年先后出版 6 部短篇小说集，题名分别为《罗生门》《烟草与魔鬼》《傀儡师》《影灯笼》《夜来花》和《春服》。芥川龙之介的文学创作始自历史小说，后转向明治时期的文明开化题材，最后则是现实题材的小说。

1927 年 7 月 24 日，芥川因健康、思想压力等多重原因在自家寓所服安眠药自杀，时年 35 岁。一般认为，"芥川的自杀"与日本的社会文化状况相关。当时的日本文坛无产阶级文学迅速兴起，追求"艺术至上"的芥川龙之介感受到强烈的时代躁动与不安("恍惚的不安")，神经过度敏感，怀疑自己小说的艺术价值。文友菊池宽、久米正雄逃向了通俗小说，而芥川苦于无法效仿。他曾这样表述了自己的心中苦闷："我所期望的是不论无产阶级还是资产阶级，都不应失去精神的自由。"

芥川是 20 世纪初日本"新思潮派"最重要的作家，集新现实主义、新理智派和新技巧派文学特征于一身，代表了当时日本文学的最高成就。此外，他发展了日本的短篇小说文学类型，借鉴、吸纳了西方现代小说的结构样式，打破了"私小说"单一、消极的写实性创作模式，强化了日本现代小说的虚构性。芥川龙之介在现代日本文学中确立起独特的

创作方法和文学地位。另外在 20 世纪以来的日本文坛,其影响力不仅体现在"芥川文学"本身的文学价值上,也体现在"芥川之死"包含的文学史分期的象征意义上(日本现代文学起始之象征)。"芥川之死"对当时的日本社会和日本文坛,形成了巨大的冲击,有人谓之为"北村透谷第二"。日后确立的一年一度延续至今的"芥川文学奖",也长期发挥着奖掖和推动日本纯文学的重要作用。"芥川奖"是日本现当代文坛最具影响力的纯文学大奖。

芥川龙之介最为重要的文学成就在小说。样式上看,芥川小说擅长的是类似于江户、明治时期历史小说的特殊类型。早期名作《鼻子》刊于《新思潮》,获夏目漱石高度赞赏。《鼻子》的特征在于以现代小说的创作方法,将日本古典《今昔物语》第 28 卷中的特定故事及《宇治拾遗物语》中一段相似的故事,以简素的语言实现了再创作。短篇名作《罗生门》亦为同样类型的历史小说,出处同样是《今昔物语》。据日本文学史论家西乡信纲的说法,《今昔物语》原本的相关描述朴素而简单,显现为一种没有思想性虚饰的原色调,芥川却给那般"存在"增添了人类的"认识"与"逻辑",芥川的历史小说通过生动的故事虚构探究了相对抽象的观念问题。另一部历史小说代表作《地狱图》的模板则是前述《宇治拾遗物语》。《地狱图》也被称作芥川龙之介"艺术至上主义"的一个宣言。类似的历史小说名作还有《枯野抄》《孤独地狱》《忠义》《基督徒之死》和《戏作三昧》等。

芥川的历史小说还有一个重要特征。一般认为森鸥外的历史小说是尊重史实的,芥川却以近代式的理性或精神自由随意地解释历史或披着历史的外衣描写现实性主题。有观点认为芥川的历史小说并非真正意义上的历史小说,而是卢卡契所谓的"历史现代化"或"历史的假托"。

芥川龙之介又被称作日本最后一位富有东方文人色彩的文学大家。在当代日本文学评论家柄谷行人的《日本近代文学起源》中,说到某种"反文学"志向("私小说")促成了日本"纯文学"的形成,"私小说"作家对于"透视法式的装置"或超越论似的意义缺乏清醒的自觉,也没有那般自觉的必要。相反,对此具有明确自觉意识的却唯有晚年开始厌恶结构式写作的芥川龙之介。柄谷行人认为重要的并非芥川对第一次世界大战后日本文学动向的敏感,不在其有意识地创作那般"私小说",重要的是芥川结合了西欧的动向与日本"私小说"式的作品,使此类"私小说"式的作品作为走向世界最前端的形式具有了意义。[②]柄谷又说,"私小说"作家无法理解芥川的那种视角,谷崎润一郎也没有意识到这一点。"私小说"作家以为他们是在自然地描写"自我",与西欧作家的所为一致。芥川看到的却是"私小说"具有的"装置形态"问题。芥川的观察基于无中心的、片段的和诸多关系的视点。[③]

芥川小说的中文译介最早见之于鲁迅、周作人编选的《现代日本小说集》(商务印书馆1923 年版)。鲁迅最早翻译了《罗生门》和《鼻子》。1927 年开明书店出版了鲁迅、方光焘、夏丏尊翻译的《芥川龙之介集》,《罗生门》和《鼻子》仍采用鲁迅的译本。夏丏尊翻译了芥川若干中国题材的小说,如《南京的基督》《湖南的扇子》等,同时翻译了芥川的非小说类作品《中国游记》。

二

　　研究者对《中国游记》趋之若鹜，评价却多具批判性。例如邱雅芬的《上海游记——一个隐喻的文本》这样写道："对《中国游记》尤其是《上海游记》的误读，使阅读了《罗生门》《鼻子》《河童》等名作，充满兴趣刚刚步入芥川龙之介文学世界的中国大学生读者，突然堕入了茫然不知所措的感觉中。"邱也提到一个事例，在中国大学教授日本近代文学的田口律男曾述及自己在中国教书时的体验。他的文章题名为《在中国讲授日本近代文学时的奇妙扭曲》。他说自己的教育经历伴随了残酷的挫折感——自己的许多学生在撰写毕业论文时，是以芥川龙之介的中国体验或中国理解为主题的。但是他们细读了芥川的《中国游记》，却为文章中比比皆是的"中国蔑视"所激怒，最终，几乎所有的学生都无法忍受而堕入忧郁或嫌恶的情绪中。④

　　这里述及的是中国读者阅读《中国游记》的一般性反应。邱雅芬在结论中表现了理解的态度——应以宽容的、包容的态度接纳芥川那般歧视性描述。邱也在论文中述及鲁迅的一个表态。这个表态与巴金的反论近似——到中国来的日本学者及文学家几乎都有一个共同的固有观念。当他们遭遇不同于其固有观念的事实时，几乎一味地表达厌弃或一味地采取回避态度。所以他们来不来中国，并无任何的差别。⑤

　　鲁迅的表态值得关注。当然，中国学者对《中国游记》也有肯定的观点。译者陈生保就提道："芥川龙之介的那般记述，正是包含着中国憧憬的真实的表现，因而，即便触及了太多阴暗面，仍应表示理解。"这个说法触及的也是不同性质的另一问题。必须实证性地考察事实上究竟有无"中国蔑视"，作家的表现究竟体现了何等心境？或在当时中国、日本相互关联的文化氛围中，究竟体现了怎样的历史本质？陈生保又说，"《中国游记》阴暗的负面表现，原因在于当时中国政治体制、经济状况、文化教育等方面的相对落后，也关联于军阀战争、内外矛盾、民众生活困苦等诸多方面。鉴于当时日本帝国主义对中国虎视眈眈的态势，芥川的那般表现便自然刺伤了中国文化人的自尊心，自然地引起了他们的反感。"这个说法基本没问题。他又说："游记中存在过多负面描写是事实，但是他也的确客观地记述了半殖民地时代中国的真实状况。因而一味地表示反感没有意义。……当时日本正急切加入资本主义列强队伍，芥川突然由那样的日本来到半殖民地中国，其中国憧憬与现实之间或理想与体验之间，便理所当然地产生了强烈的反差。就是说芥川自幼憧憬古代中国的文化、艺术，当他突然面对当时中国的那般现实时，巨大的失望难于言表。……我们中国或我们中国人应以大陆式的宽广胸怀接纳芥川的那般表现。"⑥

　　其实，前述中国的"中国游记"论，很大程度上也受到日本学者相关论述的影响，虽然日本学者对"游记"多溢美之词。佐藤泰正在其《芥川龙之介论》中就这样说——在这里，芥川充分发挥了自己的媒体人天分。他的记述中随处可见的是讥讽，那正是一个文人作家辛辣的记述视角。关口安义是日本著名芥川文学研究专家，其论著《特派员芥川龙之介——在中国所见所闻》（1997 年版）可谓芥川"游记"研究的经典。书中的主要观点如下：首先，芥川与中国的关联乃是芥川文学研究中的一大课题。到今天为止，在很长的一段时间里,对于这篇《中国游记》的评价都是负面性的。许多评论都在强调,芥川的健康状况在此次中国旅行中受到了损害。多半论者的基本论调是芥川来到激变期的中国旅行,却并不关心那里的政治与社会。关口安义则认为,芥川自幼年少年时代养成的对于中国文化的关心或修养,始终发挥着重要作用。他称芥川龙之介正是一位杰出的记者。其次,中国西洋化的都市上海给人的感觉不过是西洋的变种罢了。在龙之介的认识中,大众花园给人以怪异之感。他说龙之介不过以贴切的言辞(对那般都市化现象)诉诸了批判而已。关口安义表示,芥川龙之介与章炳麟的会晤对话十分重要,给人深刻印象。他说"章炳麟先生堪谓贤人。还没听说过哪位日本通,像咱章太炎先生那样朝着桃中出生的桃太郎射出一箭。……先生这一箭竟比所有日本通的雄辩,包含有更多的真理"。⑦

问题是,关口安义似乎并不关心芥川与章炳麟对话中抵牾的实际内容。关口安义一味认定,"游记"中的表现正是记述者芥川龙之介透彻目光捕获的现实的中国。日本学者中明确持否定意见的是白井启介的"有眼不识泰山"论。他在著书《芥川龙之介——知性空间》序论中引用了中国谚语"有眼不识泰山"。他描述说,"泰山"是中国古来天子即位时举行祭天地仪式的圣山,"芥川理应看到的东西没有看到,便是'有眼不识泰山'。在这种问题意识启示下,重要的不仅在于芥川看到了什么,而是他忽视了什么。芥川恰恰忽视了一个发展中处于摩登都市剧烈变化之过渡期的、新开发中的大都市上海"。⑧白井的观点颇具启发性。他指出福州路河南路交叉口距福建路二百米的路途中,聚集了中国有代表性的出版社如中华书局、商务印书馆等,中间福州路山东路交叉的一段称作望平街,区区五十米的街区又汇集了申报、时报等现代新闻社。以福建路为界,东侧是作为上海新闻媒体据点的文化街,西侧是娱乐街。芥川触及的只是娱乐街。到头来……芥川龙之介并未看到上海这座城市未来发展为现代都市的萌芽——忽视了它的消费生活、娱乐文化还有出版文化,忽视了这个摩登都市未来的发展前景。⑨

有趣的是,巴金也曾论及这部作品。他说:"我对之惟有反感。……龙之介笔锋犀利,教养高雅,除此之外还有什么?除了形式,内容何在?他所有的作品只能以'虚空'二字形容。"巴金又说:"艺术家真正的重大使命,是表现与人类相关的主题。"⑩关口安义却说:"巴金的日本批判或芥川龙之介批判,相对意义上说没有错。但与此同时,芥川在芜湖唐家花园露台上的现代中国批判亦有重要的意义。芥川对历史悠久的中国热爱有加,充满期待,所以才牢骚满腹。我感觉遗憾的是,巴金竟没有容纳龙之介的雅量。……当然我们必须了解,巴金的文章刊于龙之介殁后七年半,那时中日关系已变得十分紧张。"⑪

的确,在认定芥川那般表述真实含义的过程中,理应考察它对应于怎样的历史文化背景或时空条件。那么巴金何时阅读了《中国游记》?1927年,开明书店的《芥川龙之介集》已翻译、出版了《中国游记》《南京的基督》和《湖南的扇子》等作品。巴金应当知晓或阅读了那些作品,但当时并未发表见解。原因或许正如关口安义所言,与后来中日关系的剧烈变化相关。众所周知,1935年巴金发言的历史背景是1931年"九一八事变"发生的4年之后。此时日本军部、右翼势力的不断强化,当局的镇压对付的不仅是共产主义者,也开始波及自由主义者和民主主义者。1935年的"天皇机关说"(针对明治宪法的新解释)事件,使自由主义学说和思想受到排斥,开军部政治之先河(军部拥有了更大的权力)。1935

年是 1937 年中日全面战争爆发前夕。在两国关系新的历史背景下,巴金没了度量是自然而然的。正是到了这个严峻的时期,巴金才痛切地感觉到日本知识分子那种有害的文化倾向。

三

芥川龙之介的"新艺术家眼中的中国印象",乃是作者关于《中国游记》的说明文。其中有如下一段表述。"中国给我的第一印象是随处可见的滚油炸鸡或赤条条将生猪吊挂在树上剥皮。在中国,自古以来便有各人自由屠杀动物的习惯,我讨厌那种习惯。它使一般的中国人不知不觉间具有了某种残忍性。"⑫

又如:"湖心亭⑬……一个中国人正悠悠地朝着池塘小便。陈树藩⑭反叛也好,白话诗的流行将要熄火也罢,日英续盟⑮的话题甚嚣尘上也罢,这个男人全无兴趣。至少从他的态度和表情上看,他有着悠闲的心境。阴暗的天空下矗立着中国风情的亭榭,蔓延着病态绿色的池塘,斜刺里哗哗地一注小便泄入池塘,——那景观不仅像似一幅充满忧郁爱情的风景画,同时又是咱老大古国的辛辣象征。"⑯这是相关研究者经常引用的一段描写,形象生动而有趣,却自然而然地引起了中国读者的反感。在那样一个特异的时空条件中,对于白话诗之类话题,普通民众也好知识分子也好,更多想到的或是"皮之不存毛将焉附"。遑论一个湖中小便人。不考虑当时的历史文化背景,负面的描述自然令中国读者生出反感。其实前面的表现还算真实生动。他又说,"现代中国已非诗文中的中国;而是猥亵、残酷、充满贪欲的小说中的中国。……那些除了文章规范⑰和唐诗选⑱以外对中国一无所知的汉学趣味,在日本可以休矣。"⑲这也是芥川龙之介真实感受的表现。但在特殊的历史时期,这种表述自然会在中日两国间发生负面作用。

此般貌似自然的感觉,也在芥川与中国文化名流章炳麟的会见会谈中清晰展示。下面是岩波书店 1996 年版《芥川龙之介全集》第 8 卷的引用。

> 章:那边的赤瓦白瓦可都是西洋式建筑,西洋人的建筑还是不错的吧?
>
> 芥:什么呀,西洋人的建筑不堪入目。至少在我看来,比比皆是下等建筑。
>
> 章:你这么讨厌西洋,我可是做梦没有想到呀……
>
> 芥:我不是讨厌西洋,而是讨厌恶俗。
>
> 章:当然,这一点我也是一样的。(这是真话)
>
> 芥:胡扯。你讨厌和服爱穿西服。你讨厌日式居宅爱住西式木屋。⑳你不吃日本汤面爱吃意大利通心面。你不喝山本山㉑日本茶却爱喝巴西咖啡……
>
> 章:我明白了。可是,那些墓地——静安寺路〔现在的南京西路〕的西洋人墓地还是不错的呀。(章氏已很不愉快,但继续着同样的话题)
>
> 芥:墓地同样不值一提。当然,那处墓地修建得还算精巧。但是让我选择的话,我才不愿意睡在那种大理石的十字架下面呢。我宁肯横卧于土馒头之下。谁能忍受那种奇怪的天使雕刻?

章：那么，你对上海的西洋毫无兴趣喽。

芥：不对。我很感兴趣呀。正如你所言，说到底上海的一面正是西洋哪。好赖且不论，在上海看到西洋不是件有趣的事情么？只是这里的西洋，在没有见识过西洋的我的眼中，自然有种不合时宜的感觉。㉒（笔者自译）

芥川与章炳麟充满错位的对话十分有趣，包含了太多的潜台词或文化背景内容。近代以来的中国、日本历史文化背景紧密相连却又有着很大差异。那么在涉及"西洋""近代""进步"等一系列核心概念时，在两国知识分子有机会进行对话或争论时，是否总会自然而然地出现观念或认识上的龃龉或对立呢？显而易见的是，对话常常给人不平等的感觉。从章炳麟的真意上讲，真的认为那种不合时宜的西洋是进步的象征么？芥川是在否定近代西洋等同于进步的基准或理念么？其否定与当时日本的社会文化背景有无关联性？芥川的应答唐突失礼，为什么？反正芥川始终像似一个评判者，章炳麟却成了被评判者。

<h1 style="text-align:center">四</h1>

中日甲午战争是近代日本体验的第一次对外战争。这场战争的胜利，构成了日本近代史上的一个决定性契机。同样，在日本的历史著述中，日俄战争也是近代日本历史上与甲午战争同等重要的一次重大契机。日俄战争胜利后，日本仿佛真的变成了世界"一流强国"，日本人的所谓"日本人意识"也以明确的形式确立下来。正是这两场战争的胜利，促使之后的日本不断地挑起新的战争。所谓日本的"日本人自我意识"，正是在亚洲确立了鹤立鸡群的优越感，其次是意图名正言顺地在大陆获取殖民地，作为资本主义国家入伍世界列强。年号改"大正"的1912年前后，也是日本近代史上一个奇异的重大转折点。此时爆发了世界史上前所未有的世界战争，19世纪以来的国际情势至此骤变。如前所述，令亚洲国际情势发生巨大变化的是甲午战争，它终止了大清帝国最后的繁荣，之后不久，中国便沦陷于列强瓜分中。而此前人们印象中的小国日本，却凭借甲午战争的胜利，基本消除了西方列强之于日本的压力，确立了加入帝国主义列强的国家立场。

但日俄战争后的日本，市民和农民的生活却较战前恶化，国债和增税使他们不堪重负。在此前后日本也出现了经济危机，将日本拯救出危机的是第一次世界大战。大正三年（1914）七月，第一次世界大战爆发。八月二十三日，日本对德宣战。翌月出兵青岛。十一月初占领青岛。第一次世界大战的爆发对日本的影响是空前的，日本人将之称为"天佑日本"。日本以此大战为契机加入了帝国主义强国的行列。诸产业跃进，更使日本的资本主义体制达到高潮。日本开始称霸东亚市场，资本输出步入正轨。大正时代也是一个复杂的时代，大正民主主义也是一大时代特征。同期，大正思想界的左倾化亦具象征性。大正九年（1920）年末至大正十年（1921），出现了战后的世界性经济危机。日本也没置身局外。此外大正时代日本立宪政治的发达也值得注目。明治四十年（1907），日本的义务教育由4年延长为6年。小学校的就学率，步入20世纪后已超过九成，几乎消除了文盲。

相反，在同时代的中国，如章炳麟所言，"根据如今中国的人口总量来推算，能识字撰文者不过百分之二，而研习汉学者不过百分之二中的千分之一。"㉒这种同期不同地域空间的政治、经济、军事、文化、教育的全面差异性，构成了芥川龙之介《中国游记》的写作背景。因此，日本作家包括芥川龙之介，在面对中国的作家、文化人时，毫无疑问会有某种下意识的民族优越感。这是无人能够回避的历史现实。

日本岩波书店昭和四十年（1965）出版了特辑《座谈会·大正文学史》。主题是"时代·文化氛围或知识分子的共通性"。特辑中上原专禄㉓提道："自日俄战争以来，日本的资本主义发展一直没有停下脚步。……而帝国主义阶段日本资本主义的真正发展，说到底源自第一次大战。就是说，当第一次大战中的欧洲各国忙不过来时，日本作为协约国一方参与了战争，乘欧洲列强无力顾及中国，企图独占中国市场。"㉔上原专禄又说："以第一次世界大战为界，日本资本主义的确获得了迅速的发展。同时，日本也对中国采取了十分强硬的政策。一言以蔽之，第一次大战使日本经济的发展方式或日本经济的体质发生了变化。资本主义的发展对大众生活影响很大，换做今日的话来讲，那种发展意味着产生了某种所谓的'经济余裕'。就是说这种状况意味着，文学、艺术乃至学问都获得了容许其自由发展的经济条件。此外与明治时代不同的是，大正期形成了产生自由主义、人道主义作品的社会与经济基础。"㉕

这一点，中国与当时日本的情况恰恰相反。应当说，至少在芥川的潜在意识中，这样的一种历史文化的前提是存在的。

猪野谦二㉖则说："毋宁说，明治的民族主义乃是不自觉地卷入大正帝国主义的一个过程。总之这个过程亦可归结为一个方向——对于帝国主义的极端无意识的认可。而到了这个阶段，以抽象的欧洲形象为中心，所谓享受近代的层面一如往常，然而没过多久便到了昭和期，矛盾日益显露出来。……例如芥川等人曾去中国，日后写出《中国游记》和《南京的基督》等作品。然而他却不曾感同身受地关注生机勃勃的中国人的生活。上海的那般殖民地氛围，在他眼里不过是一种异国情趣。"柳田泉也说，芥川"看到的并非富于生命力的中国"。㉗

对近代中国而言，20 世纪初前后最为重要的历史背景，同样也是中日甲午战争的战败以及《马关条约》的签订。清末中国无可忽视的状况是，满铁经营构成日本帝国主义满汉政策的轴心。诸多事件昭示了当时中国的悲哀处境——日英同盟修订、新的日俄条约、日韩合并、美国要求开放满洲、俄国觊觎蒙古、英国觊觎西藏……的确多灾多难。此外军阀混战，人民生活困苦，处于长期的黑暗政治之中。以第一次世界大战（1914—1918）为契机，中国的情况似有好转。第一次世界大战降低了来自西欧的压力，中国的国民经济也曾获得了相当的发展，工厂剧增，近代银行数量也大大增加（由 1911 年的 7 家增加为 1919 年的 57 家）。不过钢铁和煤炭等重工业部门仍旧受到列强尤其是日本资本的挤压。日本的在华纺织业，此期间也获得了显著的发展。总之日本政治对中国的压迫日益增大。

甲午战争后，民族危机激发了中国人的变革行动。1905 年，以广东派孙文的兴中会、湖南派黄兴的华兴会、浙江派章炳麟的光复会为核心，结成了中国革命同盟会。1911 年 10 月 10 日（辛亥 8 月 19 日），武昌新军的下级军官和士兵打响了第一枪，仅 4 个月时间，结束了延续 268 年的清王朝的专制统治。民主革命获得成功,建立了亚洲最早的共和制国家——中华民国。但这场革命却被孙文称作"有民国之名无民国之实"。在 1908 年清末的宪法大纲《清鉴纲目》中有如下说法,日本区区三岛战胜强俄,当时的舆论多归功于立宪。专制不如立宪说传于天下。这些皆为当时的时代性文化背景。但这里还有一个值得关注的情况,章炳麟对康有为的西洋式立宪论却持批判态度。在 1899 年 5 月 20 日的《清议报》第十五册上,章炳麟刊文"客帝论",主旨在于强调戊戌变法时期的思想在于必须满汉合力抵抗白人的侵略。经历了义和团事件后,他则阐述了自己新的认识,不排满便无法抵御欧美的侵略。"(在义和团事件背景下)倘不驱逐满人,我们的土地就将被白人分割。此乃吾等神州的莫大耻辱。"[㉙] 在此时的章氏眼中,光绪皇帝是世上的贤明客帝。"然而不驱逐满人,民族大义将尽皆受阻,革命志向也将尽皆消灭。……若不驱逐满洲,士之爱国、民之敌忾,皆无可能。唯有益趋衰弱,最终沦为欧美的陪隶(奴隶的奴隶)。"[㉚] 这里可以窥见章炳麟氏反帝、反殖民主义的基本立场。

结　语

事实证明,中日甲午战争前后,日本确曾出现过高涨的"中国蔑视"风潮。……福泽谕吉即在《时事新报》明治二十九年(1897)一月八日撰文"胜兵马战者亦可胜商战",称中国"何止没有纸币制度,连货币的用法亦不知"云云,"称之为野蛮人之迂阔亦不为过"。[㉛] 铃木贞美认为福泽谕吉的此般言说无礼。福泽谕吉逝世于 1901 年,时段上与龙之介的《中国游记》并不一致。但"游记"中的相关表现与福泽谕吉歧视性、蔑视性的言语有何分别?铃木贞美又说,或为时代风潮之反映,甲午战争的胜利使日本比之其他亚洲国家率先掌握了西方文明,产生了某种基于优越感的自信,进而渐渐地强化了轻视汉文的倾向。[㉜] 基于这般历史描述或历史事实,可以认定时代性的"中国蔑视"是存在的,那是中日甲午战争以来两国文化历史氛围或现实背景差异性与关联性的反映,而不是读者的误读或虚构。

当然分析游记整部作品,芥川的"中国蔑视"与当时日本国内一般性的"中国蔑视"有着明显的差异。芥川毫无掩饰地表达了自己对于当时中国陋习、中国落后的失望,另一方面又对传统中国表现出恋慕或向往。芥川与章炳麟文化冲突的原因,尚牵涉到两人精神状态的差异。两人的文化姿势显然不同。芥川龙之介信守自己的行为规则,即便失礼,他也必须诚实地表述或表达自己真实的、发自内心的感觉或认识;相反,不愧为中国文化名士的章炳麟却老辣得多,他并非简单表达自己的真实想法,而是不断地提出一些言不由衷的问题,用以试探日本人作家芥川龙之介的文化、政治立场或现实反应。作为革命家的章炳麟没理由喜欢西洋的殖民,也没理由喜欢恶俗中不合时宜的西洋。

最后,依据胜本清一郎的看法——菊池宽的小说是与现实社会连接的……这一点芥川却不同,芥川的文学与现实社会没有关联。但这并不意味着,芥川的文学对现实社会全无反映。胜本清一郎说,"芥川触及现实社会的方式是一种十足的精神态度"。[㉝] 这个说法颇具启示性。芥川《中国游记》中表现的"中华崇拜"也好"中国蔑视"也好,在与章炳麟的会晤对谈中,或有另一层含义值得深究,即在特定时段、特定异域都市空间产生的真实感受描写,会发生何等功能性深层寓意改变或变异? 另外他去了哪些城市? 与哪些人见面、会谈? 分别有怎样的感受和描述? 我们知道,芥川此次中国游,并未见到当时中国最具影响力的鲁迅,《江南游记》部分两次附带提及胡适,在北京见过胡适却也没有写入游记。除了章炳麟,芥川还在北京见了清朝遗老郑孝胥,崇奉备至不乏溢美之词。芥川龙之介到了新的都市空间,接触了种种在日本没有接触到的事象,并依照自己真实性的创作原则,如实地记录了相关感受。尽管给中国作家巴金和诸多文化人留下"中国蔑视"的感觉,事实上,蔑视或许并非其本意或者说形似神异。湖中小便、手巾擤鼻和京戏名角的甩鼻泡,任何人都是一样的感触。一些结论性的意见表述,明确体现了芥川对当时中国否定性的态度。芥川未必考虑到现实性的负面功能。回到与章炳麟对话的焦点,龙之介喜欢北京而鄙夷上海。北京经历了辛亥革命的洗礼,晚清遗老遗少还在,旧时传统文化风气犹存,芥川喜欢;上海则是当时亚洲欧化最快、最典型的现代化大都市,芥川却排斥。这种对比或反差别具意味。他显然喜欢传统的中国而不喜欢异化后的中国。这种文化态度显然在日本形成,同样适用于日本。他的"中国蔑视"与当时日本的风气有关联也有差异。在当时日本的政治、社会环境下,直接拿日本的事象说事是有风险的。那么彼时的上海异域空间别具功能。芥川在与章炳麟的对话中下意识地唱对台戏,凸显了相关的历史文化问题,即肤浅的、不合时宜的欧化风气在日本同样时兴且已有了显著发展。即便如此,肤浅的不合时宜的欧化仍是有害的。这或是芥川根本的文化态度。芥川龙之介并未就日本殖民的问题表态,他显然维持了触及现实社会时十足的精神态度,正如其历史小说通过生动的故事性虚构探究相对抽象的观念问题,或如柄谷行人所言——芥川的观察基于无中心的、片段的和诸多关系的视点。

注释:

① 这部游记的日文题名原为《支那游记》。"支那"起源于印度。印度古代人称中国为"chini",据说是来自"秦"的音译,中国从印度引进梵文佛经以后,要把佛经译为汉文,于是高僧按照音译把 chini 就翻译成"支那"。同为印欧语系的古罗马称中国为 Sinoa,后来的英文中的 China 和法文中的 Chine 都是来自这个语源。此语具有歧视之意是在中日甲午战争之后。"支那"一词在日本开始带上了战胜者对于失败者的轻蔑的色彩。1913 年又根据驻华公使的提议商定:日本政府今后均以"支那"呼称中国。对此引起了很多中国人的愤怒。因"支那"一语带有特殊的、歧视性的历史印迹,国内的几个中文译本都将题名译为《中国游记》,这样就出现另外一个问题,人为抹去了原本用词的特殊含义。

②③ 柄谷行人:《近代日本文学的起源》,日本讲谈社文艺文库 1988 年版,第 225 页。

④⑤ 邱雅芬:《上海游记——一个隐喻的文本》,《外国文学评论》2005 年第 2 号,第 75 页。

⑥ 芥川龙之介:《中国游记》,陈生保译,北京十月文艺出版社 2006 年版,第 6、14、16 页。

⑦ "僻见",刊于《女性改造》1924 年 3 月 9 日。

⑧⑨ 关口安义编集:《芥川龙之介——知性空间》,至文堂平成 16 年发行,第 135、136 页。

⑩ 巴金"几段不恭敬的话",《太白》第一卷第八期,1935 年 1 月 5 日;《点滴》1935 年 4 月。

⑪ 关口安义:《特派员芥川龙之介——在中国所见所闻》,第 136、137 页。

⑫ "新艺术家眼中的中国印象",岩波书店《芥川龙之介全集》(第八卷)1996 年版,第 3 页。

⑬ 上海共同租界内莲花池中央,开业于 1885 年的二层清朝建筑。

⑭ 陈炯明(1878—1933),军阀。1920年拥孙文组织广东军政府。1922年政变逐孙文,北伐受挫。

⑮ 1902年日英结盟,1920年日本政府通过外交交涉谋求延长盟约。但英国担心日本侵入满洲,在1921年的华盛顿会议上废除了盟约。

⑯⑲ 《上海游记》,《芥川龙之介全集》(第八卷),岩波书店1996年版,第19-20页、第23、24页。

⑰ 科举范文集,七卷,南宋末谢枋得编。室町末期传到日本,用作作文练习之范本,对日本汉学影响很大。

⑱ 唐诗选于江户初期(1590年以后)传到日本。

⑳ Bungalow(英语)意为"印度地方民居、木造建筑"。

㉑ 东京日本桥有名的茶店。创立于元禄三年(1690)日本桥路二丁目。创立者是宇治出身的山本嘉兵卫。

㉒ 《芥川龙之介全集》(第八卷),岩波书店1996年版,第35、36、37、38页。

㉓㉙㉚ 西顺藏·近藤邦康编译:《章炳麟集》,岩波书店1990年版,第124页、第30页、第32、34页。

㉔ 上原专禄(1899—1975),历史学家、思想家,因基于严密资料的批判性研究得名。

㉕㉖㉘㉝ 柳田泉、胜本清一郎、猪野谦二编:《座谈会 大正文学史》,岩波书店昭和四十(1965年版),第11、12页、第16、17页、第21页、第426页。

㉗ 日本文学史论家,著有《新编日本文学史》等。

㉛㉜ 铃木贞美:《日本"文学"概念》,作品社1998年版,第176、238页。

(魏大海,男,1953年9月16日出生,籍贯江苏兴化,1984年获中国社会科学院文学硕士学位,现任浙江越秀外国语学院外国语言文化研究院教授、中国社会科学院外国文学研究所研究员,中国作家协会会员,中国外国文学学会日本文学研究会常务副会长,中国中外语言文化比较学会理事。研究方向是日本近现代文学)

论日本的女性主义文学批评[*]

◎ 李先瑞

摘　要：在日本，女性主义运动发轫于 19 世纪末，20 世纪初取得了巨大发展，但当时女性主义只是个客观存在，人们对它的认识尚浅。20 世纪六七十年代，在经历了全球女性主义第二次浪潮之后，日本文学界关于女性主义文学进行重新解读或批评的文章相继出现，其中大部分文学评论家以社会性别角色为理论依托，对传统文本进行重新阐释，对新的文本进行解读。日本女性主义文学批评家中，驹尺喜美、水田宗子、上野千鹤子、渡边澄子等学者的见地深刻，成果丰硕，她们的文学批评为日本文学评论界提供了多维视角。

关键词：日本　女性主义　文学批评　社会性别　驹尺喜美　水田宗子
上野千鹤子　渡边澄子

一、引　言

什么是女性主义文学批评？广义上，凡是围绕女性主义文学展开的阐释、分析、评价等批评活动，均可称为女性主义文学批评。"严格意义的女性主义文学批评，是女性主义思想观念、研究方法在文学领域里的自觉实践"[①]。女性主义文学批评是 20 世纪后半期在各国兴起兴盛起来的。日本的女性主义文学批评受西方女性主义文学批评的影响很大。玛丽·伊格尔顿认为，女权主义运动的蓬勃发展、世界性女性文学的迅速发展以及文学理论自身的窘境，为女性主义文学批评提供了发展机会。

日本女性主义文学批评的雏形可追溯到《青鞜》时期。当时在《青鞜》杂志上的那些争论即可看作女性主义文学批评问题意识的萌芽。但是在日本，女性主义文学批评真正作为一个潮流或一种思想成立，是在 20 世纪 70 年代的妇女解放运动之后，并于 1981 年前后正式登上学术舞台。西方女性主义文学批评一经传入日本，就被接受下来并迅速根植在日本女性主义文学的土壤中，日本女性主义文学批评因此而萌芽、兴起并发展起来。

女性主义文学批评在日本的萌芽和勃兴有其深厚的思想和社会根源。日本自古以来就有大力吸收先进文化的传统，特别是在明治维新后，日本对西方先进文化和思想的吸收速度让人瞠目。女性主义思想作为当时的前卫思想也被日本的进步思想家积极吸收并移植到日本。从森有礼、福泽谕吉等男性进步思想家到岸田俊子、平冢雷鸟、与谢野晶子等

＊ 本文是国家社科基金项目"日本女性主义文学中的女性形象研究"（项目编号：14BWW015）阶段性成果。

女性思想家,均反对传统的封建道德,力主女性的自我解放。尤其在易卜生的《玩偶之家》在日本公演后,一石激起千层浪,广大日本妇女从娜拉身上看到了自我解放的曙光。西方第一次女性主义浪潮对日本的影响发生在明治末期,1911 年,当时的重要女性主义刊物《青鞜》介绍了西方的女性主义运动,探讨妇女的经济、婚姻、教育、参政等问题,在思想和文学创作上对日本社会产生了深远的影响。但是由于日本的封建残余以及天皇绝对统治的缘故,贤妻良母的观点仍是主流,故《青鞜》没坚持几年就被迫停刊,日本女性主义文学告一段落。1928 年,在长谷川时雨的主导下,杂志《女人艺术》继承了《青鞜》的衣钵,成为只刊登女性作者作品的发表园地,其中不乏具有女性主义观点的文章。该杂志在坚持了四年之后也不得不停刊。直到 1945 年联合国军占领日本,对日本实施民主主义改革,日本的女性地位才有了实质性改变,女性主义文学又一次复兴。战后民主主义使得男女同权在法律层面得到了保障,但实际生活中,女性的地位依然无法跟男性同日而语,在波伏娃的《第二性》以及欧美第二次女性解放浪潮的影响下,日本又一次掀起了女性解放的浪潮。这次浪潮简称"女性解放(ウーマン・リブ)",是在欧美激进女权主义思想的影响下产生的。它以反"母性"为主要特点,表现出"弑母杀婴"等反传统模式,像大庭美奈子、何野多惠子、三枝和子等作家就是这类作家的典型代表。总之,日本的女性主义思潮深受西方的影响,离开西方的影响,日本女性主义思想无从谈起。女性主义文学运动的大力开展为女性主义文学批评的产生,打下了良好的基础。

二、从女性主义批评到女性主义文学批评

说起女性主义文学批评,英国的弗吉尼亚・伍尔夫可谓女性主义文学批评的奠基人。弗吉尼亚・伍尔夫是英国著名女作家和文学批评家,她创造性地提出"双性同体"既是女性创作的最佳状态,也是消除男女差异的良好途径。她在《一间自己的屋子》里提出妇女要有一个赖以存在的私人空间,否则文学创作就会受到严重的影响。她还提出妇女除了有一间自己的房子,还需要一年有 500 英镑的收入作保障,这样一来,妇女的命运就会完全不同。只有获得了这两个最基本的物质条件,女性才能确保家庭中的独立地位,才有可能进入社会,像男子一样自己掌握自己的命运。由于历史的原因,她的女性主义文学批评带有强烈的政治色彩和经验主义色彩,并流露着看似矛盾的女性乌托邦的追求,但她的思想却启发和影响了后来的无数女权主义者。在伍尔夫之后,法国的女性主义文学批评代表人物克里斯多娃、西苏和伊利格瑞分别提出了"符号话语""女性写作"(écriture féminine)和"妇女写作"(écriture de la femme)的问题。

伍尔夫的女性主义文学批评始于 1928 年,而在 20 世纪初,日本的女性主义批评已经初具规模,而且这种女性主义批评是伴随着女性主义运动的发展而发展的。在女性主义文学发展初期,针对文学本身进行的批评几乎见不到,更多的是女性主义批评。1910 年《青鞜》的创刊为女性主义批评提供了舞台。其中与谢野晶子的女性主义批评最有代表性。除与谢野晶子外,平塚雷鸟、山川菊荣等是女性主义批评的主要存在。像平塚雷鸟的《元始、女性是太阳》虽然是一篇随笔风格的文章,却可以认为是日本女性主义批评的好文

章。她文中提道：

> 创世之初，女性原本就是太阳、就是真正的独立个体。但是，现在的女性却是月亮——依附他人而生，要借助其他的光芒辉映才能闪现出宛如病人般苍白脸色的月亮。……我们现在必须找回久被遮蔽的太阳。"在久被遮蔽的太阳当中，发现潜藏其中的天才！"[②]

这是日本女性解放的宣言书。在平塚雷鸟之后，与谢野晶子在《青鞜》以及其他杂志上就女性的社会地位问题、女性的受教育问题持续发表评论，是日本女性解放的理论代言人之一。尤其是平塚雷鸟和与谢野晶子的"母性保护论争"更为该时期的女性主义评论增添了亮色。山川菊荣作为日本马克思主义女性主义的代表人物，站在阶级斗争的立场上，对两人的争论做出了正确的评价。该时期的评论大多属于有感而发的评论，还没有上升到理论的高度，但她们根据自身见解发表评论，为女性主义代言，为之后的女性主义文学批评打下了基础。《女人艺术》时期，女性作家们在该杂志上发表的一些评论可视作《青鞜》的女性主义批评的延续。到了昭和十年代，由于军国主义的法西斯统治，日本文学界的创作遭遇寒冬，不要说反抗封建专制的女性主义文学和女性主义文学批评，就连一般的文学创作都受到限制。

日本真正的女性主义文学批评是在欧美的女性主义文学批评刺激下，由一些学者展开的。战后初期的《近代文学》杂志，在平野谦、本多秋五、佐佐木基一等评论家的帮助下取得飞速发展。与此不同，日本的女性主义文学批评不是边开展运动边进行评论的，而是在日本的第二次女性解放浪潮过后才逐渐展开并渐成气候的。

"女性主义文学批评"一词，正式出现于报纸杂志是在 20 世纪 80 年代中期，这一词语的出现比日本第二次女性解放浪潮晚十多年。虽然驹尺喜美 1978 年发表了著作《魔女的理论》，但在当时这只是一种女性主义文学批评的实践。

三、日本女性主义文学批评概要

说起日本的女性主义文学批评，一般认为始于驹尺喜美的《魔女的理论》。而在之前的 1976 年，即国际妇女年的第二年，当时街头巷尾到处可见"女性的自立"等标语。而当年《国文学、解释与教材的研究》7 月号编辑了特集"女流文学的现在"，仍然堂而皇之地使用带有歧视意义的"女流"一词。书中内容几乎全是男性评论家的随笔。像奥野健男认为女性作家的创作太过主观随意，往往陷入自我陶醉等。秋山骏则认为不管多么具有理智的女性，归根结底都会感情用事。在这部特集中可以看到"女性 ＝ 被阅读者，男性 ＝ 阅读者"的图式。日本的女性主义文学批评就是在这样的文化背景下开始的。驹尺喜美和高良留美子是在这种男性占主导地位的评论界最先发出女性声音的人。

驹尺喜美开辟了新的女性生活方式，她摒弃了传统的男女婚姻，选择和小西绫共同生活 50 余载。其著作《魔女的理论》和续篇《魔女的文学论》可视为日本女性主义文学批评的奠基作品,后来水田宗子发表了评论《从女主人公到男主人公》后,日本女性主义文学批评初现端倪。1991 年,"新女性主义批评会"这个由日本文学协会会员发起的女性主义批评组织成立,标志着日本的女性主义文学批评进入鼎盛时期。在"新女性主义批评会"的策划下,出版了女性主义文学批评的许多文章和著作,其中经典重读是一个主旋律。关于日本女性主义文学批评的几个倾向和阶段,王志松在"《魔女的理论》:析日本女性主义批评"一文中认为,日本女性主义文学批评没有像欧美那样分为明显的三个阶段,几乎同一时期出现了三种倾向的文学批评。③这三种倾向基本涵盖了日本女性主义文学批评的整体情况,在总体把握日本女性主义文学批评方面具有指导意义,其中前两点可谓日本女性主义文学批评的最大贡献。

在对男性作家及其经典进行重新评价方面,作家三枝和子的《恋爱小说的陷阱》对男性的经典文本,进行了颠覆性的解构。大家知道,夏目漱石的《从此以后》《行人》属于近代文学的经典,村上春树的《挪威的森林》是现代文学的经典。三枝和子以这些经典作品中的恋爱故事为批评对象,重读了这些经典,指出这些作品中的恋爱故事中存在性别歧视。此外作家富冈多惠子、上野千鹤子和小仓加千子合著的《男流文学论》,从书名就可看出对男性文学的揶揄和调侃。自古以来日本男作家都以歧视的眼光把女性文学称作"女流文学",在这里她们把男性文学称作"男流文学",颇有几分女权主义者的做派在其中。

在对男性经典重新解读的基础上,女性评论家从女性主义视角对女性文学进行了解读和阐释。其中使用的一个关键词是"社会性别(ジェンダー)"。站在社会性别的视角,发现女性文学中女性觉醒的痕迹,是女性主义文学批评的根本所在,产生的评论最多。岩渊宏子从该角度出发,对宫本百合子的《伸子》《一枝花》进行了女性主义解读。渡边澄子重新挖掘了历史埋没的文学文本,比如樋口一叶的《里紫》等作,就是通过渡边澄子的研究而受到文坛重视。此外清水紫琴的《破碎的婚戒》也在这波重新解读潮流中得以重见天日。

在对欧美女性主义批评理论生搬硬套的反省中,日本的女性主义文学评论家能自觉地从女性的角度进行阅读,有意识地打破男女二元对立的思维模式,发表了多个颇有个性的评论,其中关礼子、江种满子、中山和子、小林富久子、饭田祐子的评论就属于此类。

在对于近代文学的女性主义文学批评方面,评论者最为关心的男作家是夏目漱石,最关心的女作家是樋口一叶。在这些女性评论家眼中,夏目漱石是一个不尊重女性的男性作家。樋口一叶之所以受到瞩目是因为女性评论家对于男性评论家的评论产生疑问,一直以来日本男性评论家一致评价一叶为"夭折的薄幸闺秀作家"。

四、女性主义文学批评的主要观点

下面着重对具有代表性的评论者驹尺喜美、水田宗子、上野千鹤子和渡边澄子的女性主义文学批评进行重点分析。

(一)驹尺喜美

驹尺喜美的《魔女的理论》是日本女性主义文学批评的嚆矢,为女性主义文学批判的开展奠定了基调。它以"爱（エロス）"为关键词，探讨了日本经典文本中的男女间支配与被支配的关系。这些经典文本包括《源氏物语》、夏目漱石的《行人》、森鸥外的《舞姬》和岛崎藤村的《新生》等，驹尺喜美以"对爱的渴望"作为主要论点，认为自古以来不管男性还是女性都渴望真爱，但是由于封建传统对女性的束缚，女性的爱自由度远低于男性。在分析了在原业平和光源氏追求真爱而不得的窘况后得出了"男女之间有一条深深的暗河"的结论。在探讨近代经典文本时，驹尺喜美以"不存在爱的男女关系"为主要论点，认为夏目漱石是在这一方面最为苦恼的人，在其作品《行人》中，主人公大学教授一郎与妻子阿直之间没有交流，因为爱的不在而深受伤害，乃至神经衰弱，他为了挽回爱而恶战苦斗。

《魔女的理论》的续篇《魔女的文学论》将恋爱作为分析的对象，对日本传统文学中男性文本中的恋爱故事进行了独特的解读。这些文本不拘于小说，还涉及诗歌。比如涉及的批评文本都是大家耳熟能详的作品，有高村光太郎的《智惠子抄》，志贺直哉的小说《暗夜行路》，川端康成的小说《伊豆的舞女》。驹尺喜美认为这些文本中都存在严重的男女不平等观念，明确指出："《智惠子抄》实际上是对智惠子的牺牲的'补偿之书'，是'残酷物语'；《暗夜行路》中谦作的恋爱观中潜藏着男女不平等观念；《伊豆的舞女》中女主人公与舞女之间的交往就好像施舍给她的恩惠一样"④等等，她对于男性文本中常见的"恋爱问题"提出了自己的看法。

（二）水田宗子

水田宗子是具有欧美文学背景的文学评论家，日本城西大学教授，在日本女性主义文学批评发轫的初期，水田宗子就写了《从女主人公到男主人公——女性的自我与表现》一文，运用比较文学的方法论，对英美文学和日本文学男性作家的主要作品进行了全面论述，是一部颇具刺激性的评论集。除此之外，她的其他两篇论文在女性主义批评史上也占有重要地位，一篇是"'书写'的女性和'阅读'的女性"（「書く」女性と「読む」女性），另一篇是"向女性的逃离与从女性那里逃离——近代日本文学的男性形象（女への逃走と女からの逃走—近代日本文学の男性像）"。在"'书写'的女性和'阅读'的女性"一文中，水田宗子认为女性主义文学批评最初的成果，在于文学中女性形象的分析。如果将女性与文学的关系理解为被书写、书写、阅读以及就阅读的事情进行书写的话，那么女性被书写的时间最为漫长，而且这种女性形象是由男性单方面书写的形象。这样的女性形象已超越单一男性作家的个人表现，反映了女性所处的时代与状况以及当时的思想。作品中的女性形象一方面是表现那个时代和状况的现实资料，同时也是将支配那个时代和状况的制度正当化的言说的暗喻。这种言说是由男性单方面构筑的。

水田宗子的"向女性的逃离与从女性那里逃离——近代日本文学的男性形象"于1992 年发表于《日本文学》11 月号上，她在文中分析了日本近代文学中男性形象的类型，认为近代小说中的男性有的为恋爱苦恼，有的苦于跟妻子之间的矛盾，有的过分痴情，有的在追求理想的女性。她认为近代日本小说的特点即立足于私人层面，体现家庭生活，具有明显的私小说特点，是女性引导男性发现自己的内心世界，男性被女性引导，在追求女性的过程中进入私人领域。水田宗子认为，男性向私人领域（家庭，亦即女性）逃离的途径有两个明显的类型,一是向家庭的逃离,回到其身边;二是从家庭中逃离,离开妻子,到外面寻花问柳。但是水田宗子认为,问题是对男性来说属于私人领域的家庭或家族以及花柳界,对于女性来说绝不是私人领域,对于女性来说,家庭是确保其合法地位的唯一的场所,所以家庭对女性而言就是社会,是唯一的公共场所。而与家庭相对立的花柳界,它是社会公认的女性用自己的身体进行经济活动的场所,绝对不属于私人领域。

在确定好这样的基调之后,水田宗子分别对近现代男性作家的名作,比如二叶亭四迷的《浮云》、夏目漱石的《行人》、田山花袋的《棉被》、川端康成的《雪国》、德田秋声的《家装人物》等作品进行了剖析,对于各自作品中的女性形象进行了分类,指出各自作品中对家庭中女性的厌弃或不理解,对理想女性(含花柳界)的渴望或幻想。

水田宗子在该文中还对女性作家的女性形象进行了有效的分析,她认为近代女性作家的作品中,女性通过离开男性来发现自己的内心真实。它不是修正男性的话语权而进行重新创作,而是通过与男性的格斗来从自己内心中排除掉男性的话语权。比如田村俊子的《木乃伊的口红》等作品把这种男女的相克描写得淋漓尽致。此外水田宗子还列举了宫本百合子的《伸子》、林芙美子的《浮云》,阐述了男性主人公在作品中与女主人公的种种矛盾和斗争。总之在女性作家那里,她们拒绝男性回到家中扮演家长,从而导致男性内心的混乱。所以在具有女性主义色彩的作品中,男性经常成为点缀,他们不可能回到家中寻找慰藉。

(三)上野千鹤子

上野千鹤子是欧美激进女性主义理论在日本的继承者。她与富冈多惠子、小仓加千子合著的《男流文学论》是其代表作之一,也是代表其思想倾向的著作。此外,上野千鹤子还被誉为马克思主义女权主义在日本的忠实继承者,其著作《父权体制和资本主义:马克思主义之女性主义》是上野千鹤子的理论性书籍的代表作。1986—1988年连载在《思想科学》杂志上,1990年10月由岩波出版社出版发行。一经发行,就在日本引起了大范围的讨论。作者开门见山地指出:"阐明女性受压迫的女权主义解放理论有三个,也只有三个。它们分别是,社会主义妇女解放论、激进女权主义、马克思主义女权主义。"[⑤]在此基础上,她对如果劳动阶层取得革命胜利、废除阶级压迫,女性就会获得解放的马克思主义妇女观进行了严厉的批判。同时,也指明了反对家庭中性压迫的激进女权主义的局限性。她尖锐地指出,资本主义和父权体制,换句话,市场和家庭,它们两者相重合的构造,才是近代工业社会里性别歧视的根源。本书被称赞是从马克思主义女权主义的立场出发,在理论和分析两面中,直戳近代工业社会要害的划时代书籍。

当然,持有用社会主义来解放妇女观点的人和持有用自由主义来解放妇女观点的人,都强烈批判此书中的论点。对于近代工业社会中,女性为什么被关在劳动市场之外,而无偿地进行再生产劳动(例如:怀孕、育儿、家务劳动、照顾老人、护理病人)这样的问题,本书给出了一种解答。此后,围绕该书的讨论和女权主义理论的发展,直接影响了日本社会养老保险制度的建设和完善。

（四）渡边澄子

渡边澄子的女性主义文学主要集中在三方面，一是和村松定孝合作编写《现代女性文学词典》，二是对樋口一叶的两部没有被深刻挖掘的文本《里紫》和《我自己》进行了女性主义解读，三是对日本女性主义作家田村俊子的作品的整体解读。

在对《里紫》和《我自己》的重新解读中，渡边澄子认为这两部小说"塑造了拒绝木偶的妻子，描写了追求精神和肉体合一的女性"⑥，这种解读强调了樋口一叶文学中自我解放的倾向性，是对樋口一叶文学研究的巨大贡献。

渡边澄子在论著《现在这个时代的田村俊子——俊子新论》中，围绕田村俊子的作品进行了全面考察，尤其围绕其代表作《木乃伊的口红》《炮烙之刑》《生血》等作品从女性主义角度进行了分析。此外对于之前涉猎不多的作品进行了详细分析，比如对于《枸杞子的诱惑》《女作者》《她的生活》等作品的解读为日本研究者和读者全面了解田村俊子提供了关键性的解读。

五、日本女性主义文学批评的历史意义

众所周知，明治维新促进了日本向近代国家的转变，整个 20 世纪，日本在经济和军事实力上一直领先于亚洲乃至世界。但经济实力的雄厚未必等于国民思想的开放和男女平等的实现。明治维新后日本的封建残余仍然浓厚，统治者害怕民众的觉醒。像自由民权运动后日本对所有女性实施贤妻良母主义教育，女性进步杂志《青鞜》和《女人艺术》没坚持多久就被查禁等事例就是最好的例子。日本女性深受封建家长制的迫害，在二战结束之前一直被迫扮演着家中贤妻良母的角色。即使战后日本实施了民主改革，女性地位大幅提高，但男尊女卑思想仍根深蒂固。男性评论家始终对女性文学抱有偏见，认为绝大部分女性作家的作品并无太多可取之处。但是随着第二次女性解放浪潮的兴起，日本女性主义文学慢慢开始在文坛占有比较重要的位置，这为女性主义文学批评提供了发声的阵地。日本女性主义文学批评在文学史上的意义主要体现在以下几个方面：一是通过女性主义文学批评，使得广大日本妇女更加深切地懂得了这个社会存在着严重的男女不平等，即使封建家长制不再作祟，但整个社会仍然是男尊女卑，女性并没有得到真正的平等。所以日本女性通过文学批评的启蒙或启发，学会了捍卫自己的权利。二是纵观日本文学评论界，自古以来一直是男性评论家在发声，鲜见女性评论家就文学发表评论。古代虽有紫式部和清少纳言等女作家通过日记形式发表对他人的看法，但那些大都具私密性质，知晓之人甚少。更多是男性诗人或国学研究者写书评或研究著作。进入近代虽有平塚雷鸟和与谢野晶子的进步言论，但这些言论很少就文学本身发表见解。所以说女性主义文学批评解构了男权神话，打破了文学评论界男性评论家一家独大的局面。三是女性主义文学批评采用性别理论对于传统的文学批评进行重新解读，给读者提供了更多的研究视角。而且像樋口一叶的《里紫》等具有女性解放色彩的作品长期以来一直被文坛埋没，是女性主义文学批评将这些文本进行解读，使它们广被人知。女性主义文学批评给人们带来了

多维研究视角,促进了日本文学评论界的百家争鸣。

六、结　语

日本女性主义文学批评作为一支文学批评的新生力量,在 20 世纪末的日本文坛曾一度辉煌,其站在性别角度的文学批评,已逐渐成为日本女性学的支柱并在唤起女性的文学自觉方面发挥着作用。女性主义文学批评在客观上对于男性评论家一家独大的日本文坛造成了极大的冲击,也为文学批评的多样化提供了理论支撑。

除了驹尺喜美、水田宗子、上野千鹤子、渡边澄子等女性主义文学批评家之外,井上优子、江原由美子、井上辉子、关礼子、中山和子等学者在女性主义文学批评领域各自发表见解,形成了蔚为壮观的日本女性主义文学批评阵地。除了这些学者,一些女性作家,如富冈多惠子、三枝和子也积极发表评论,为女性主义文学批评增添了一抹亮色。

中国的日本文学研究者,尤其是女性文学和女性主义文学研究者,有责任对日本的女性主义文学批评进行有效梳理,在和本土女性主义文学批评相互比较的基础上,提炼出真正有益于女性学健康发展的文学批评的理论和方法。从这个角度上讲,我们任重而道远。

注释:

① 魏天无、魏天真:《女性主义文学批评的本土化历程及其问题》,《外国文学研究》2011 年第 3 期,第 143 页。

② 平冢らいてう著作集编集委员会编:《平冢らいてう著作集》(第 1 卷),大月书店 1983 年版,第 3 页。

③④ 王志松"《魔女的理论》:析日本女性主义批评",《日语教育与日本学》第一辑,第 102 - 107 页、第 104 页。

⑤ 上野千鹤子:《家父长制と资本制》,岩波现代文库 2017 年版,第 3 页。

⑥ 渡边澄子:《一葉文学における新たな飞跃——"われから"论》,《樋口一葉を読み直す》学芸书林,第 251 页。

(李先瑞,男,1967 年生,文学博士,浙江越秀外国语学院教授,研究方向为日本近现代文学,日本女性文学,日语修辞学)

芥川龙之介笔下的"忠臣藏"*

◎ 刘东波

摘　要：芥川龙之介的小说有诸多分类法。常见的有"王朝物""切之丹物""江户物"等分类。《大石内藏助的一天》这部小说，可归于"江户物"的类别。借助历史上真实存在的某个著名历史人物来进行小说创作，是芥川常用的一种创作手法。本作品中所描绘的大石内藏助，完全颠覆了读者心中固有的"忠义""视死如归"等形象。芥川用渐进的手法，极其细腻地刻画了完成"义举"之后内藏助的"不快""无奈""寂寥"。本文着重探究芥川创作阶段参照的历史材料，剖析其渐进式描写手法。

关键词：赤穗事件　复仇　大石内藏助　寂寥

一

芥川龙之介的短篇小说《大石内藏助的一天》，于 1917 年（大正六年）9 月 1 日发表在《中央公论》杂志上。后收录在《烟草与恶魔》(1917)、《傀儡师》(1919)等作品集中。小说讲述了大石内藏助在与其同伴完成复仇行动后，被禁足于细川家等待幕府处理时的一天。诸位家老武士围炉小憩，一方面对江户城中发生的斗殴事件论短道长，一方面对赤穗藩的背盟者展开猛烈的抨击。之后话题竟落到大石内藏助那里，大家高度赞扬内藏助蛰伏期间的"装疯卖傻、放浪形骸"。七嘴八舌的议论让内藏助的内心生出一系列变化。内藏助最终借故离席，独自在廊下远眺庭中寒梅。

大石内藏助又名为大石内藏助良雄。相比"大石内藏助"这个名号，"忠臣藏"更加为世人所熟知。他的忠义、勇猛还有视死如归的精神深入人心。可是，《大石内藏助的一天》没有吹捧和赞扬。相反，内藏助的心境从"满足"转变为"不快""哀愁""寂寥"。芥川在本作品中创造出了一个与社会共识相违背的"忠臣藏"形象。关于这个特殊的设定，有很多问题需要探究。

关于本作的出典，石割透与奥野久美子在各自的论文中做了比较研究。[①]他指出，芥川在创作时参考的资料有福本日南的《元禄快举录》(启文社明治四十二年版，后简称《快举录》)和《堀内传右卫门觉书》(五车楼书房明治 39 年版，后简称《觉书》)等。笔者调查发现，有一部关于赤穗事件的资料集里面收录了江户时代关于大石内藏助复仇事件的各类

＊ 本文为日本学术振兴会科学研究助成基金项目(课题编号：18J11978)的阶段性研究成果。

资料,其中也包含《觉书》。这部资料集就是《赤穗义人纂书》。此书成书于 1851 年(嘉永四年),1910 年(明治四十三年)由国书刊行会出版发行,收录了赤穗事件研究的基本资料共 158 件。

奥野久美子在其论文中提到,"芥川除了利用出典的设定之外,也借用了一些与本作品的时代设定相接近的表现手法"。比如关于细节描写,奥野提到,本作品中出现的小道具的描写参照了井原西鹤的《好色一代女》中部分内容。那么,芥川在塑造内藏助的人物形象时,除上述先行研究中提到的文献外还参照了哪些资料?芥川所生活的大正时代,人们对于"忠臣藏"的理解又是如何?此类问题还有进一步考察的必要性。本文着重探究、比较作品及其出典,通过分析内藏助心境的变化,分析芥川笔下刻画出反常识"忠臣藏"的原因或历史背景。

二

本作品聚焦于大石内藏助生命后期的一个冬日,生动地描绘出主人公孤独惆怅的心境。作品中提到的"复仇之快举"应指历史上著名的赤穗事件。②1701 年(元禄十四年)3月 14 日,赤穗藩主浅野内匠头于江户城松廊下将吉良上野介刺伤,引发纷争,随后浅野受命即刻切腹,领地也被一并罚没。翌年 12 月 14 日,以浅野家老大石内藏助为首的一行旧藩士,攻入吉良宅邸并取得吉良首级。随后众藩士被捕,分别禁足于细川、松平、毛利、水野四家之中。

对于这些旧藩士的处置,幕府上下讨论许久未能轻易做出决断。他们的行为到底应视为忠义,还是犯罪?上到幕府将军,下至平民百姓都被卷入,掀起了江户时代最大的一场争论。最终,旧藩士一行被定刺杀幕府高官之罪,于元禄十六年二月四日,被判处全体切腹。

此次事件之后,以"假名手本忠臣藏"等为名的戏剧、文学作品等席卷民间。据统计,迄今为止以"忠臣藏"为题材的作品,在日本传统净琉璃、歌舞伎中保持着最多演出场次的记录。③赞扬他们义举的民间行为,时至今日仍在持续。笔者于 2018 年 12 月赴东京泉岳寺(大石内藏助等人的墓园)做了实地调查,虽是工作日,祭拜大石内藏助等藩士亡灵者却络绎不绝。泉岳寺每年 4 月和 12 月都会举办大型法会和纪念活动。长期以来,"忠臣藏"成为一种文化符号深深嵌入这个民族的记忆。即使是现在,也有很多以"忠臣藏"为题材的电影或电视剧在上映,如电影《最后的忠臣藏》(2016)等。针对这个现象,日本的文学研究家关口安义如此说道:

> 忠臣藏一词,本就出自"假名手本忠臣藏"这一传统净琉璃脚本。随时代变迁渐渐成为赤穗事件的一个代名词。在芥川出生的 1892(明治二十五)年,忠臣藏已世人皆知的故事。复仇行为被称为义举,参与行动的四十七人被称为"义士"。四十七人对主君的忠臣,与明治天皇制国家的形成毫无冲突。反而,甚至可以说忠臣藏的传说是政治催生的产物。④

　　芥川龙之介童年在东京本所区小泉町 15 番地（现墨田区两国 3 丁目 22 番地 11）度过。这个地方，正好在当年赤穗藩士们成就他们快举的吉良宅邸附近。关口在其论文中提道："抚养芥川成人的伯母富纪非常热衷于净琉璃和歌舞伎，经常讲'忠臣藏'的故事给幼时的芥川听。"因此，芥川对于家门口发生的这个历史故事抱有一定的兴趣是十分自然的了。

　　根据以上内容可以推断，芥川是一位对"忠臣藏"抱有极大兴趣的作家。最初指出本作品的出典是《觉书》和《快举录》这两部论著的是吉田精一⑤和三好行雄。之后，石割透和奥野久美子又对其进行了详细的对比分析。三好在其研究中，如此说道：

　　　　攻入吉良宅邸完成复仇后，大石内藏助被囚江户高轮细川家院里。大石细川家被囚生活的描写，是根据当时负责看护大石的细川家家臣堀内传右卫门所著《觉书》写成的。《堀内传右卫门觉书》又被称为"赤城义臣对话"，因是大石等极为亲近之人所著，翔实记录了右卫门当时所听、所见、所想，故而被《续史籍集览》、国书刊行会刊《赤穗义人纂书》等书籍收录。此外，福本日南的《元禄快举录》等，也应有所参照。而芥川有机会参照《赤穗义人纂书》第一卷所收"赤城士话"等文献资料。⑥

　　三好行雄在其论文中最早提出了芥川可能参照过的一系列出典资料，但《赤穗义人纂书》一直没有受到关注和研究。大多数研究者将目光聚集在《快举录》一书。《快举录》于明治四十二年刊发，之后广为传阅。明治四十二年初版后不到两年就出了袖珍版。针对此事，松岛荣一评价说，"此书不同凡响，堪比洛阳纸贵"；"说此书直接影响了战前日本近代社会的'忠臣藏'评价，也不为过"云云。⑦那么，《快举录》描绘的大石内藏助到底是什么形象呢？下面摘录其中两段来说明。

　　　　我以为从古至今评价英雄不外乎以下四个标准。其一是英雄。其二是君子。其三是既英雄又君子。其四是既君子又英雄。历史中的诸位英雄大概都在此之中吧。大石内藏助其人，属于既君子又英雄之类。察其天性，可知其人之宽厚，处世之清白。而且，此人内心有毅然而不可犯之威严。（《快举录》三十二）
　　　　内藏助天赋异禀，超凡脱俗。学问武艺不在他人之下，堪称一等士大夫之典范。正是所谓的文武双全之士。然而，其平生极为谦逊，既未见自夸又不显其能。话虽如此，却绝不是什么迂腐之人。善于饮酒，偶尔也会放荡不羁。总而言之，真是一位奇人。（《快举录》三十五）⑧

　　如上所示，《快举录》中描绘出了内藏助"既君子又英雄"和"放荡不羁"的人物形象。和本作品中的大石内藏助稍做比较即可发现，此出典中的形象和本作品描绘出内藏助外在形象是一致的，但是本作品从另一个侧面又对其人物形象做了刻画，即内藏助内心世界的写照，这在任何出典资料中是不存在的。下面，引用作品原文的内容来加以说明。

　　毫无疑问,他曾无怨无悔生活在记忆的所有放浪生活中,也曾在放浪的生活中完全忘却复仇义举享用短暂的惬意瞬间。他是一个极端诚实之人,却自我欺瞒否定了这个事实。对于明了人性真谛的他,那当然是做梦未敢想象的悖德之举。因此当人们盛赞自己,或将自己所有的放浪行为说成是实现忠义的手段时,他便会感觉到不快和负疚。⑨

　　本作中内藏助因不得已"装疯卖傻"被赞扬,继而"仅存于胸间的那缕春风,眼见得拂面而过",直至最后"漠然地叹气"。芥川在这里刻画出一位"叹气"的内藏助,这点在《快举录》中找不到与之相符的内容。也就是说,本作中刻画的内藏助,其外在确实参照了《快举录》的内容;但是内在方面,芥川应该是在参照其他资料的基础上创作的。值得注意的是,芥川本作中描绘的内藏助,和广为人知的"忠臣藏"之间有一定距离。他不像《快举录》或是戏剧写本中描绘的那么完美,反而是一位因周围称赞感到不愉快、继而面露愁容的人物。那么,芥川是不是通过本作品试图向读者展示大石内藏助不为人知的一面呢?针对这个问题,接下来将结合本作品的内容和新的出典资料,对芥川笔下的"忠臣藏"进行分析和解读。

三

　　笔者通过对作品文本的分析,将大石内藏助心境的变化划分为四个阶段。此外,将每个阶段的变化原因归纳为三个"打击"。
　　(1)静坐席上,面露满足之情。
　　(2)听周围议论,满足减退几分←多余的闲话(江户城中打架斗殴事件)。
　　(3)满足再失几分温度,不快←众人对背盟者的批判。
　　(4)满足被风吹尽,心生反感←蛰伏期间,装疯卖傻的往事。
　　首先,简单分析作品原文中的"满足之情"。在本作品中的内藏助,最开始围炉而坐的时候,面露"满足之情"。

　　　　他回想起当初的山科与圆山谋反。当时的苦衷仍历历在目。不过所有的人,现已各得其所。
　　　　……党羽们皆已到达了指定地点。然而此举并非单纯的复仇之举。诸人以近乎一致的形式,成就了他的道德要求。他体味了道德实现的满足。那般满足,无论从复仇的目的上看,还是从复仇的手段上来看,都没有丝毫良心的愧疚或荫翳。对他而言,显然没有比这更大的满足了……

　　内藏助感受着源自火盆的温暖,心中充满了"满足之情"。但是,与此同时"当时的苦衷仍历历在目"。这段内容中出现的"苦衷"到底指的是什么呢。其实,作品中已经通过"焦虑与筹划""余党们的蠢蠢欲动""山科与圆山谋反"等关键词做出了相关的背景解释。

从这些线索中得知，此处牵动内藏助心绪的是在赤穗事件发生之后的一系列事情。根据山本博文和松岛荣一的研究，赤穗藩在接到幕府处死家主的命令后，内部发生了极其激烈的争论。其争论的核心就是应该忍气吞声还是奋起反抗。⑩笔者根据上述先行研究，对赤穗事件发生到最后的复仇行动的过程以及赤穗藩内部的争论、行动做了简单的梳理。

（1）据城死守（多数家臣的意见），集体追随家主殉葬以示抗议（内藏助的主张）。

（2）权宜之计，交出赤穗城。

（3）立即采取复仇行动（激进派），伺机而动（内藏助）。

（4）举行山科会议（做出静观其变的决议）。

（5）家主胞弟浅野大学被送入广岛藩浅野家（东山再起计划覆灭）。

（6）举行圆山会议（决定采取复仇行动）。

如上所示，本作品中"焦虑与筹划""余党们的蠢蠢欲动""山科与圆山谋反"等描写，都和史实一致。内藏助本来心中最大的期望，应该是等待时机复兴赤穗藩。后因唯一的期望破灭，才与众人走上复仇之路。也就是说，从结果来看，对内藏助而言，虽然成功为家主复仇，但复仇之举绝不是最理想的对策，也不是他的初衷。因此，上文中提出的"苦衷"，应该是继藩主被赐死之后，对赤穗藩的复兴而感到的绝望。

接下来，对造成内藏助心境变化的三个"打击"进行分析。第一个是江户城中发生了全城热议的打架斗殴事件。江户城中发生的这个事件和内藏助"风马牛不相及"，但故事中的一些因素，还是影响到了内藏助的心境。

> 然而此时的这件事实，却在他领受了极大满足的心中，突然播下了恼人的种子。也许，他那满足的底部是悖理的。对于那般行为与结果的完全肯定，或亦带有自私的性质。在他当时的心中，当然还没完全涉及那样的思想解剖。他在春风之中感受到一丝冰冷，仅觉得有些许不快。

对于这个市井流言，作品中虽用到了"悖理"一词，但此时的内藏助只感到"些许不快"。关于本作，芥川留下的一部草稿⑪中写道："在这一年中，他（内藏助）一直怀着一种罪恶感在生活。"不论是"悖理"还是"罪恶感"，从这些表述中可以看到，芥川对赤穗藩士们的"快举"抱有和《快举录》不同的看法。

芥川在本作品中，还穿插了两个小故事。一个是"染坊匠人"和"米店掌柜"的斗殴事件。另一个是唐土（中国）一勇士为主报仇、吞炭致哑的故事。芥川将这两个小故事和赤穗藩士们的"快举"对比，对他们行动的合理性提出了思考。宫泽诚一在其关于赤穗事件的研究论文中指出："事件发生的当时，像子报父仇这样，晚辈为亲人长辈报仇才是正统。然而，关于本事件是否能纳入传统意义上所指报仇这一范围之内，引起了激烈的争论。"⑫这个问题存在于特定的时代，与当时的幕藩体制以及武士的生存方式有着密切的关联。

在净琉璃、歌舞伎的世界里，内藏助一行的行为被称为"义"，且长时间都在提倡这种精神。但是，与此截然相反的主张也是存在的。在《赤穗义人纂书》一书中，收录了一篇名为"大石论七章"的策论文章。其作者牧野直友在文中明确提出了"良雄等此行也，非义也,乱也"的主张。牧野引用了大量的儒家经典中关于"义"的表述,论证了赤穗藩士一行人的行为为"乱"。针对牧野的这一论断,当代的汉学研究者田中佩刀说:

> 从数字方面来比较义士否定论和肯定论(即赞美义士行动的论调)的话,肯定一方占多数意见,而否定一方为少数意见。但是,由此可以推测,在那个全社会都在赞美义士行动的氛围里,有人敢于提出否定意见那是相当需要勇气的。正因为有如此背景,即使时至今日,由于本来就是少数意见,因此否定赤穗义士行动的意见几乎不为人知,这是实情。[13]

因此,根据上述内容,我们是否可以推断出芥川的真实意图呢?芥川在本作品中塑造出的内藏助,与深深扎根于读者脑海中的形象有一定距离。本作通过"悖理""罪恶感"这些用语,刻画出了充满反省意识的大石内藏助。这才是本作品的灵魂,也是仅存于芥川笔下的大石内藏助。但这仅是第一个"打击"营造出的氛围,内藏助的心境只是变得"些许不快",并没有产生强烈的反转和冲突。芥川将草稿中相关于"罪恶感"的叙述删除了,同时又加上了其他两个"打击",继而让内藏助的内心世界发生渐进式的变化。通过接下来的"打击",使内藏助的心境逐渐向"哀愁""寂寥"的方向转变。

第二个"打击",指的是周围人对临阵脱逃那批人的批判和指责。在赤穗藩主被处死、领地被幕府收回的时候,有一批人中途退出了复仇同盟,因此,参与复仇行动的藩士们用"畜牲""臭名远扬""恬不知耻"来表达他们的不满情绪。然而,内藏助并没有和其他人一起去批判,而是"双手放在膝盖上,一副无动于衷的神情。呆呆地望着火盆里的炭火"。他此前内心拂过的那股春风,"却再次降低了几分温度"。本作品中的内藏助,为什么没有与众人 同批判背叛者,反而自己心生不快呢?针对这一点,借用出中研究成果的一些数据来从侧面进行分析。

> 当时赤穗藩的藩士,总共有300人。表明欲为主复仇的人有118人,采取行动潜入江户城的有56人,最终实际完成复仇行动的人数是46人。[14]
> 值得注意的是,所谓的背叛者之中,有很多在藩里地位很高的人。其中,就有地位仅次于俸禄1500石家老大石良雄的人。[15]

通过这些数字可以看出,赤穗藩中意欲抗争的人本就只有三分之一,最终背盟者也达到当初宣誓人中的一半以上。本作中内藏助对这些人的行为评价是"非常自然"。对他们毫无怨恨、唯有怜悯。这里的第二个"打击让内藏助的心情进一步沉重起来,并流露出"痛苦的表情"。

第三个"打击",指的是众人提起内藏助在蛰伏其间,那些放浪形骸、装疯卖傻的往事。大家都在称赞内藏助的深谋远虑和隐忍,却不知内藏助也曾在那一段的放浪生活中,完全忘却了复仇义举,而享用着短暂的惬意瞬间。这一下,彻底抹去了内藏助内心的安宁,胸间那缕春风消散得无影无踪。此时的内藏助借故离席,独自来到廊下,眺望着庭中寒梅老树。此时的静和帐幕内的动形成了十分鲜明的对比。另外，利用寒梅的馨香，将内藏助冷彻心底的孤寂准确地表达了出来。

结　语

芥川龙之介不仅是一位心思细腻的作家，更是一位敢于挑战传统观念的作家。芥川借用"忠臣藏"这一家喻户晓的故事作为本作品的基础，通过渐进式的手法，将大石内藏助一天中复杂的心境变化写了出来。透过本作中主人公的寂寞、无奈，读者可以隐约感受到笼罩于战后日本社会的低沉气氛。同时，芥川借用作品人物，将自己那种无人理解的孤独在本作品中准确地描绘了出来。

本文通过验证前人的研究成果，将《快举录》这一出典资料和作品原文做了对比分析。在此基础之上，找到了许多《快举录》里看不到的内藏助的人物形象，并由此分析了新的出典资料《赤穗义人纂书》。这部书中收录的"大石论七章"一文，虽是"少数意见"，但和本作中内藏助的人物形象有着密切的联系，因此这部书也应列入本作品的出典资料，以便今后对本作品展开更加深入的解读分析。

此外，本文着重分析了本作中内藏助在四个阶段的不同心境以及直接影响每个心境变化的三个"打击"。本作品中的内藏助，确实是一个和社会共识背道而驰的人物。但是芥川通过娴熟的渐进式写法，不仅使内藏助人物形象的反转无任何突兀，反而更显自然。通过反转，芥川在本作品中描绘出了一个不为世人所知的"忠臣藏"。这也是本作品最大的一个特点。

注释：

①［日］石割透：《〈徘徊的犹太人〉〈两封信〉〈大石内藏助的一天〉——"传言"中的主人公》，《驹泽短大国文》1986 年 3 月，奥野久美子：《芥川龙之介〈大石内藏助的一天〉的方法——以人物造型为中心》，《国语国文》2000 年 8 月。

② 关于赤穗事件的原委，参照了［日］山本博文：《赤穗事件与四十六士》吉川弘文馆 2013 年版。

③⑦［日］松岛荣一：《忠臣藏——成立与发展》，岩波书店 1964 年版，第 46 页。

④［日］关口安义：《〈大石内藏助的一天〉论——对"寂寥"的探寻》，《近代文学研究》2007 年 1 月。

⑤［日］吉田精一：《芥川龙之介（国文学评传严书）》，1942 年三省堂版。

⑥［日］三好行雄：《芥川龙之介论》1976 年筑摩书房版。

⑧ 此处出典的引用源自［日］福本日南：《元禄快举录》1909 年启成社版，中文翻译为笔者拙译。

⑨ 本论文中，小说日语原文均参照《芥川龙之介全集》第二卷，1986 年筑摩书房版。中文翻译采用魏大海译《大石内藏助的一天》，载高慧勤、魏大海主编《芥川龙之介全集》第一卷，山东文艺出版社 2012 年版。第 239 - 248 页。

⑩ 见注②与注③。

⑪ 本作品的草稿，参照了《芥川龙之介全集》第 21 卷，岩波书店 1997 年版。第 235 页。

⑫［日］宫泽诚一：《赤穗浪士—衍生出的"忠臣藏"》，1999 年三省堂版，第 93 页。

⑬⑮［日］田中佩刀：《关于赤穗义士论的考察—近世武士道论序说》，《明治大学教养论集》1987 年

3月。

　⑭ 关于赤穗义士人数是 46 人,还是 47 人,历史学界一直有争论。因一位名为寺坂信行的武士在行动结束后,没有和众人一起到达事先指定的集合地点岳泉寺。关于他的行为,是逃跑还是收到指令,没有定论,导致有部分学者将他不计入义士范围。因此,此处引用的内容中,田中佩刀将赤穗义士定义为 46 人。

　(刘东波,男,1989 年 8 月生,甘肃天水人,日本学术振兴会特别研究员,日本国立新潟大学博士,主要研究方向为日本近代文学,中日西域文学比较)

"新时代运动"视域中的文学研究管窥

——以村上春树文学研究为中心

◎ 王　静

摘　要：本文在对日本"新时代运动"展开多维度把握的基础上，分析了"新时代运动"发展的历史文脉以及"新时代运动"背后的思想文脉与村上春树文学不可分割的关系。村上春树文学诞生于"新时代运动"的萌芽期，介入70年代"新时代运动"的发展期，在80年代"新时代运动"的高潮中，村上春树书写了灵性圣地的反理性意义，同时拒绝了宗教对自我的回收。此外在"新时代运动"背后心理学思想关系的分析中，试图判明村上春树与对荣格"一神论"心理学的拒绝以及与希尔曼、河合隼雄"多神论"心理学立场的共鸣。村上春树文学在"新时代运动"中既处于边缘位置又具有运动、变化的特性，这决定了村上春树文学对"新时代运动"的审视、反思与批判。

关键词：新时代运动　村上春树文学　后"宗教"心理学

引　言

"新时代运动"(New Age Movement)为后现代宗教现象，运动始自20世纪60年代的欧美，80年代于日本形成潮流继而对亚洲各国产生了深远影响。"新时代运动"的精神不仅渗透到大众生活之中，也催生了各种新型宗教的产生，部分追求灵性的宗教走向极端，如日本的奥姆真理教、我国出现的"唯灵论运动"等，都与该运动不无关系。对于宗教极端事件的频发，在宗教学、社会学等领域追根溯源，导致"新时代运动"不断受到关注和反思。"新时代运动"文化思潮也渗透到当代文学中，在国内外已出现相关研究，但尚属起步阶段。当代世界文学中广受读者欢迎的村上春树文学与"新时代运动"有着不可分割的关系。村上春树本人经历了"新时代运动"的萌芽、发展、高潮、问题化各个阶段，村上春树文学则对后现代宗教现象做出了持续的回应。本文旨在以村上春树作品为考察对象，论证通过村上春树文学讨论"新时代运动"的有效性以及以"新时代运动"为媒介再阐释村上春树文学的有效性，进而探讨"新时代运动"与文学关系研究的方法和方向。

一、对日本"新时代运动"的多维度理解与研究

"新时代运动"传入日本之初，相关书籍被划分到"精神世界"范畴。[①]90年代末宗教学

家岛薗进基于"新时代运动"和"精神世界"两个概念的重合以及各自的固有性,提出了新的概念"新灵性文化运动"②。考虑到日本"新灵性文化运动"与欧美"新时代运动"一脉相承以及该现象世界范围的广泛影响,本文采用"新时代运动"这一更具普遍性的概念展开讨论。

日本的"新时代运动"既吸纳了宗教、心理学等领域的理论思想,又渗透入文学、音乐、美术、精神治疗、生态运动、医疗终极关怀等多个领域,③是在精神层面和文化生活层面均产生广泛影响的庞大而复杂的社会现象。全面把握"新时代运动"需要从多个维度展开梳理和分析。

从历史文脉看,日本"新时代运动"萌芽于20世纪60年代末的嬉皮士文化,70年代在乌托邦共同体运动中得以发展,80年代形成文化潮流,90年代以奥姆真理教事件为起点凸显问题。从思想文脉看,"新时代运动"思潮源于"反近代",吸纳了东方思想,具有东方学转向。此外正如岛薗进所说该运动是"在宗教与心理疗法的接点上展开的心理=宗教复合性运动",④可以说宗教思想与心理学思想是"新时代运动"的发展基石,在此基础上"新时代运动"追求宗教意义上的意识突变以及深层心理层面上的高次元的自我实现。接下来从宗教和心理学两个方面展开对"新时代运动"思想文脉的梳理。

在宗教方面,正如用社会学的方法研究"新时代运动"的乌尔里希·贝克所说,"新时代运动"是"宗教的个人化"带来的"宗教的回归现象"。⑤"新时代运动"吸收了印度密教、禅宗、东正教等以个人灵性觉醒为基础的宗教思想。"精神世界"领域内的书籍中不乏对这些宗教的介绍;在心理疗法以及身体技法中灵性觉醒被反复尝试和实践;灵性圣地也吸引了众多年轻人的关注和膜拜。"新时代运动"催生了个人灵性开发在当代宗教中的发展,70年代日本开始出现关心神秘现象和心灵开发的"新新宗教"。宗教学家西山茂指出,"新新宗教"强调大胆的灵术奇迹,由此推出反近代性的"非埋性"主义;吸纳了灵性主义的灵学以及新科学(new science)。⑥岛薗进则指出"对神秘现象和心身变容的关心增大","心理统御法增强",在这些方面"新新宗教"与"新灵性文化运动"有共通之处。⑦1995年制造了无差别杀人事件"东京地铁沙林毒气事件"的奥姆真理教则是在"新时代运动"潮流中成长起来的"新新宗教"的典型代表之一。

心理学方面,直接与"新时代运动"接轨的是"超个人心理学"。"超个人心理学""在心理学与心灵学之间构建桥梁","涉及对意识的非日常而神秘的超个人状态的认知、理解、实现",主张指向超个人领域的精神统合。⑧"超个人心理学"之前又有"力动宗教心理学"中一系列心理学的历史积累与思想传承,从威廉·詹姆士到卡尔·荣格、弗洛姆等都探讨了宗教现象背后的心理性动因(无意识)的心理学。

通过以上多维度分析,可以看出"新时代运动"是以既有宗教思想(印度密教、禅宗、东正教等)和心理学思想(詹姆士、荣格等)为基盘,融合发展了灵性开发的各种方式与方法(心理疗法、身体技法的实践等文化现象),将灵性、心理学融入消费文化并延伸到"新新宗教"的社会现象。

那么关于"新时代运动"展开了怎样的研究呢?20世纪80年代,在欧美学界"新时代运动"研究兴起,相关研究主要集中于宗教、社会学等领域。在日本学界,90年代岛薗进、海野弘等人对"新时代运动"的流行和影响有了较为宏观的把握。随着极端宗教问题的出现，推动"新时代运动"的言论受到了重点关注，相关文化人也被问责、被批判为"灵性文化人"。此后关于"新时代运动"的研究逐步加深，堀江宗正、小木曾由佳等挖掘和探讨了该运动的思想背景。

在我国学界，出版了西方"新时代运动"研究相关译著，对"新时代运动"运动有宏观的介绍，叶舒宪教授的《现代性危机与文化寻根》为前瞻性的研究著作，其他研究散见于期刊论文中。但是对日本"新时代运动"尚缺乏整体宏观的梳理和把握，更缺乏深入的分析。

宗教、社会学、人类学领域中"新时代运动"的研究起步较早，奠定了很好的研究基础。"新时代运动"与文学关系研究在近年兴起。海野弘、Gebhardt Lisette 等人的研究主要问责了文学作品对"新时代运动"文化思潮的利用和传播，批判了文学作品对"新时代运动"的推波助澜。Gebhardt Lisette 还关注到日本文学作品中灵性主义潮流和民族主义的结合，给予了有效批判。⑨

但不可否认的是，既有研究忽略了"新时代运动"与文学关系的复杂性和多样性研究。确实"新时代运动"渗透广泛、影响深远，不少艺术作品与"新时代运动"有着千丝万缕的关系，且不乏共振之处。但是对于"新时代运动"的功与过尚存在分歧，与"新时代运动"背后的思想共鸣、共振的艺术作品自然也不能一概而论。此外由于作家的独特性思维以及时代的发展变化，文学作品中又出现了对"新时代运动"的冷静审视、批判以及反思。"新时代运动"与文学作品的关系研究既需要抽丝剥茧的细致分析，又需要敏锐捕捉到作家变化的运动性视点。村上春树作品和"新时代运动"的关系具有多元和运动的特征，可以作为典型的研究案例。

二、日本"新时代运动"的历史文脉与村上春树文学的关系

能否通过村上春树文学讨论"新时代运动"？能否以"新时代运动"为媒介对村上春树文学展开新的阐释？本节着眼于日本"新时代运动"的历史文脉，结合既有研究回答这两个问题。

从历史文脉来看，60 年代末嬉皮士文化中"新时代运动"的萌芽、70 年代乌托邦共同体运动中"新时代运动"的发展、80 年代形成的"新时代运动"潮流，都与村上春树本人及其作品有着不可分割的关系。

20 世纪 60 年代末，日本的学生运动和嬉皮士文化潮流并存，在学生运动失败的背景之下，部分左翼人士和学生吸收了嬉皮士文化，追求无意识的解放，甚至向宗教文化倾斜。村上春树本人经历了 60 年代末的学生运动，接受了嬉皮士文化的洗礼，见证了"新时代运动"的兴起。1979 年村上春树通过作品《且听风吟》登上文坛，在该作品中与嬉皮士文化相关的书籍、人物纷纷登场。不止该作品，早期的三部曲等多部作品对嬉皮士文化都有所书写，可以说村上春树文学诞生于"新时代运动"萌芽期的孕育之中。但由于采取虚化描写的策略，学生运动、嬉皮士文化的背景只是作为点缀性内容闪现于文中，这些重要的社会文本的叙事意义被忽视，早期的村上春树文学被柄谷行人、大江健三郎等批判为迎合了

消费主义的虚无文学。

这些评价影响深远,但村上早期作品和"新时代运动"萌芽期的关系至今尚未得到有效的挖掘。

70年代新左翼人士投身于乌托邦共同体(commune)建设之中,乌托邦共同体运动的发展和"新时代运动"有着紧密的历史连续性,乌托邦共同体的实践者和拥护者中产生了推动"新时代运动"的先驱者。虽然尚没有资料能够证实村上春树参与过70年代的乌托邦共同体实践,但在《挪威的森林》和《1Q84》中对乌托邦共同体皆有详尽的描写,并且成为推动小说发展的主要机制。参与过70年代乌托邦共同体"山岸会"的宗教研究学者岛田裕己在《1Q84》论中,评论村上描写乌托邦共同体的视点是内部视点,感叹"说村上在'山岸会'生活过也不为过"。⑩通过作品中的细致描写可以说,村上春树非常熟悉70年代的乌托邦共同体运动,甚至有可能是乌托邦共同体实践者的一员。

另外需要注意的是,在村上春树前期作品《挪威的森林》中所描写的"阿美寮"与后期作品《1Q84》中所描写的"高岛塾"和"先驱",虽然都是乌托邦共同体,但叙事的侧重点有很大的不同。"阿美寮"并没有重点描写乌托邦共同体运动中对意识变革的追求或宗教倾向等与"新时代运动"相关的内容。奥姆真理教事件之后的《1Q84》,则通过"高岛塾"到"先驱"的发展过程书写了农业乌托邦共同体到宗教乌托邦共同体的转变。以上两部作品是"新时代运动"的不在场到在场的转变,既反映了作家在80年代尚没有聚焦于"新时代运动"中危险因素的时代局限性,也反映了作家在奥姆真理教事件之后对"新时代运动"的再审视与深刻反思。

80年代日本"新时代运动"进入高潮阶段,"精神世界""灵性"成为时代的关键词,对灵性的追求渗透到媒体和大众消费领域中。其中代表性的行为之一是灵性圣地巡礼。村上春树作品《雨天炎天》中描写的阿索斯正是当时被年轻人膜拜的灵性宗教圣地之一。既有研究完全忽略了"新时代运动"与该作品的关系。以该作品为切入点,可以看出在20世纪80年代末,村上春树如何卷入了那般"新时代运动"的场域,还可以把握到村上春树对"新时代运动"持有的态度以及在"新时代运动"场域中所处的位置。拙作「聖と俗のせめぎ合い——村上春樹のアトス巡礼記「アトス—神様のリアル・ワールド」論」(圣与俗的抗拮——村上春树阿索斯巡礼记《阿索斯——神的现实世界》论)通过导入社会文本"新时代运动"剖析了村上春树的立场和新灵性文化运动的根本不同。⑪"新时代运动"通过灵性宗教思想以及心理学思想的借用,主张追求大我、圣我,其中蕴含的是圣与俗的分裂,善与恶的分裂。而村上春树在该作品中书写了阿索斯修道院共同体规则的不稳定性和修道僧人的多样性,反映的是圣与俗、恶与善的密切关联。这正是村上春树的文学立场区别于"新时代运动"之处。但不可否定的是这一阶段的村上春树并没有明确意识到灵性追求所蕴含的巨大危险,他一方面被反理性的东方神秘所吸引,另一方面拒绝俗的自我、小的自我被阿索斯的宗教性所回收,真正直面"新时代运动"的问题是在奥姆真理教事件之后。

20世纪90年代,村上春树见证了1995年日本发生的"新新宗教"无差别杀人事件奥姆真理教事件。该事件后,村上春树花费三年时间采访了多名奥姆真理教的信徒和受害者,并将采访内容汇集于《地下1》《地下2——约定的场所》两部作品中。村上春树对该事件的参与,不但具有积极的社会意义而且为研究当代日本宗教问题以及"新时代运动"问题提供了重要的言论资料。此外,该事件前后村上春树与荣格派心理学家河合隼雄多次展开对谈,探讨了当代宗教问题以及由宗教引发的善恶伦理问题,并明确提出了要建立对抗宗教原理主义的文学叙事模式。

但如上文所述,90 年代奥姆真理教事件发生后,问责灵性知识分子的声音高涨。在这样的社会背景之下,河合隼雄被简单划分为灵性知识分子,而由于和河合隼雄的亲密关系及其作品中描写的超常现象,村上春树也被简单划分为"新时代运动"的推动者。[12]奥姆真理教事件后,村上春树虽然明确表达了对"新时代运动"问题的关切,提出了对抗原理主义的叙事模式并实践到后期作品中。但由于后期作品的叙事策略超越了既有的二元批判模式,《1Q84》等作品并未得到研究界的充分理解,黑古一夫、岛田裕已等学者批判村上春树作品被极端宗教伦理所回收。村上春树则高调表明了和河合隼雄共鸣共振的用意何在? 后期作品中的无意识书写与"新时代运动"思想源流的关系是什么? 这些问题尚没有得到有效的解释。

要想准确定位村上春树作品与"新时代运动"的关系,阐释村上春树后期作品对原理主义叙事模式的对抗,"新时代运动"背后的心理学可以作为研究村上春树作品与"新时代运动"关系的重要维度,村上春树及其作品与荣格、河合隼雄等心理学家思想的关系无疑是重要的切入口。

三、日本"新时代运动"的思想文脉与村上春树文学的关系

在探讨村上春树与"新时代运动"背后的心理学关系之前,首先需要整理心理学和"新时代运动"的关系,既有研究显然存在着分歧,出现了承接性视点和差异性视点。首先有研究者主张,19 世纪灵性主义时代的心理学家威廉·詹姆士和卡尔·荣格对"新时代运动"具有推动作用。詹姆士从心理学角度将宗教定义为个人经验;荣格则主张自我"内面神"的觉醒。日本宗教学者大田俊宽认为詹姆士和荣格的心理学与 80 年代宗教性的兴起有着承接性关系,批判詹姆士和荣格的心理学是日本"新新宗教"奥姆真理教的思想源头之一。大田俊宽指出,"将个体内部产生的神秘现象作为宗教核心"的詹姆士的浪漫主义宗教论,"通过无数的新兴宗教以及荣格心理学、'超个人心理学'等运动发展下来"。[13]

另一方面,也有研究者强调"超个人心理学"出现之前的宗教心理学和"新时代运动"的不同之处。宗教心理学家堀江宗正将两者区分开来,把"超个人心理学"命名为"宗教'的'心理学",把"超个人心理学"之前的"力动宗教心理学"——从詹姆士到荣格、弗洛姆等探讨宗教现象背后的心理性动因(无意识)的心理学——称为"后'宗教'心理学。"[14]堀江宗正指出詹姆士、荣格等人的"后'宗教'心理学"虽然产生于"原始宗教—民众宗教—多灵主义心理学—当代治愈系运动"系谱,但与该系谱保持了距离。[15]堀江划清了詹姆士、荣格心理学为代表的"力动宗教心理学"与"超个人心理学"的界限,赋詹姆士、荣格心理学多元意义。

堀江宗正的研究以 20 世纪 70 年代前的心理学家为研究对象,并没有将 70 年代后出

现的后荣格派心理学家詹姆士·希尔曼、河合隼雄等放入研究范围。但不可否认后荣格派希尔曼、河合隼雄的思想是对荣格学说的继承,也可以放入"后'宗教'心理学思想运动"的范畴之内。希尔曼将灵魂的活动这一内在体验理解为宗教体验,力说呵护灵魂的重要性。⑯河合隼雄则援引荣格对宗教的定义,认为持续观察压倒性的强大力量的体验可以称之为宗教,心理学家的工作也正是这样的对内心的持续观察。⑰

在"新时代运动"背后的心理学系谱上出现的河合隼雄对于村上春树研究具有重要的意义。村上春树与河合隼雄多次展开对谈,村上春树毫不隐讳与河合隼雄之间的强烈共鸣。两者的互动可以说是"新时代运动"背景之下的心理学家与文学家的互动。堀江宗正的研究提醒我们并不能将"后'宗教'的心理学"与"新时代运动"思想运动画上等号,对心理学思想和"新时代运动"的关系定位需要细致的考证。

希尔曼、河合隼雄对荣格的思想都有所继承,但重要的是在继承的基础上两者都明确提出了对荣格思想的批判。荣格区分了"自我"和"自性"(self),主张通过"个性化过程"实现从"自我"到"自性"的统合。希尔曼对此评论道"统一、统合以及个性化是对多数性、多样性的压迫",并批判荣格心理学最终抵达的是"自性的一神教"。⑱河合隼雄多次著文表示赞同,分析阐释了荣格心理学的一神论构造。由此可见,希尔曼、河合隼雄的思想与"新时代运动"的关系不能简单归结于推动作用,河合隼雄在"新时代运动"的高潮期对该运动既表达了强烈关心,也表明了自身立场与"新时代运动"核心思想的根本不同。

关于村上春树作品与荣格思想的关系,由于村上春树明确表示关注深层无意识,并在多部作品中用文学语言探索了深层无意识,描绘了深层无意识的微妙变化。很多研究者关注到村上春树作品与荣格思想的相近。确实村上春树对深层无意识的关注以及对个人"阴影"(shadow)的关注与荣格的思想有共通之处,但是更需要注意到村上春树与荣格的不同之处。村上春树明确表达自己与河合隼雄的共通与共鸣,另一方面在奥姆真理教事件之后与河合隼雄的对谈,《1Q84》之后的访谈以及河合隼雄去世之后的特别寄稿中多次表示没有读过荣格的作品,强调自己没有接受荣格的思想。⑲

那么如何理解村上春树与荣格的关系?希尔曼、河合隼雄提出的"一神论心理学""多神论心理学"的差异给我们重要的启示。希尔曼指出"当代心理学中最根本的观念纠葛是'选择多神论还是一神论'"这一问题,并主张要建立多神论心理学以克服重视"自性"统合的荣格一神论思想的界限。⑳河合隼雄阐释希尔曼的多神论是"将'自性'置换为'魂',由此将内心作为不可解释的复杂存在,尽力探寻其细部,并保护之肯定之"。河合隼雄还进一步结合自身从事的心理治疗指出:"心理治疗师的本质在于,将魂置于暧昧性之中,不裁定明确的发展阶段,不考虑最高(最终)的境界,仅仅选择持续地摸索、探寻的过程"。㉑

村上春树文学正是呼应了多神论心理学,拒绝"自性"统合,反复探寻深层无意识的复杂世界的文学。从奥姆真理教事件之后创作的短篇小说《神的孩子全跳舞》到《1Q84》再到新作品《骑士团长杀人事件》无不采取了这样的写作写法。《神的孩子全跳舞》中每个短篇都揭示了登场人物深层无意识的一角,使得读者伴随登场人物不得不凝视内心中的阴影或是暴力。但是虽然反复书写对无意识的凝视,并没有描写人物的"自性"统合以及此后的安定感。登场人物的内心世界如何发展是未知的,他们的未来世界也是未知的。

《1Q84》中青豆与天吾在逃离"1Q84"的世界之后并没有回到"1984"，而是面临第三个未知世界。在通过肖像画浮现个人心理阴影以及暴力的《骑士团长杀人事件》中，代表主人公的阴暗面的画作《白色斯巴鲁男人》到最后也未能完成，可以说在故事结尾揭示了个体深层无意识探知的不可完成性。

由此可见，村上春树文学与"新时代运动"背后的心理学思想既有共通之处又有根本性差异。如果说奥姆真理教的宗教观利用了个人对深层无意识开发的一神论式渴望，那么村上春树文学则是潜入同一纬度的对抗，是对深层无意识认知进行的充满多样性与开放性的重塑。这样的重塑与河合隼雄的心理学思想以及他所实践的心理疗法之间形成了共振。

结　语

综上所述，村上春树的经历以及村上春树作品和"新时代运动"的萌芽、发展、高潮以及问题化都有关联，因而村上作品能够成为探讨"新时代运动"的有效媒介。同时在村上春树研究中，"新时代运动"的历史文脉、思想文脉与村上春树作品的密切关联并未得到深度挖掘，"新时代运动"能够成为再阐释村上春树文学的有效媒介。通过以上对"新时代运动"场域中村上春树文学研究的管窥，对于"新时代运动"与文学关系研究可以得到以下启示。

第一，需要重视"新时代运动"的历史文脉。探讨文学作品和"新时代运动"的关联，需要关注的不仅是 20 世纪 80 年代的高潮期，还要重视和"新时代运动"前史的关联，即与 60 年代萌芽时期的嬉皮士文化以及 70 年代发展时期的乌托邦共同体运动的关联。

第二，需要重视文学作品的历时性变化。"新时代运动"从萌芽到高潮再到爆发问题，历经 40 余年，带来的宗教性问题也持续存在。探讨"新时代运动"与文学作品的关系，需要着眼于变化，关注作家及其作品在"新时代运动"场域中从中心到边缘的移动。既要看到作家与"新时代运动"的共鸣以及时代局限性，又要捕捉到作家对"新时代运动"的再审视与反思。

第三，需要重视"新时代运动"的思想文脉的多义性。"后'宗教'的心理学"可以作为讨论文学作品与"新时代运动"关系的重要维度。分析文学作品中的思想内涵与"新时代运动"背后的宗教以及心理学思想产生了相吸还是相斥，需要加深对"后'宗教'心理学"的理解，厘清"新时代运动"背后的思想图式。

注释：

① "精神世界"概念的使用出现在 70 年代后半，1980 年代前半"精神世界"在书店成为常设书籍类别，90 年代前半以后"精神世界"的导读书物出版，读者稳定下来。（参见伊藤雅之：『現代社会とスピリチュアリティ——現代人の宗教意識の社会学的探究』，溪水社 2003 年版，第 3 - 4 页）

② 该概念涵盖了"新时代运动""精神世界"以及组织性较弱的"新新宗教"。岛薗进：『精神世界のゆくえ——現代世界と新霊性運動』，東京堂出版 1996 年版。

③⑧ 海野弘：『世紀末シンドローム――ニューエイジの光と闇』,新曜社 1998 年版,第 16 页、第 209 页。

④ 島薗進：『精神世界のゆくえ――現代世界と新霊性運動』,東京堂出版 1996 年版,第 200 页。

⑤ ウルリッヒ・ベック：『〈私〉だけの神――平和と暴力のはざまにある宗教』鈴木直訳,岩波書店 2011 年版,第 31 页。

⑥ 西山茂：「戦後新宗教の変容と新新宗教の台頭」『宗務時報』(73),1986 年 8 月,第 6 页。

⑦ 島薗進：『新新宗教と宗教ブーム』,岩波書店 1992 年版,第 8 - 9 页。

⑨ リゼット・ゲーパルト『現代日本のスピリチュアリティ――文学・思想にみる新霊性文化』深澤英隆・飛鳥井雅友訳,岩波書店 2013 年版。

⑩ 島田裕巳：「村上春樹『1Q84』――なぜヤマギシ会がモデルなのか」,『小説 tripper』2009 年版,第 370 页。

⑪ 王静：「聖と俗のせめぎ合い――村上春樹のアトス巡礼記「アトス―神様のリアル・ワールド」論」,『JunCture 超域的日本文化研究』第 8 号,2017 年 4 月,第 152 - 162 页。

⑫ 散见于海野弘、羽鸟徹哉、Gebhardt Lisette 的论著中。海野弘：『世紀末シンドローム――ニューエイジの光と闇』,新曜社 1998 年版,第 200 页。羽鳥徹哉：「「ねじまき鳥クロニクル」の分析――超能力の現代的意味」,『国文学：解釈と教材の研究』40(4),1995 年 3 月,第 69 页。リゼット・ゲーパルト『現代日本のスピリチュアリティ――文学・思想にみる新霊性文化』深澤英隆・飛鳥井雅友訳,岩波書店 2013 年版,第 304 页。

⑬ 大田俊寛：『宗教学――ブックガイドシリーズ基本の 30 冊』,人文書院 2015 年版,第 149 页。

⑭⑮ 堀江宗正：『歴史のなかの宗教心理学その思想形成と布置』,岩波書店 2009 年版,第 386 页。"宗教'的'心理学"原文：「宗教「的」心理学」。"后'宗教'心理学思想运动"原文：「ポスト「宗教」の心理学」。

⑯ 希尔曼关于灵魂的著书：『内的世界への探求――心理学と宗教(ユング心理学選書)』(樋口和彦訳、創元社 1990 年版),『魂のコード 心のとびらをひらく』(鏡リュウジ訳、河出書房新社 1998 年版),『世界に宿る魂――思考する心臓』(浜野清志訳、人文書院 1999 年版)等。

⑰ 河合隼雄：「日本の土を踏んだ神――遠藤周作の文学と宗教」,『三田文學』77(52),1998 年 2 月,第 148 页。

⑱⑳ ジェームス・ヒルマン：「心理学――一神論的か多神論的か」,『甦る神々―新しい多神論』デイヴィッド・L・ミラー、桑原知子・高石恭子訳,春秋社 1991 年版,第 169 页。

⑲ 村上春樹：「解題『約束された場所で』『村上春樹、河合隼雄に合いにいく』」,『村上春樹全作品 1990―2000⑦』,講談社 2003 年版,第 391 页。「村上春樹ロングインタビュー」,『考える人』,新潮社,2010 年 8 月,第 27 页。村上春樹：「魂のいちばん深いところ――河合隼雄先生の思い出」,『考える人』,新潮社 2013 年夏号,第 106 页。

㉑ 河合隼雄：『宗教と科学の接点』,岩波書店 1986 年版,第 130 页。

（王静，女，1985 年 10 月，徐州人，文学博士学位，江苏师范大学讲师，主要研究方向为现当代日本文学）

论安冈章太郎《海边的光景》中的家庭

◎ 谢志宇

摘　要："第三新人"作家创作上有各具特色，也有共同的特点，即创作的目光锁定在第二次世界大战后经济逐步繁荣下，人们对于战后家庭关系的不适。家庭内父权的解体和母亲、孩子权利的获得，形成一定程度上平等而自由的新型家庭关系。丈夫渐渐丧失了对妻子和孩子的绝对支配权，妻子提出离婚和孩子离家出走慢慢成为人们可以接受的事实。

关键词：安冈章太郎　家庭崩溃　父权制

引　言

明治、大正的小说中，家庭似乎是坚固的、牢不可破的。其中，作为家长制代表的父亲，始终担负着维系家庭的重任。正因如此，明治、大正小说中的父亲形象往往被描绘成严厉、沉默、不苟言笑的威严者；而母亲则被描绘成慈爱、宽容的温顺者。恪守妇德是每个母亲必须做到的。如岛崎藤村长篇小说《家》里就有如下描写——"丈夫给她造成的巨大痛苦，她的沉重心情是不允许告诉任何人的。这是父亲的遗训。"①

到了"二战"结束后即在所谓战后"第三新人"的文学中，家庭开始破碎了。这并不是因为战争出现阵亡而导致破碎，而是指父母、子女都健在的情况下，由于意识形态的差异而导致的破碎乃至分崩离析。文学作品中父亲、母亲的形象由此发生了逆转，父亲变得尴尬、羞愧、木讷；母亲则喜欢无知的唠叨，整日里揶揄丈夫的丑态等；子女对于父母的态度也发生了极大的转变。

那么，战后的父亲、母亲形象同战前比起来，为什么会出现如此巨大的差别呢？"第三新人"的作家们及其作品，为什么会纷纷表现这一主题呢？对此，我们不妨以安冈章太郎（1920—2013）的中篇小说《海边的光景》为例来做具体的分析。

一、相关评价与研究综述

这篇小说最早连载于1959年11月、12月的《群像》杂志，同年年底由讲谈社出版单行本，翌年获"第八届野间文艺奖"及"文部省艺术推荐奖"。小说讲述了主人公浜口信太郎在医院守护病危母亲、直到她去世共九天九夜里的回忆和感受。信太郎接到母亲病危的电报，和父亲信吉一起乘车赶往高知县海边一家医院。护士带领下，信太郎看到了一年前被送进这家医院接受治疗的母亲。患老年性痴呆症的母亲已被病魔折磨得枯瘦如柴。信太郎守着奄奄一息、昏睡不醒的母亲,战前、战时及战后一家人的生活一幕幕浮现在眼前。"二战"期间,信太郎和父亲都应征入伍。信太郎因患疾提前返回。母子俩相依为命,靠着父亲部队的收入,过着清贫而和睦的日子。妈妈常在"我"面前说起父亲的蠢态,"我"在心中也渐渐产生了厌父情结。"二战"结束后父亲回家,和睦的生活似乎被打乱。母亲本来就讨厌父亲,加上部队停发薪水,父亲没了收入,一家人全靠"我"微薄的翻译稿费维持生活,三人间的关系变得紧张。后来房东要收回房子,"我"只好只身去了东京,父母去了父亲的老家高知县。……母亲终于去世,"我"看着海边退去的潮水,脑子一片空白……

　　小说问世之初就受到文坛大家们好评。佐佐木基一、江藤淳对小说中刻画的父亲形象赞不绝口——"如实地展现了战后的父亲形象"②云云。在后来的"第八届野间文艺奖"评选中,这篇小说与女作家大原富枝(1912—2000)的长篇小说《婉儿》(《群像》,1960 年 2月号)一同获奖。评选委员石坂洋次郎评价说:"那《海边的光景》是继承了漱石筋脉的'私小说'佳作";川端康成评价:"……《海边的光景》致力于非同寻常的创作题材,探求人生,达到了相当的水准。"从上述评价中,我们可以归纳出这部作品大致的特点:以罕见的事情为素材、以崭新的人物形象创作的"私小说"佳作。这里的"罕见的事情"指的是"三人所组成的一盘散沙似的家庭","崭新的人物形象"无疑基于从未有过的父亲、母亲和"我"的言谈、举止和感受。

　　1960 年 1 月号的《群像》上刊登了《〈海边的光景〉创作评议》,参加评议会的有作家阿部知二、作家平林泰子和文学评论家龟井省一郎。大家在充分肯定《海边的光景》文学地位的基础上,对作品中的家庭描写进行了更为详细的研讨。其中龟井省一郎指出:"家庭的变迁自明治以来就像河流一样绵延不断。从这一角度看《海边的光景》,我们就能得到这样一种感受 信吉(父亲)是神经病,母亲也是神经病,信太郎也患有某种神经病。一家人都异常。"

　　大久保典夫基于家庭描写的角度,指出"从文学史上看,日本近代'家'的问题,自觉地当作主题纳入小说之中是日俄战争后兴起的自然主义文学,其中典型的代表作家就是岛崎藤村。表现的轴心就是儿子对父亲的反抗。这种父子关系的主题在大正时期的白桦派、昭和初期的普罗文学、第二次世界大战后的战后派中得以继承发展,但昭和三十年代以后,在夫权丧失的战后社会里,由于社会现实的总体难以把握,加上这个时期,战前甘居支流的谷崎润一郎开始活跃,人们对这类文学的重新评价,开始具有了象征性意义。"③

　　那么,这篇被誉为佳作的小说到底如何表现战后父亲、母亲和儿子形象的呢? 它又如何通过不同的形象来刻画家庭的呢?

二、卑微、狼狈、尴尬的"父亲"

　　小说开篇,儿子信太郎和父亲信吉乘车赶往医院看望奄奄一息的母亲。一路上两人沉默不语,但信太郎始终在回忆母亲的过去,观察父亲现在的样子。

信太郎瞅了瞅坐在一旁的父亲——信吉的脸。被太阳晒黑的脖子伸得老长，他将手搭在副驾驶座的靠背上，紧紧盯着前方的脸上布满了黑色的斑点，满脸的皱纹挤在一起，让人觉得他在暗自发笑。一年不见的父亲，鬓角和下巴长满了胡子，好像忘记刮剃似的。大脑袋上生着一对小眼睛，略显发黄，一副倒霉、无力的模样儿。④

用如此刻薄的字眼来形容，信太郎对父亲的态度可见一斑。从日本文学史上看，儿子如此描述父亲的例子几乎没有。事实上父子关系冷淡，形同路人。而且在"略显发黄，一副倒霉、无力模样儿"的父亲面前，身为儿子的信太郎竟毫无内疚和伤心之感。事实上，他从来也没考虑过自己在这个家庭中的位置和应当担负的责任。

两人坐车赶到医院后，一直沉默的父亲终于开了口：

"去看看她的情况吧？"
信吉半边脸上留着微笑，看着儿子说。
"走。"
信太郎略显心急地答道。

（安冈章太郎：126）

"半边脸上留着微笑"并非因为自己的妻子或"孩子的母亲"病危而心中暗自高兴，而是因为自己面对陌生人一般的儿子在说话，不得不"半边脸上留着微笑"。他没使用"你妈"这种父亲对儿子说话时的称谓方式而是用"她"，这也说明他与儿子的关系冷淡，说明他对妻子没有丝毫怜爱或惋惜。这样固执且狼狈、尴尬的父亲形象与传统小说中掌握家庭大权的父权者相差甚远。为什么战后文学中会有这种形象？一是因为他们是战争归来的战败者。按照日本的军国主义精神，战败的人都应该剖腹自杀。在得知日本宣布投降之后，剖腹自杀的军人不在少数。他们认为苟且偷生地尴尬活着，家人也看不起自己。二是传统的父权制在战后逐步瓦解的影响，父亲在家庭、在社会上的地位日渐下降。正如小说在后面进一步描写的那样，对于自己病危的妻子，信吉没有表现出非同寻常的担忧和痛苦，依旧少言寡语，甚至有些心不在焉。其后他不再和"我"说什么话，反倒常常与医院的清洁工、送饭的医生交谈，或者就是大口地吸烟。叙述者借助于信太郎的眼光是这样描述的：

信太郎不喜欢看父亲抽烟的样子。突出的嘴唇含着粗大指尖里的香烟，如同快要窒息的鱼一样，从两腮到喉管不停地动。抽第一口时，极其慌忙。不等到烟雾到达身体里的各个部位，他的眼珠会一动不动地盯着半空。……父亲的这种抽法就如同不要命一般，让人感到你对他说什么，他都不会回答你。

（安冈章太郎：128）

在守护母亲的时候，信太郎回忆起自己和父母在鹄沼海岸的家里一起生活的情形。

战争结束后的第二年,父亲穿着拉掉肩章的军服从南方被遣送回来,背着古怪的皮包。他在家里角落的一间小屋子里,过起了俘虏收容所般的生活。他把院子里的土刨了个遍,种上麦子和蓖麻等各种植物,他从不出门,害怕与外界接触。过去在收容所时请后勤兵做的背包里,装着洗脸兼吃饭用的盆子、撑开后呈星型的蚊帐等一些奇怪的东西。这些东西对父亲来说都是宝贝,每天要拿出来好几次,逐个仔细端详……

父亲几乎整天都在院子里转悠,只有吃饭时才走进屋子。吃完后仿佛要逃离似地,立刻又跑到院子里,一直到天黑。下雨时也在外面,穿着家里唯一的一件雨衣。

（安冈章太郎：146）

没有人愿意过俘虏收容所的生活,但父亲宁愿过收容所的生活似乎也不愿意回家。他仿佛知道妻子本来就看不起自己,更何况自己又是一个战败者。从战争开始到结束,信太郎有十年都没有见到过父亲。父亲回来后,一家三口围着饭桌吃饭,默然之中,母亲和儿子坐在了一边。父子之间也没有什么言语,相互间只是沉默。对于信太郎,过去母亲嘴里的父亲是呆板和羞耻的,而现在自己眼中的父亲又有些古怪和念旧。事实上,信吉是一个从前线遣送回来的、不受人喜欢的、战败的军人形象,或是一个羞耻、疾病、恐怖等各种因素造就的扭曲者形象。这种父亲形象,尤其是从一个儿子的眼里表现出来,这在《海边的光景》以前的小说中绝无仅有。同样是描写父亲,夏目漱石、森鸥外、志贺直哉笔下的父亲大多是威严的、自尊的,根本看不到安冈章太郎笔下这种卑小的父亲形象。从信太郎见到父亲起到小说结尾,不论是儿子眼前的还是回忆中,父亲的形象一直给人卑小而古怪的印象,丝毫看不到一家之长的权威和地位。在信太郎看来,父亲从前线遣返回来既表明了战败,也意味着家庭崩溃的开始。

三、隔路的与父亲对立的母亲

信太郎把家庭崩溃的责任加了父亲身上,从未认真地思考过母亲是否有责任,也没有好好地反省过自己的差错。就信吉和千佳（妻子名——笔者注）的关系即夫妻关系来看,两人从结婚之初就形同路人,不仅缺乏交流,千佳甚至十分厌恶丈夫,从结婚那天起就厌恶自己的丈夫。她第一眼看到丈夫行动迟缓、木讷寡语时,就想逃婚。"她很讨厌自己的丈夫。几乎令人不可思议。信吉身上的一切她都不喜欢。几十年来,不管对谁她都这样说。"（安冈章太郎：132）

丈夫是军人又是一名兽医。每当旁人问起此事时,妻子都感到羞耻,并要求儿子不要将这事说出去。这是战后文学中新的母亲形象,一个不恪守妇道的叛逆者,一个在众人面前感到尴尬的妇人。她的行为导致一开始就夫妻不和,孩子也看不起自己的父亲。

母亲常哼起一首歌,大意是儿子成熟后离开身边,母亲悔恨在心头。这首歌伴随着信太郎长大,深深地映在他的脑海里。这首歌至少反映出两点,即母亲不希望信太郎离开自己；妻子不愿意和丈夫信吉住在一起。子女随母亲生活,母子情浓于父子情是日本民族的传统，虽然在《万叶集》等古典作品中早有描述，但在近代日本小说所表现的母子关系中并不多见。江藤淳在他那本著名的文化理论书籍《成熟与丧失——"母亲"的崩溃》中，将美国人的母子关系与日本民族的母子关系做了一番比较后，指出日本民族的特点是"母子关系紧密"，儿子的成熟以母亲的崩溃为前提。在小说中我们的确看到了儿子只身去东京谋生，母亲患老年痴呆住进医院的描述，但儿子是不是成熟了，母亲千佳是不是家庭崩溃的始作俑者还有待探讨。

不过这篇小说中一个细节不能忽略，那就是奄奄一息的母亲突然喊着丈夫的名字。信太郎听到母亲轻微的喊叫时，内心顿时诧异无比。这喊声是对迄今为止的夫妻关系、亲子关系的颠覆，却又是对父权的企盼。家长的榜样作用、威慑作用仍旧需要，不过这里父权的意思应该有所变化，指的是共同治家的夫妻权，而不是传统的、狭义的父权。在二十世纪五、六十年的经济高度成长期，日本的家庭的确正是这样摸索的过程中不断引出令人深思的一系列家庭问题。

小说采用第三人称叙述法，回忆、观察、感受多是通过信太郎来展开的。换句话说，回忆、观察感受里夹杂着信太郎的筛选与好恶。加上此时母亲已经不能开口说话，父亲在一旁沉默不语，好恶就越发个人化、情绪化。就是说，表现父亲、母亲是立足于信太郎的立场。这样的角度往往会有失偏颇，难以全面地、正确地把握父亲、母亲的真实面目和战后的家庭情况，所以需要从信太郎以外的角度进一步探讨。不过回忆和感受中部分是涉及到信太郎自己的，这时的叙述应该忠实可信。

四、对母亲同样冷漠的信太郎

从相关感受及其后的行为中可以看出，信太郎对母亲也缺乏关爱。比如守护一年多没有往来的母亲时，他甚至怀疑自己这样做有什么意义。实际上，与其说九天九夜的照顾病危的母亲，不如说只是那样目睹着已经昏睡不醒、奄奄一息的母亲，自己束手无策，呆若木鸡。

——儿子就是来看病危的母亲的。所以当然要去看。——但当医院的人拿着手电筒，领着他们走在已经熄灯的走廊上时，信太郎突然深深觉得自己的举动像是在演戏。自己到底是想见到母亲，还是不想呢？走到早已经失去正常意识的人的身边，到底有多大意义呢？这样快步地走着，是不是因为觉得这样才是儿子应有的行为？

（安冈章太郎：126）

这段自问自答既让人感到信太郎对母亲的冷漠，同时又反映出他内心的复杂和对自己的不信。为此很难说，离开母亲、离开家庭的信太郎变得成熟了。作品的叙述者一开始就把读者带入一个无法摆脱的、令人不愉快的世界里。焦急而沉默的父子、炎热的天气、闷热的车厢、路边的灰尘、海边的鱼腥味等等，这种不愉快的世界与信太郎痛苦、烦躁的内心相互衬托，使这篇小说一开始就显得灰暗和沉重。而在内心里，信太郎不仅对医院和周围的环境感到不适,对医生和患者感到"奇怪",对自己的行为也不自信。这篇小说有许多海边风景的描写,实际上也衬托着信太郎的内心感受。信太郎这一人物形象表现出的"倦怠感""不适感"正是根源于战后日本家庭解体(丈夫、儿子出征或战死)、贫困、社会秩序的混乱所造成的个人精神或内心的混乱。有学者曾将信太郎与法国作家加缪的《局外人》的主人公比较,将他们归类成"反社会型"。作品中我们看不到信太郎表现的反社会倾向,更多只是一个游离于社会边缘的人物。不过信太郎对周围的一切,甚至包括对母亲都是冷漠和生疏的。叙述者在表现他的冷漠和生疏时,巧妙地借助他的言行及其后的尴尬与不悦。例如在医院里医生与他有这样一段对话:

> "不过,"医生突然问到:"今年多大岁数了?你母亲……"
>
> "多大岁数了,五十……"信太郎一时语塞,只是尴尬地笑着。这下医生的脸上没有了笑容。信太郎失态地说道:"五十八,九,算虚岁的话……"

(安冈章太郎:135)

他之所以"尴尬"和"失态"是因为他过去从未认真地考虑过母亲,最终在医生面前暴露出自己的冷漠和虚假。这与他来医院时的追问相关——自己"走到早已失去了意识的人的身边,到底有多大意义呢?",反映出依赖母亲又想摆脱母亲的矛盾内心。对于儿子信太郎来说,母亲在自己心中到底有多大分量,自己是否真的了解母亲,在他来看望临终的母亲之前,可以说从来就没有想过。当医院的大夫问起母亲的年龄时,他无法回答。医生惊讶,自己也深感惭愧。在信太郎的回忆中,家庭更多是由自己和"母亲"组成的,"父亲"往往置于相对于"母子"的"他人"地位上。母子俩和谐的生活是以丈夫(父亲)的不在为前提。若以寻常的观点看,丈夫(父亲)缺位的家庭不是一个完整的家庭,母子的生活也常常缺乏保障。思念丈夫(父亲)会成为母子生活中常有的事情。但在《海边的光景》中,不仅没有对丈夫(父亲)的思念,反而是妻子在儿子面前对丈夫不断的讽刺和数落。父亲从前线遣送回来后的一天晚上,信太郎隐约听到隔壁屋子传来父母的争吵,第二天起床看到母亲时,"信太郎将视线移开,但不知怎地,他突然感到自己身上能体会到母亲身上的温暖。……尽量不去想,但他还是从母亲的温暖中体味到'女人'的感觉。"这里,分明可以看出信太郎带有的"恋母情结(Oedipus complexs)"。在医院里与其说守护病危的母亲,信太郎更多是坐在床边发呆。他唯独坐在母亲病房里,看着昏睡不醒的母亲时,信太郎的情绪才有所变化。

> 夹杂着汗味、体味、分泌物味道的臭味刺鼻而来。但闻到这种臭味,不知何故却让他感到了一种安心。浓烈的、甜酸的、散发着热气的臭味深深地沁入他的内心,自己的内部与周围的环境渐渐地谐调起来。从眼前已经变形的母亲的容貌中,依旧能看到过去的样子。总是给人孩子般印象的额头挤满了深深的皱纹,变成了土黄色。过去像皮球一般胖乎乎的眼睑下瘦得凹进去。张大的嘴巴,只剩下一颗门牙和几颗假牙。

那一天，整个白天，信太郎一直坐在母亲枕边。因为他发现这样自己的情绪才最稳定。

（安冈章太郎：127）

在这里之所以"情绪才最稳定"是因为"自己的内部与（母亲病房里的）周围的环境渐渐地谐调起来"。那周围是一种什么样的环境呢？父亲不在身边，母亲昏睡不醒，医生护士也不来，只有独自发呆的信太郎。信太郎在这里"情绪才最稳定"，不是因为他终于看到了临终前的母亲，而是因为这里看不见父亲，使他释然，不至于出丑、失态。如果说这篇小说的回忆部分多表现母子的关系，作品中的现在部分表现的则是父子关系。父子关系更是冷漠的和尴尬的，在迄今为止的小说中无先例可言。"第八届野间文艺奖"的评委龟井胜一郎声称该小说中"流淌着一种倦怠感"，吉川英治生动地比喻道："小说中的描述让人感到缺氧的人生，渴望一扇窗户"。平野谦谈到这篇小说时曾坦率指出："在《海边的光景》中，以父亲、母亲、儿子为主，我感到作品中出现的所有人物都奇怪地活着。让我们感到这就是人生，这就是人的一生。……"⑤这些感受或许也是当时大多数读者的看法。平野谦所说的"奇怪"无疑指的是作品人物的行为和内心活动与传统小说中的描述相差甚远，甚至大不相同。而这种行为和内心活动始终围绕着家庭关系所展开。其中的原因恐怕在于人们对于战后的家庭关系所表现出的不适。由于家庭内父权的解体和母亲、孩子对权力的获得，一定程度上平等而自由的新型家庭关系得以形成。丈夫渐渐丧失了对妻子和孩子的绝对支配权，妻子提出离婚和孩子离家出走慢慢成为人们可以接受的事实。

结 语

"二战"后五六十年代的家庭小说从表面上来看，与"战后第一新人"和"战后第二新人"的主题相隔甚远，但实际上不仅很接近，可以说是一致的。野间宏也罢安部公房也罢，他们以战争、信仰为背景，探索的也是人的生存和死亡。在"第三新人"看来，没有战争，没有死亡的日子，人的生存依旧严酷，生活依旧充满危机。这是"第三新人"笔下家庭小说具有的意义。

对于"第三新人"的文学特点，文学评论家服部达归纳为"小市民性、日常性、现实性、私小说风格、对政治缺乏关心"等 6 个方面，并称"第三新人"作家是"劣等生、欠缺者、小市民"，带有讥讽、贬低的意思。此外纵观"第三新人"的作品，除了安冈章太郎的《海边的光景》（1959）外，还有庄野润三的《舞蹈》《游泳池畔小景》，吉行淳之介的《黑暗中的祭典》（1961）、小岛信夫的《拥抱家庭》（1965）等，也都堪称探讨战后经济高度发展时期夫妻关系的杰作。以一对夫妻为基本单位的小家庭早在"二战"前的大正时代就已出现，并非战后的新生事物。但战前的小家庭与战后的小家庭却有本质上的不同，那就是父权制的影响。我们从志贺直哉的小说《和解》、菊池宽的《父归》中都能感受到小家庭中丈夫的威严和权力，但我们从战后"第三新人"的作品中却看不到这一点。战后随着美国式民主主义思想的普及，"丈夫""父亲"在家庭中的地位急剧下降，而"妻子""母亲"在家庭中的地位渐渐上升。问题在于,夫妻之间到底该保持一种什么样的关系? 小家庭应该怎样维护和发展? 夫妻双方都不得不从头开始摸索。矶田光一分析说:"'第三新人'的作家都是在明治民法下成长起来的。进入女性解放获得社会公认的战后,他们又是第一批结婚成家,拥有自己孩子的人。"⑥从这个意义上来讲,"第三新人"所关注的问题具有普遍性、广泛性,拥有实质性。

注释:

① 岛崎藤村:《家》,枕流译,江苏人民出版社 1981 年版,第 83 页。

② 小田切秀雄、佐佐木基一、佐伯彰一、江藤淳:《现代作家论》,《群像》1960 年版。

③ 安冈章太郎母子关系的主题,大久保典夫著:《日本文学研究资料丛书　安冈章太郎・吉行淳之介》,有精堂 1984 年版,第 121 页。

④《海边的光景》,安冈章太郎,选自《现代文学大系 62 岛尾敏雄 庄野润三 安冈章太郎 吉行淳之介集》,筑摩书房 1968 年版,第 123 页。下同,用括号加以表示。

⑤《安冈章太郎试论——以『海边的光景』为中心》,筱田一士著,《日本文学研究资料丛书　安冈章太郎・吉行淳之介》,有精堂 1983 年版,第 29 页。

⑥ 矶田光一著:《"家"的变化》,参见《战后史的空间》,新潮社 1983 年版。

(谢志宇,博士,浙江大学外国语学院日本语言文化研究所副教授,日本近现代文学硕士导师,主要从事日本文学研究)

从翻译行为理论视角探究德语
土工技术类文本汉译策略

◎ 马梦远

摘　要：本文以赫尔兹-曼塔里的翻译行为理论为指导，主要结合《利用矿井设施修建地下抽水蓄能式水电站的实施方案——概况及土工技术方面的思考》的原文和译文，从词汇、句法、语篇三个层面总结了土工技术类文本的翻译策略。"翻译行为"不仅包括译者对文本的处理过程，同时也包括译者为完成翻译任务需要处理的所有事情，如搜集研读相关资料、阅读专业书籍、咨询专业人士等。笔者将对以上理论加以阐释，并在此理论指导下结合具体案例探讨土工技术类文本的翻译策略。

关键词：翻译行为理论　土工技术类文本　翻译策略

一、引　言

采煤业是中国国民经济发展的重要产业之一，但是在采煤业发展的过程中，对矿区的开发和利用存在着不少问题，很多老矿区现状堪忧。如何治理和重新利用老矿区，我们可以从德国鲁尔区的发展中学习很多。历史上的鲁尔区经历了兴衰，现在，经过科学地研究和规划，鲁尔区对老矿区的治理和再利用取得了很大的成就，值得我们借鉴。

学习德国鲁尔矿区的改造经验需要国内的学者把大量的土工技术资料翻译成中文，但对于普通德语翻译人员来说，对这些技术类资料进行准确翻译是极具挑战性的。笔者选取了德国《Bergbau》杂志中《利用矿井设施修建地下抽水蓄能式水电站的实施方案——概况及土工技术方面》（Realisierungskonzept für die Nutzung von Anlagen des Steinkohlebergbaus als unterirdische Pumpspeicherwerke-Übersicht und geotechnische Aspekte）（2014 年 11 月刊）和《MR 620 掘进机的截割及维护规划的自动化》（Automatisierung des Schneidprozesses und der IH-Planung an der Teilschnittmaschine MR 620）（2012 年 5 月刊）这两篇材料进行翻译。翻译过程中，笔者在贾斯特·赫尔兹-曼塔里的翻译行为理论的指导下，对出现的难点进行分析，总结梳理出一些翻译策略和技巧。笔者希望能够为其他译者在翻译此类文本时提供一些借鉴。

二、翻译实践简述

(一) 翻译材料内容简介

Bergbau 是德国的一本专业杂志,刊登有教授、博士的专业论文,涉及旧矿井设施如何利用、新时期采矿设备的发展等内容。笔者从中认真筛选出两篇文章作为德汉翻译研究对象。第一篇《利用矿井设施修建地下抽水蓄能式水电站的实施方案——概况及土工技术方面》的主要内容是从概况和土木工程两个方面探讨利用停运的矿井设施修建地下抽水蓄能式水电站的实施方案,本文主要以此为基础进行翻译策略的研究。第二篇《MR 620 掘进机的截割及维护规划的自动化》的主要内容是 MR 620 型号掘进机的截割及维护规划的自动化。

(二) 翻译材料的文本特点

土工技术类文本属于科技文本。赖斯按照主题交际功能将文章大致划分成信息型文本、使役型文本和表现型文本三类。[①]"当作者想要向我们传递信息内容,也就是说他在篇章中的表达是为了传递新闻、认识、观点、知识等,简单来说:为了传达信息——可将篇章意图归为语言的描述功能。我们称此类语篇为信息型文本。"[②](Will der Autor Inhalte mit seinem Informationsangebot vermitteln, d. h. Formuliert er seinen Text, um Nachrichten, Kenntnisse, Ansichten, Wissen usw. Weiterzugeben, kurz: um zu informieren-eine Intention, die der Darstellungsfunktion der Sprache zugeordnet werden kann, -so sprechen wir vom informativen Texttypen.)(笔者译)信息型文本语言平实,作者态度客观,有较强的纪实性,叙述较为准确,多采用书面语。就文本类型来说,笔者所选的两篇翻译实践材料都属于客观传递信息的信息型文本。

刘宓庆教授在《文休与翻译》一书中提到:"科技英语的显著特点是重叙事逻辑上的连贯(Coherence)及表达上的明晰(Clarity)与畅达(Fluency);避免行文晦涩,作者避免表露个人感情,避免论证上的主观随意性。"[③]笔者根据对所选材料文本特征的分析,发现不仅是科技英语,德语科技文章同样具有以下几点特征:①专业性:材料中专业词汇出现频率很高,例如 Schacht(竖井)、Strecke(巷道)等都是专业词汇;②客观性:科技文本凸显客观性,有较多的名词化结构,人称主语较少出现,被动句出现的频率也非常高;③逻辑性:科技文本不同于其他类型的文本,着重呈现客观事实,富有逻辑性和连贯性;④精确性:此类文本论述科学,语言平实,旨在为读者呈现科学成果,所以表意清晰,表达十分精准。

三、理论基础——翻译行为理论

(一) 翻译行为理论的概念

贾斯特·赫尔兹-曼塔里(Justa Holz-Mänttäri)是德国翻译功能学派的代表人物之

一。她"借鉴交际和行为理论，提出了翻译行为论（theory of translational action），进一步拓展了功能主义翻译理论适用的领域。"④"曼塔利的翻译行为理论的研究对象涵盖所有的跨文化转换形式，她把翻译看作包括文本、图片、声音、肢体、语言等复合信息传递物（message-transmitter compounds）在不同文化间的迁移，用'翻译行为'（translational action）来代替翻译（translation），以表示各种各样的跨文化交际行为。"⑤在其理论模式中翻译被解释为一种"为实现某种特定目的而设计的复杂行为"，总称为"翻译行为"。⑥

根据赫尔兹-曼塔里的翻译行为理论，"我们先得区分两个概念：'翻译行为'（翻译人员实际要做的所有事情）和'翻译'（译者在翻译文本时所做的事情）"。⑦也就是说，"译者为完成委托人交给的翻译任务所做的一切工作都被赫尔兹-曼塔里纳入研究视野内……。"⑧译者在完成翻译任务的过程中所要做的事情就是根据发起人、委托人的要求，考虑受众（译文读者）所处的文化环境和译入语的语言环境，在理解源文的前提下，对源文进行翻译。在整个过程中，译者所要做的不仅包括对文本的处理，在处理文本前期所进行的了解受众文化、查阅相关资料获得背景知识，在处理文本过程中根据上下文的逻辑进行推敲、咨询专业人员以及对出现的图片、影像等的处理都属于"翻译行为"。

（二）翻译行为理论的意义

翻译行为理论是德国功能学派翻译理论的核心理论之一。翻译行为理论的出现代表着翻译研究的一个重要转向，以往的翻译研究追求"等值"的效果，对于翻译策略和方法的争论主要集中于是"直译"还是"意译"，而且翻译理论侧重形式，德国功能学派翻译理论的提出，代表着对翻译的研究更加注重功能和社会文化因素。这使得译者更多地关注译文和译文读者，更多地关注译文的社会效应和交际功能。翻译行为的目的在于传递跨越语言与文化障碍的信息。

曼塔里的翻译行为理论为笔者提供了解决土工技术类文本德汉翻译中出现的难点的思路，是笔者完成此文的理论基础。通过对材料难点的梳理分析，笔者从词汇、句子、语篇三个层面总结了对应的翻译策略和技巧，以下将结合具体的例子进行阐述。

四、翻译行为理论对土工技术类文本德汉翻译的指导

（一）词汇层面翻译分析

词汇是构成篇章的基石。在翻译时，首先要正确理解每个词语的含义，才能为正确翻译全文打好基础。笔者分析所选的材料源文，发现文中出现了较多的名词化结构和专业词汇。如果对这些词汇翻译不当，会出现译文不通顺的情况，如果出现误译，则会严重影响译文质量。所以译好名词化结构和专业词汇，是译好文章的基本前提。

根据翻译行为理论，译者在翻译时要做的不仅包括对文本的处理，即在掌握语法的前

提下,对文本内容进行层层分析,正确理解词汇、句子和段落的含义,这些都属于"翻译"⑨范畴,也包括查阅专业书籍、咨询专业人士等,对名词化结构的处理属于"翻译行为",笔者对专业词汇的翻译处理,属于这一范畴。

下文将结合具体例子阐释名词化结构和专业词汇的翻译策略。

1. 名词化结构的翻译

名词化就是将动词、形容词或句子转化为名词或名词词组的过程。⑩"科技文章的任务是叙述事实和论证推断,因而要求言简意明,这中间,基本问题之一是语言结构的简化。"⑪名词化结构较为简洁,包含的单位信息量大,可以简化语言,使叙述结构更加明朗,层次更加清晰,因而能够减少句子(包括从句)的使用频率,使行文简洁紧凑;使用名词化结构可以避免人称主语,也就是说,动作发出者被隐藏,这样就减少了语言表达的主观性,使文章显得更加客观;同时,名词化结构能够突出主要信息,弱化次要信息,有助于保证信息流的畅通,使行文衔接更加紧密,使语篇成为连贯的整体。

正是由于名词化结构的这些特点符合德语科技文本的特点,因此其在德语土工技术类文本中的应用也十分普遍,是此类文本典型的语言特点之一,对于译者来说,译好名词化结构非常重要,但具有一定难度。在翻译名词化结构时,首先必须理解名词化结构的深层含义,可采用将其译成汉语的主谓结构或动宾结构的翻译方法,生产合格的译文。以下举例进行说明:

(1)译成主谓结构。

例1:In jedem Falle wird jedoch auch nach dem völligen Auslaufen des Bergbaus eine Wasserhaltung betrieben werden müssen (*Perau* u. a., 2012).

无论如何必须等到煤矿完全停运才能使用排水设施(*Perau* 等,2012)。

分析:句中 Auslaufen des Bergbaus 是一个表示动作的名词化结构,如果仍然译为名词,即"煤矿的停运"放在整个句子中,则不符合中文的表达习惯,所以在理解了这一名词化结构表达的深层含义之后,将其译为主谓结构"煤矿停运",译文清晰流畅。

例2:Starke, zufällige, nicht korrelierende Schwankungen in Angebot und Abnahme von Strom führen zu gesteigerten temporären Energiedefiziten und-überschüssen.

电的供需波动剧烈、随机、没有规律可循,这导致出现了更多暂时性电能短缺或电能剩余的情况。

分析:例句中的 Schwankung 是一个表示动作的名词,如果直译为名词,得到的译文是"电的供需的剧烈、随机、没有规律可循的波动导致出现了更多暂时性电能短缺或电能剩余的情况。"虽然译文可被读懂,但句子表达冗杂凌乱,所以将 Schwankung 译为一个主谓结构,即"供需波动",这样译文就变得通顺简洁,便于理解。

(2)译成动宾结构。

例3:Eine etablierte Technologie zur sicheren, effizienten Speicherung großer Energiemengen sind Pumpspeicherwerke.

抽水蓄能式水电站是一种已有的、用于安全有效储存大量能源的技术设施。

分析:例句中 Speicherung großer Energiemengen 是一个表动作的名词化结构,如果直接译成名词，即"大量能源的储存"，得到的译文非常别扭，影响读者的理解，将其转换为符合汉语表达习惯的动宾结构，译文明白晓畅。

例 4：Der Gesteinsberg ist befahrbar und derzeit mit einem Förderband ausgestattet. Er wird zur Förderung von Kohle genutzt.

岩石上山可供井下行车，现在还装配有一条传输带。传输带用于运煤。

分析：例句中的 Förderung 一词是表动作的名词，如果直译为名词，即"传输带用于煤的运输"，也能正确表意，但是不够简练，所以仍将 Förderung 译成一个动宾结构，即"运煤"，译文变得更加简洁，更加便于阅读。

2. 专业词汇的翻译

专业词汇较多是德语土工技术类文本的另一特点，专业词汇的翻译是影响译文质量的一大关键因素。翻译好专业词汇具有一定的难度，必须根据所涉及的专业领域确定词义，否则，较为"外行"的翻译甚至是误译都会极大降低译文的质量，笔者翻译的材料中出现了很多专业词汇，大多属于土木工程技术、采矿、地质等领域，笔者不具备相关的专业背景知识，所以翻译之初深感困难。

赫尔兹-曼塔里的翻译行为理论倡导将翻译视为一种传递复合信息的跨文化交际行为，应该通过各种渠道了解翻译材料涉及领域的专业知识，阅读书籍，搜集资料，咨询专业人士，以期较好地完成翻译任务。这一指导思想对笔者启发很大，在第一次对所选材料进行粗略翻译时，面对数量较多的专业词汇，笔者首先查阅了普通工具书和专业领域工具书，得到了部分词汇的译文。对于在工具书中无法查到的词语，笔者在德国网站上进行搜索查询，通过分析查询到的内容以及反复解读上下文，对词汇的含义进行推敲确定，为确保这部分词汇译文的准确性和专业性，笔者请教了土木工程专业人士，结合翻译材料中的图片和包含专业词汇的段落译文，一起探讨这些词汇的含义。

笔者对专业词汇的翻译体现了翻译行为理论的指导意义，为了将这些专业词汇准确、通顺地译出，笔者不仅查阅各种工具书，上网查找资料，阅读专业书籍，并且请教有关专业的人员，这些都在翻译行为理论研究的范围之内。

以下对翻译行为理论如何指导译者翻译文本中的专业词汇举例进行说明：

例 5：Als Beispiel für die an den Zechenstandorten vorhandene Infrastruktur, die zum Bau eines UPSW und zur Unterbringung von dessen Komponenten genutzt werden kann, sei der 3，6 km lange, sogenannte "Gesteinsberg" der Zeche Prosper-Haniel genannt.

举例来说，普罗斯佩尔-哈尼尔煤矿长达 3600 米的通常所说的"岩石上山"就是矿区现有的可用于修建 UPSW 及安置相关部分的设施。

分析：句中"Gesteinsberg"是一个专业词汇，在文中其他地方也有出现，工具书中没有释义，所以笔者就先翻译出这张图中的其他内容，结合示意图请教土木工程专业和采矿专业人员，他们根据专业知识，给出了"岩石上山"这一建议译文，并加以解释：通常将"岩石上山"布置于煤层底板稳定的岩山中，避免构造破坏。

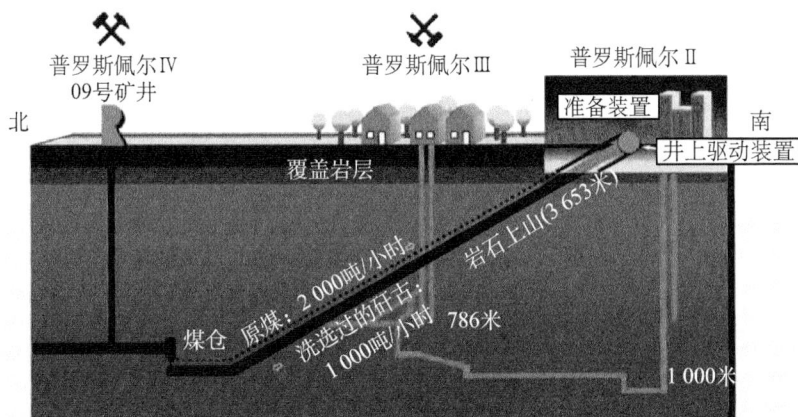

图 1　波特罗普的普罗斯佩尔-哈尼尔煤矿的岩石上山系统示意图

资料来源：RAG。

例 6：

a. Temporärer Ausbau erforderlich

必须修建临时支护

b. Tübbingringe sind sofort tragend

丘宾筒支承环可提供即时支护

c. Sehr hohe Qualität der Auskleidung

衬砌质量非常高

d. Einbau einer Innenschale erforderlich

必须修建巷道护壁

分析：以上给出的四个例子都来自于文章介绍使用全断面隧道掘进机修建隧洞或者人工掘进修建隧洞分别具有哪些优缺点的部分。最初翻译时，笔者通过查阅工具书以及上网查找资料，能够确定 a、b、c 句中划线词的词义：工具书中对 Ausbau 的解释很明确，在矿业领域这个词指的就是"支护"；⑫通过查阅专业工具书以及询问专业人士，确定 Tübbingringe 就是"丘宾筒支承环"⑬的意思。丘宾筒是支护的一种，丘宾筒支承环是用钢筋做成的丘宾筒的骨架；Auskleidung 在专业工具书中的解释是"衬垫"，⑭虽然查到了词义，但笔者仍不理解其所指为何物，进而也影响了对源文篇章的理解，所以向专业人士请教，得到解释，专业领域一般称之为"衬砌"。"衬砌是沿隧道洞身周边用钢筋混凝土等材料修建的永久性支护结构……"，⑮简言之，就是在隧洞四周修砌的一圈混凝土。而对于 d 中的划线词，笔者初次翻译时深感困难，因为工具书中没有释义，网上资料又很繁杂，无法准确选取最专业的翻译，因而再次请教专业人士，并结合文章内容将 Innenschale 译为"巷道护壁"。巷道护壁也属于支护的一种，维护巷道两侧，通常用于防止水渗透。这些词语所指的同样属于巷道（或者隧洞）支护，但却存在着差别，在翻译行为理论的指导下，笔者通过各种途径，弄清词语的具体所指，最终译出了相对专业的译文。

例 7：Eine etablierte Technologie zur sicheren, effizienten Speicherung großer Energiemengen sind Pumpspeicherwerke. Mit ihrer Hilfe wird die potenzielle Energie des Wassers in einem Oberbecken ausgenutzt.

抽水蓄能式水电站是一种已有的、用于安全有效储存大量电能的技术设施。借助它人们能够利用上池水的潜在能量。

分析：不仅是在例句中，在全文中的许多地方，都出现了 Oberbecken/das obere Speicher 和 Unterbecken/das untereSpeicherbecken/der untere Speicher/der untere Speicherraum 等词，笔者在进行第一遍翻译时，通过查阅工具书，将两组词分别译为"上储水池"和"下储水池"，后来通过上网搜索有关抽水蓄能式水电站的信息以及阅读《抽水蓄能式水电站》等专业书籍，笔者将两组词的译文确定为"上池"和"下库"。"上储水池"和"下储水池"这一译文并不算错，但是不够专业，对于专业人士这部分受众来说，译文也会显得较为"外行"。

例 8：

分析：这幅图片补充说明了人工掘进时需修建人工支护的内容。对于图片上 Überprofil 一词，笔者查阅各类词典，均未找到合适义项，所以请教专业人员，提供图中其他文字内容的中文含义，该人员从丘宾筒（Tübbinge）的含义展开，解释了 Überprofil 的含义：丘宾筒是用钢、铁或钢筋混凝土制成的，带有凸缘和加强肋的弧形板块组装的筒形支架，根据图示，Überprofil 指的是"凸缘结构"。据此笔者进一步理解了这一工程的结构原理，进而译出了 verpresst mit Mörtel 的意思：有混凝土压入。

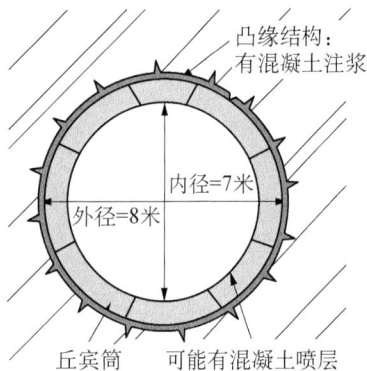

凸缘结构：有混凝土注浆

内径=7米

外径=8米

丘宾筒   可能有混凝土喷层

图 2 使用全断面隧道掘进机进行掘进的支护选择

资料来源：*Zillmann* Ausbauvariante bei einem Vortrieb mit TBM Quelle: Zillmann.

（二）句法层面翻译分析（Analyse bei Übersetzung von den Sätzen）

在翻译过程中，笔者发现在德语土工技术类文本中被动语态极为常见。被动句的使用不仅能够体现此类文本的客观性和规范性，"而且可以使读者的注意力集中在叙述中的事物、现实或过程即客体上"[16]。虽然在现代汉语中，大多数句式都是主动语态，但这不意味着在翻译德语土工技术类文本时要把所有的被动句都翻译成主动句，而是要根据实际情况来进行翻译。如果将一个德语被动句仍然翻译成汉语被动句，既符合汉语表达习惯，意思也没有改变，也就是说，源文和译文在语法和语义上都能够保持一致，那么翻译时就可以保留被动语态；如果把德语被动句仍然译为汉语被动句，读者读起来很别扭，此时应该用主动语态来表达被动概念。此外，还需注意的是，因为被动句中通常隐去了动作的发出者，所以对于有些句子，在译为汉语主动态时，还需要根据逻辑补充出主语，这样才能使译文更加完整，表意更加清晰顺畅。根据曼塔里的翻译行为理论，译好被动句属于处理文本的"翻译"范畴之内。以下举例来说明：

1. 汉语中依旧保留被动语态

例9：Pumpspeicherwerke，bei denen der untere Speicher sowie der größte Teil der Anlage（Maschinen-und Trafokaverne）unter Tage angeordnet sind，<u>werden</u> Untertage-Pumpspeicherwerke（UPSW）<u>genannt</u>.

下库以及装置(机组隧洞及变电隧洞)的大部分位于地下的抽水蓄能式水电站<u>被称为</u>地下抽水蓄能式水电站(简称 UPSW)。

分析：在汉语科技文本中，也会出现一定数量的被动句。笔者在翻译时首先尝试将这句话仍然译为被动态，得到的译文通顺且表意清晰，因而笔者选择保留被动语态。

例10：Die Projektarbeit <u>ist</u>-wie in Bild 3 dargestellt-in 4 Bereiche <u>unterteilt</u>.

项目工作如图 3 所示，并且<u>被划分成</u>如图 4 所示的各个部分。

分析：与上一例句相同，将这句话翻译为汉语的被动态同样在语义和形式上都十分规范易懂，所以翻译时保留被动态。

2. 翻译成汉语的主动语态

例11：In Bild 1 <u>ist</u> die Funktionsweise eines Pumpspeicherwerkes <u>dargestellt</u>.

图 1 <u>展示了</u>抽水蓄能式水电站的工作方法。

例12：Das Wasser <u>wird</u> dann vom oberen Speicher über eine oder mehrere Turbinen in das untere Speicherbecken <u>abgelassen</u>.

水从上池<u>排出</u>，冲刷一个或多个涡轮机流入下库。

分析：以上两个例句，笔者都译成了主动态，因为"抽水蓄能式水电站的工作方法在图 1 中被展示"和"水从上池中被排出，冲刷一个或多个涡轮机流入下库"这样的汉语表达都很别扭，译者有必要将其译为读起来更加通顺的主动句式。

3. 有时还需添加主语

例13：Eine etablierte Technologie zur sicheren，effizienten Speicherung großer Energiemengen sind Pumpspeicherwerke. Mit ihrer Hilfe <u>wird</u> die potenzielle Energie des Wassers in einem Oberbecken <u>ausgenutzt</u>.

抽水蓄能式水电站是一种已有的、用于安全有效储存大量能源的技术设施。借助它<u>人们</u>可以利用上池水潜在的能量。

分析：在这句话的汉译过程中，不仅需要将被动态译为主动态，同时为了使上下文更加通顺连贯，需要根据语境推测出动作的发出者，在翻译时加上主语"人们"，译文才会通顺连贯。

例14：Die numerischen Berechnungen <u>werden</u> für einen kreisrunden Speicher in einer Tiefe von 620 m <u>durchgeführt</u>.

人们将对位于地下 620 米处的圆形蓄水池<u>进行</u>数值估算。

分析：若将这句话译成"位于地下 620 米处的圆形蓄水池被进行了数值估算"，就显得拗口、别扭，故将其译为主动语态，即"对位于地下 620 米处的圆形蓄水池进行数值估算"，之后把这句话放在上下文中，发现添加主语"人们"使行文更加顺畅连贯，所以最终确定"人们将对位于地下 620 米处的圆形蓄水池进行数值估算"这一译文。

(三) 语篇层面翻译分析(Analyse bei Übersetzung von den Texten)

曼塔里的翻译行为理论强调为了更好地完成翻译任务,通过各种方法了解相关专业知识都属于"翻译行为",当然,对文本本身的处理也十分重要。笔者认为,与其他文本类型相比较,科技文本在语篇层面上具有更强的逻辑性,笔者所译的土工技术类文本当然也具有此特点,对于非专业人士来说,翻译此类文章显得尤为困难和复杂,因为很难在短时间内准确理解文章内容。翻译此类文本对译者有着更高的要求,意味着译者对文本的理解以及使用目的语进行的表达都要正确而到位。在翻译的过程中,译者发现通过认真分析文本语义上的逻辑不仅可以弥补语法的模糊性,同时也可以帮助推导判断语义,从而生产出合格的译文。

1. 逻辑弥补语法的模糊性

例 15:Diese erste Studie war die Grundlage für weitere Überlegungen zu den Untertage-Pumpspeicherwerken, die sich auch mit der Realisierung von UPSW's im Braunkohletagebau beschäftigen.

第一次调研是人们进一步思考(修建)地下抽水蓄能式水电站的基础,这些思考也有助于实现在褐煤开采区修建 UPSW。

分析:例句中包含一个 die 引导的定语从句,从语法角度来看,定语从句中 die 指代的通常是离它最近的"Untertage-Pumpspeicherwerke",但是如此译出后,发现不符合逻辑("第一次调研是人们进一步思考(修建)地下抽水蓄能式水电站的基础,地下抽水蓄能式水电站也有助于实现在褐煤开采区修建地下抽水蓄能式水电站"),因此可以确定 die 指代的并不是"Untertage-Pumpspeicherwerke",而是"weitere Überlegungen(进一步的思考)",整个从句的意思就是"这些思考也有助于实现在褐煤开采区修建 UPSW"。在这个例句的翻译中,译者根据逻辑弥补了根据语法判断的不足,从而避免了误译。

例 16:Im ersten Schritt wird die Maschine halbautomatisch am Laserstrahl des Stundenlasers ausgerichtet. Der Maschinenfahrer stellt die TSM mit Hilfe seiner Steuerung so auf, dass der Laserstrahl auf 2 an der TSM angebrachte Markierungen trifft.

首先半自动地将机器对准小时激光器的激光束。掘进机操作者借助小时激光器的控制移动 TSM,使激光束击中 TSM 上的两个标记。

分析:对于句中的 mit Hilfe seiner Steuerung,笔者最初根据语法将这句话理解为掘进机操作者本人移动设备,之后发现逻辑上的漏洞,因为如果是机器操作者本人去移动设备,就不需要 mit Hilfe seiner Steuerung 这一描述了,所以判断出这样理解是错的。根据前文"借助小时激光器的激光束去半自动地校准设备",所以推断这里的 seiner 指的是"小时激光器的",因此将句子译为"掘进机操作者借助小时激光器的控制移动 TSM……"。翻译时不仅要掌握语法,同时也要根据逻辑理解上下文,才能得出正确的译文。

2. 逻辑帮助推导语义

例 17:Das für die Speicherung erforderliche Oberbecken kann auf dem vorhandenen，in Zukunft nicht mehr genutzten Zechengelände installiert werden. In Abhängigkeit der Grundwassersituation und unter Beachtung der Standsicherheit einer benachbarten Abraumhalde，kann das Oberbecken teilweise in den Untergrund eingelassen werden. Die erforderliche Resthöhe，die sich aus dem erforderlichen Speichervolumen，der verfügbaren Fläche sowie der Einbindung in den vorhandenen Untergrund ergibt，kann mit einem umfassenden，asphaltgedichteten Damm realisiert werden.

用于储水的上池可以建在现有的即将停用的矿区。根据对地下水情况的考虑以及对附近矸石堆稳定性的观察，可将部分上池嵌入地下。上池位于地表以上部分的高度由所需的储水量、可用地面面积以及现有的可嵌入地下的深度决定，地表以上部分可用沥青混凝土石坝进行修筑。

分析：译者最初把例句中"Resthöhe"一词翻译为"剩余高度"，总觉不妥，后来通过反复推敲上下文，最终确定了更准确的译文。前文提到，由于停用的矿井设施可以用来修建抽水蓄能式水电站，所以可将上池的一部分建在地下。根据简单的数学知识，由所需储水量、可用地面面积以及现有的可嵌入地下深度决定的就是上池位于地表以上的部分。这样一来，"Resthöhe"即"剩余高度"的含义就非常清晰了，它指的就是"上池位于地表以上部分的高度"，所以笔者也将译文做出改动。这样使得句子表意更加清晰，衔接得当。在这句话的翻译中，笔者结合上下文内容，根据逻辑思维推导判断出了关键词语的语义，译出了合格的译文。

例18：Zunächst wird unter Nutzung der Teleskopfunktion des Schneidarmes der Schneidkopf bis zur ermittelten Tiefe eingeschnitten.

首先借助截割臂的伸缩功能，把截割头推进到规定的深度。

分析：句中 Teleskopfunktion 一词，词典中没有释义，杜登词典对 Teleskop 一词的解释是"（besonders zur Beobachtung der Gestirne verwendetes）optisches，mit stark vergrößernden Linsen，Prismen，Spiegeln ausgestattetes Gerät mit ineinanderzuschiebenden Teilen；Fernrohr"，也就是指"望远镜"。首先分析 Teleskopfunktion 是一个复合词，如果将其直译为"望远镜功能"，显然不通，将这个复合词拆开逐个分析，联想到单筒望远镜是可伸缩的，"Funktion"是"功能"的意思，再综合上下文的内容，截割臂与望远镜一样，都具有伸缩功能，所以将 Teleskopfunktion 译为"伸缩功能"，得到的译文准确、清晰。

五、土工技术类文本德汉翻译策略研究

通过完成翻译，笔者掌握了土工技术类文本的一些翻译策略和技巧。根据赫尔兹·曼塔里的翻译行为论，"翻译"和"翻译行为"这两个概念得以区分。翻译的过程并不只包括具体处理文本的过程（"翻译"），而是包括从接受翻译任务委托人委托后所做的一系列工作（"翻译行为"）。翻译的方法也不仅限于查阅工具书，而是有多种方法可以使用。在笔者的翻译过程中，对名词化结构、被动句的翻译等都是处理文本的过程，属于"翻译"范

畴。具体的翻译方法和策略在相关章节中已作出说明，这里不再重述。译者为了完成翻译任务所做的一切行为都属于"翻译行为"的范畴，包括阅读相关专业书籍、咨询专业人士等。对于出现频率较高的专业词汇的翻译，笔者采取了这样的策略和方法，属于"翻译行为"。

　　此外，作为翻译人员，对于翻译理论的钻研应该是持续的，而不是暂时性的，不仅要熟悉翻译理论，更要在熟悉的基础上多加思考，这样在完成具体的翻译任务时才能够较为迅速地找到合适的翻译理论进行有效的指导。高质量地完成翻译任务，绝不只是和高超的外语水平有关，若接到专业领域的翻译任务，不了解这一领域的知识是译者面临的最大困难之一，所以要想成为一名合格的译者，就要在不断巩固外语基础知识的前提下，多涉猎其他专业领域的知识，关注实事，开拓视野，同时经常梳理平时的翻译任务，完善自己的翻译语料库。

注释：

①⑧ 参见王京平：《新德汉翻译教程》，上海外语教育出版社 2008 年版，第 85 页、第 56 页。

② Vgl. Katharina Reiß, Hans J. Vermeer: Linguistische Arbeiten—Grundlegung einer allgemeinen Translationstheorie, Max Niemeyer Verlag, S. 206.

③⑪⑯ 刘宓庆：《文体与翻译》，中国对外翻译出版公司 2003 年版，第 333 页、第 328 页、第 331 页。

④⑤ 张文英、贾先慧：《德国功能学派翻译行为理论探析》，《牡丹江大学学报》2010 年第 5 期。

⑥⑦⑨ 张美芳、王克非：《译有所为——功能翻译理论阐释》，外语教学与研究出版社 2005 年版，第 8 页、第 22 页、第 8 页。

⑩ 参见谭娟：《科技德语中的名词化结构和功能分析》，《高等教育》2012 年第 5 期。

⑫ 参见：《杜登德汉大词典》，北京大学出版社 2013 年版，第 974 页。

⑬ 参见：《英汉岩土工程词典》，中国建筑工业出版社 2012 年版，第 634 页。

⑭ 参见：《工程机械德汉汉德双向词典》，大连理工大学出版社 2011 年版，第 35 页。

⑮ 岳强：《隧道工程》，机械工业出版社 2012 年版，第 28 页。

　　（马梦远，女，生于 1991 年 10 月，河南洛阳人。2010—2014 年就读于中国矿业大学，获德语专业学士学位。2014—2016 年继续就读于此，获德语笔译硕士学位。现于浙江越秀外国语学院西方语言学院德语系任助教。主要研究方向为德语笔译与语言学）

跨文化视域下俄语网络词语演变
及在教学中的应用[*]

◎ 杨春蕾

摘　要： 随着互联网的产生和迅速发展，网络语言作为人类新兴语言文化一种特殊的表现形式，越来越受到人们的关注，日益凸显其在交际中的重要性。把俄语网络词语运用到教学中，使学生及时掌握最新的网络用语，在中俄网络交流和跨文化交往中可以最大限度地避免交际障碍，同时也可以更为直接地了解当下俄罗斯语言文化的流变以及更好地促进中俄文化之间的"互联互通"。

关键词： 跨文化视域　俄语网络词语　俄语教学

网络语言作为语言世界的新生儿，以其与传统语言对立统一的矛盾性受到了广泛关注，当下对网络语言的研究也逐渐成为语言学界的热点。在互联网时代，人们对网络的依赖已经越来越陷入"不可自拔"的境地，人与人之间的交往也越来越多地由传统交流方式转向虚拟的网络交流形式，中外互联网软件公司开发出了不同的网络交流和聊天平台"Blog""Facebook""Skype""WhatsApp""QQ""Wechat"（微信）等，由此催生了大量的网络新词和用语。这些新词来源不一，构成方法多样，带有一定的社会文化和时代特色。

目前学界对网络词语的研究主要集中在以下几个方面：网络词汇来源研究、网络词汇词义对比研究、网络词群划分研究，其中以词汇对比研究最多，一般以具体某一种网络词汇为研究对象，或是以具体的某一类词汇的来源为研究对象进行研究。大多是从微观视角进行研究，缺乏宏观系统的研究，特别是基于社会文化背景下的研究。网络语言作为语言家族中的新成员，往往带有本民族文化及外来词国家文化的烙印。对俄语网络新词的来源和其所代表的文化现象进行分析研究，并积极尝试运用到俄语教学中，是语言本身发展的需要，也是当下俄语教学的迫切要求。"今天，借助互联网提高学生知识水平的问题已经必须提到教学日程上来了，俄语教师'触网'已经势在必行。"[①]

一、跨文化语境下的俄语网络词语分析

发掘和整理最近几年俄罗斯出现的典型网络新词汇，并对其进行归纳和分类，从跨文化视域下剖析网络语言和社会文化现象之间的关系。根据俄语网络词语的来源，在此可以把其分为四种：来自英语的音译词语；来自英语的意译词语；来自英语的缩略词；本民

* 本文系校级科研启动项目"跨文化视域下俄语网络词汇研究"（项目编号：2016QDB003）结题成果。

族的自创词语。下面分别针对俄语网络词语的四种构成和来源分析其社会文化背景。

(一) 来自英语的音译词语

不仅仅是网络词语,俄语中很多单词都是来自英语的音译词语,在网络词中这种直接从英语音译过来的词语更是比比皆是。最常见的比如"ноутбук(notebook)(手提电脑)";"чат(chat)(聊天室)";"онлайн(online)(在线)";"компьютер(computer)(电脑)";"интернет(internet)(互联网)"。此外还有:"бан(ban)(禁入)";"пруф(proof)(确认)";"Веб-сайт(Web-site)(主页)";"браузер(browser)(浏览器)";"хэштег(hashtag)(标签)"等等。这类词语是直接从英语单词"拿来"的,随着全球化的进展和网络的普及,这类直接音译过来的网络词语也越来越多。英语和俄语是同源性语言,都是属于"表音"文字,由字母构成,从英语音译而来的词语也很容易被俄罗斯的年轻一代所接受,加上苏联解体后英语在年轻一代的普及率也越来越高。另一个重要的原因是计算机起源于美国,英语作为世界上的强势语言顺理成章地就被其他国家接受过来。

(二) 来自英语的意译词语

为了便于更加生动形象地体现本民族的语言文化特色,有些网络词语不是直接"拿来",而是根据英语原先的意思"翻译加工"成自己本民族的语言,最典型的莫过于"мышка(mouse)(鼠标)";"вход(doorway)(入口)";"черная шляпа(blackhat)(黑帽子)";"темная сеть(dark web)(暗网)";此外还有"скачать(download)(下载)";"Поисковая оптимизация(search engine optimization,SEO)(优化搜索)";"Всемирная паутина(World Wide Web)(全球网)";"Разрешение экрана(Screen Resolution)(显示屏许可范围)";"Электронная почта(E-mail)(电子邮箱)"等等。以上这些意译而来的网络词语,既代表词语输出国的社会文化色彩,又符合词语输入国的文化认同理念。因其生动形象便于理解和记忆,又迎合了本地网民的语言使用习惯和心理,因而被广泛使用,逐渐融合成自己本民族的网络语言。

(三) 来自英语的缩略词语

网络语言最鲜明的特点是简洁易懂,因此派生出来很多缩略语,因为计算机的起源问题,俄语中的很多网络词汇缩略语也出自英语。比如:Wi-Fi(无线网络);CD(光盘);MTV(音乐电台);iPAD(平板电脑);CPU(中央处理器);E-mail(邮箱)等,目前这些缩略语已经演变成全世界所有网民耳熟能详的网络术语,可以直接"拿来"使用。俄语中还有一些根据英语单词的意思"翻译加工"而来的缩略语,比如"Afk(отошел от клавиатуры)(Away from keyboard)(稍后回来)";"Aka(также известен(известный)как)(Also known as)(众所周知)";"ASAP(быстро, настолько, насколько это возможно)(As soon as possible)(要多快有多快)";"FYI(к вашему сведению)(For your information)(供你参考)";"OMG(о, господи!)(Oh, my god)(啊,老天)"!等等。这些由英语派生而来的网络术语,不仅在俄罗斯,甚至在全世界被熟练使用,从另一侧面也反映出英语所代表的强势文化在计算机领域的"唯我独尊"和"先入为主"的原则。

（四）本民族的自创网络词语

俄语网络词汇中最为生动形象的自创词语是把"@"称为 coбака（小狗），由此可以看出俄罗斯人幽默风趣、热爱动物的性格特点。俄语网络自创语言中又分为两类型：一种是"将错就错"型，另一种是"有意为之"型。网络交往时用键盘打字要求速度快，在用键盘交流过程中难免会出现字母打错的情况，在网络要求独树一帜的创新背景下，这种"无意识"的错误被网民"有意识"的使用，很快就在时尚的年轻网民中流行开来，形成"将错就错"型。比如："чорный（черный）（黑色的）"；"превет（привет）（你好）"；"каг（как）（怎么样）"；"гот（год）（年）"；"фход（вход）（入口）"；"што（что）（什么）"；"йа（я）（我）"；"ищо（еще）（还有）"；"допрое（доброе）（善良）"等。还有一种是"有意为之"，俄罗斯网民在聊天中为了追求"短、简、快"和标新立异，故意简化常用的词语，或者把某些单词口语化的发音直接用键盘表现出来，于是就出现了诸如："прив（привет）（你好）"；"норм（нормально）（正常）"；"мож（может）（可能）"；"оч（очень）（非常）"；"сест（сестра）（姐妹）"；"инет（интернет）（网络）"；"нрав（нравится）（喜欢）"；"спс（спасибо）（谢谢）"；"ща（сейчас）（现在）"；"лан（ладно）（算了）"；"axax（смех）（大笑）"；"нзч（не за что）（没关系）"；等等。这些"将错就错"和"刻意简化"而来的网络词语具有极强的感染力和生命力，很快在网络上流行开来，并被俄罗斯年轻的网民所推崇和喜爱。这些词语的"诞生"和流行反映了俄罗斯年轻一代追求时尚、勇于创新、标新立异、不拘一格的性格特征。

"语言是社会发展的镜子，是文化的重要载体，在社会和文化发展的任何时刻，为其服务的语言都在充分地、完全相应地反映着文化。"②自从计算机问世以来大量涌现出来的网络用语，是对传统规范语言的新挑战，具有强大的生命力和流行性，目前已经普遍被年轻网民所接受和使用。在网络时代背景下，这种与时俱进新的语言变化现象本身就说明了语言与社会、时代和文化之间的紧密联系。

二、俄语网络词汇应用于教学的必要性

在日新月异的全球化和网络时代，层出不穷的新生事物令我们应接不暇。我们面对的学生主体是"九零"后和"零零"后，他们是活跃在网络时代舞台上的主角，是善于接受新事物具有创新意识的 代。在俄语教学中，普遍存在的问题是：新的网络词汇不能及时地编入到教材和工具书中，学生不能及时掌握俄语词语发展变化的"脉搏"，教和学与实际应用脱节。面对这一现状，就要求我们俄语教师不能墨守成规、照本宣科，而是要不断学习和进步，及时接受新信息掌握新知识，并把这些新知识和信息运用到俄语教学中。早在2003年，赵为教授谈到要对网络聊天语言引起重视："随着这种言语使用范围的不断扩大，还会有更多的新词和新的语言现象出现，我们必须面对这种新兴的语言现象，并给予关注。"③

把网络词语运用到俄语教学中，在当下网络时代和"一带一路"跨文化交际背景下，是

十分必要的，主要表现在三个方面：补充新知识扩展新词汇的必要；提高学生课堂学习兴趣的必要；"一带一路"背景下跨文化交际的必要。以下分别从这三个方面加以论述。

（一）补充扩展新知识新词汇的必要

因为俄语教材和工具书编写的周期性、滞后性以及网络聊天语言的非正规性，目前网络聊天词语还没有全部"走进"俄语教材和工具书中，在各种版本的教材和电子及书面的词典中，最新的网络词语特别是"自创网络词语"难觅其踪迹。

在俄语专业生普遍使用的"新东方"《大学俄语》（1—8 册）在第三册教材中已经出现涉及"计算机和网络"的课文，里面列出了一些常用的网络词语，但大部分最新的网络词语均"无踪可循"。在目前使用频率最高的"千亿俄语词霸"（www. qianyix. com）中，输入来自英语的音译词语"компьютер，ноутбук"直接显示"外来词""计算机、电脑"，意译词语"мышка，скачать"显示的是其他意思"老鼠、摇摆"等，有一个词条解释为"鼠标、下载"的意思。其他音译过来的单词"интернет，веб-сайт，браузер"等均能查到相关释意，只有少数最新的单词如"бан，пруф，хэштег"等在词典中没有找到解释词条。由此可见，在日常生活和学习中，经常接触和使用的是被普遍认可的、约定俗成的网络词语，它们也已经被收录进词典和教材中。在"千亿词霸"中输入"Wi-Fi；CD；iPAD；CPU；E-mail"等，均能找到相应的释义和词条，但其他网络术语"Afk Aka，FYI，OMG"在千亿词霸中没有找到相应的释义。只有"ASAP"找到了准确的解释"（быстро，настолько，насколько это возможно）（As soon as possible）要多快有多快"。而对于网友主观上自创的俄语网络聊天词语"превет，ща，оч"，在各种纸质和电子版本的词典中均无踪可循。这些自创的网络词语能不能进入正规的教材和词典中，曾一度引发语言学者的争议。

"存在即是合理的"，任何新事物的出现一开始都会引起争议，这本身是无可厚非的。这些网络词语能否获得语言学界的认可，最终能不能被收录进教材和词典里，还是个未知数。但是仅是针对以渴求新知识，生长在网络聊天时代的"90"后与"00"后为主体的教学对象而言，俄语教师有必要把这些网络词语融入教学中来，扩展学生的网络词汇量和新知识。

（二）提高学生课堂学习兴趣的必要

"兴趣是最好的老师"，课堂上如何提高学生学习的兴趣、积极性和主动性，也是每个教师在自己的职业生涯中终生探索的。感受到学生的需求、引起他们的求知欲，在轻松愉快的氛围中传授知识是教与学的理想境界。教师首先要认识到如今的学生对网络依赖的程度就像"鱼对水""人对空气"一样，已经是密不可分、不可或缺了。这就要求教师在课堂教学中及时调整教学目标和思路，使学生及时掌握网络聊天中最新的"变异"词语。教师针对每一课的内容，除了学习书本上的知识外，有意识地搜集一些最新的网络用语，补充到课堂中来。以"新东方"《大学俄语》第四册第七课"科里亚的故事"课文为例，课文内容是计算机方面的，有很多关于网络方面的常规单词和术语，学生普遍反映枯燥无味和难记。在讲到这一课时，除讲解课本上有关网络方面的知识和词语之外，教师要善于启发和引导学生找出汉语聊天中最流行时尚的网络用语："高富帅、白富美、神马、香菇蓝瘦"等，而大多数中国学生对于俄语网络聊天中最流行的词语都很陌生，这时老师要及时引导学生在课下复习和预习时找出最新的俄语网络词语，然后下次课上一起分享。这样一来就极大地调动了学生的兴趣、积极性和求知欲。很多同学会乐于探索，积极去俄罗斯网站"yandex.ru"上搜索各种网络新词和流行语，然后在课上分享。这些自创的诸如"собака，OMG，оч"等网络新词幽默、形象、生动，迎合了学生"创新"的心理，引起年轻一代"网络居民"的共鸣，马上就能使学生产生浓厚的兴趣。在此基础上，教师再扩展一些网络方面的知识和其他一些网络新词融入课堂教学当中，如此一来，就能达到事半功倍的教学效果。

（三）"一带一路"背景下跨文化交际的必要

从国际和国内背景来看，我们处在全球化和网络高速发展的时代，更重要的又适逢"一带一路"宏伟战略时期。国际和国内的双重背景都要求学生具备跨文化交际的能力，学俄语的学生更要具备这种能力，因为俄罗斯是"一带一路"沿线最主要的国家，俄语不仅仅是俄罗斯的唯一官方语言，也是"一带一路"沿线中亚十几个国家的通用语言。"一带一路"的核心理念"政策沟通、设施联通、贸易畅通、资金融通、民心相通"和"互联互通"无不要求以跨文化交际能力作为基础。

"语言是交际的工具"，实现跨文化交际除了面对面的语言交流之外，当下最重要和普遍的一种方式就是网络交际。在网络交流和聊天中，不可避免地会遇到最新的网络用语。掌握诸如"браузер（browser），хэштег（hashtg），черная шляпа（blackhat），темная сеть（dark web），прив（привет），норм（нормально）"等这些网络词语，就能避免误会的产生、消除聊天过程中的隔阂和陌生感，拉近与聊大对象的心理距离，融入对方的社会文化氛围中，这样一来就比较容易和聊天对象建立起互相信任、友好、和谐的关系，也能比较容易做到实现"民心相通"。

"当代语言研究和语言教学的重要任务之一是满足跨文化交际的需要。语言研究历经了结构主义和功能主义的历程而进入了交际语言学时代"①，因此俄语教学不应脱离跨文化交际的大背景。把俄语网络词语运用到俄语教学中，使学生及时掌握最新的网络词语，在网络交往中和跨文化交际中可以最大限度地避免交际障碍，同时可以更为直接地了解俄罗斯的社会文化和更好地促进中俄文化之间的交流和"互联互通"。

三、结　语

网络科技迅猛的发展催生了语言的发展变化，语言是文化的载体，每一种语言的产生和发展离不开该民族的社会文化背景。语言和文化相伴相生，研究网络词语同样要把时代背景和社会文化置于研究框架之中，深刻地剖析特定的社会文化背景对网络词语所产生的影响和制约，并把网络词语融入俄语教学中。这样一来不仅可以加深学生对俄语网络新词的理解和接受，同时也会对俄罗斯网络时代的文化形成一个宏观的科学的认识，有利于俄语学习者准确及时地把握"互联网＋"时代最新兴的语言知识和文化现象，对于促进"一带一路"背景下跨文化交际和"民心相通"的顺利实施具有直接的现实意义。

注释：

① 赵为：《俄语教学与互联网》，《中国俄语教学》2002 年第 4 期，第 31 - 33 页。

② 丛亚平：《论俄语俚语中的语言文化特征》，《山东外语教学》2001 年第 4 期，第 22 - 25 页。

③ 赵为、荣洁：《浅析俄语网上聊天室的言语特点》，《外语研究》2003 年第 1 期，第 53 - 56 页。

④ 孙玉华：《跨文化交际背景下俄语篇章研究的理论基础》，《外语教学》2011 年第 5 期，第 12 - 15 页。

（杨春蕾，女，1971 年出生，山东青岛人，现为浙江越秀外国语学院留学生教育学院讲师，俄语教育学博士，主要从事俄语教学与中俄跨文化传播研究）

英语"事实"嵌入投射句的多维意义考察[*]

◎ 王根莲

摘　要: 嵌入投射是功能语言学投射系统中的一个主要投射类型,属于功能语义研究范畴。本文首先对嵌入理论作了简介,然后探讨了事实嵌入投射句的多维意义,最后尝试提出了一个"事实"嵌入投射体系的人际语法隐喻等级模式,以期对事实嵌入投射现象研究有所启示。

关键词: 事实投射　嵌入投射　功能语言学

一、引　言

功能语言学把语篇看作是社会成员之间进行社会意义交换的互动过程。语篇是一个由意义组成的语义单位,它产生于意义潜势网络之中。语篇既是语义选择的结果,同时又是语义功能实现的手段。①语言系统中有三个用于表示功能意义的纯理功能:概念功能(experiential function)、人际功能(interpersonal function)和语篇功能(textual function)。这三种功能分别体现了概念意义、人际意义和语篇意义,它们共同存在于语言的使用之中,有时某个意义处于主导地位。语义研究是功能语言学理论的一个重要组成部分,因为功能语言学理论的最终目的是构建功能语义学理论,实现对意义的普通描写。②本文重点探讨"事实"嵌入投射这一语法资源所体现的人际意义潜势。投射是一种逻辑—语义关系,小句据此发挥(语言)"表征"功能,而不是(非语言)经验的直接表征。③即投射作为一种语言现象,是对经验的二次表征,它存在于小句复合体和嵌入等结构中。已有相关研究主要针对小句级阶、小句复合体层面的研究,④而对名词性词组级阶嵌入投射层面的研究则还寥寥无几。在已有的研究中,往往将小句复合体与嵌入投射两者同等看待。但事实上,这两者属于不同的投射类型。根据功能语言学"选择就是意义"的原则,这两个不同的句构体现了不同的功能语义。鉴于此,本文尝试在功能语言学理论框架内,探讨"事实"嵌入投射所体现的多维意义,以期对这类投射构型的功能语义有一个更为全面的认识。

---

* 本文系 2017 年浙江越秀外国语学院课题(项目编号:D2017004)的阶段性成果。

二、相关概念界定

（一）嵌入投射

嵌入（embedding）是指经过"级转移（rank shift）"，使小句或短语在词组结构中起作用。功能语言学认为，一个嵌入成分（embedded element）的功能体现大致分为三类：在名词性词组中作后置修饰语（Postmodifier）；在名词词组中作中心语（Head）；作副词词组的后置修饰。功能语言学用[[   ]]代表被嵌入小句，[   ]代表被嵌入短语。被嵌入的成分可以是扩展，即嵌入扩展（embedded expansions），如 the man [[who came to dinner]] is my father 中的 who came to dinner。也可以是投射，即嵌入投射（embedded projections），如 the witness's claim [[that she saw one young man open fire seems plausible]]。嵌入扩展与嵌入投射之间是有区别的。如我们不能说 It broke his bones [[that you crushed him like that]]，因为定式小句 that 只能是投射，不能是扩展。但可以说 It broke his heart [[that you crushed him like that]]，因为骨折（bone-breaking）是一个物质过程，属于扩展现象；而心碎是一个心理过程，属于投射现象。扩展与投射在名物化的条件下汇合一处，其中的语法隐喻现象，小句中表达的许多语义差别趋于消失。

（二）事实嵌入投射

功能语言学将"事实"界定为"The clause that has the status 'projected' but without any projecting process is a fact and is embedded, either as nominalization serving as Head or as Post-modifier to a 'fact' noun serving as Head"⑤（任何小句，只要它具有"被投射"的地位，但又没有任何投射过程，那么它就被作为一个事实接受别的成分的嵌入，身份是动词的名物化形式，或者是一个"事实"名词的后置修饰语）。

根据是否有投射源（projecting source）或投射者（projector），"事实"嵌入句可分为人格化投射（personal projection）和非人格化投射（impersonal projection）两类。人格化的事实投射主要指有显性的投射者，但被投射句不是由这个过程投射产生的，而是在过程之前已经作为一个客观事实存在了。因此，事实也被称为"预存在投射"（pre-existing projection），这类句构强调事实投射句对感知者或言说者意识产生的影响。在这类结构中，投射小句通常是主从性的。请看如下两例：

（1）He accepted [[(the fact) that he had been wrong]]

（2）He admitted [[(the fact) that he had been wrong]]

上述两例都以 He 作为显性投射者，人格化事实投射的功能在于能清楚地追踪到评价来源，明确对命题或提议负责的评价主体。

非人格化投射指没有显性投射者。在这类投射类型中，事实嵌入小句作为一个构成成分进入不同的过程，充当不同的参与者。其中，关系过程是事实投射的典型投射语境，可分为归属式与识别式两类。例如：

(3) [[That Caesar was ambitious]] is obvious.

(4) The reason why Caesar was killed is [[that he was ambitious]].

例(3)中,"事实"嵌入句"That Caesar was ambitious"进入归属式关系过程,充当载体,形容词"obvious"则充当属性。例(4)中,"事实"嵌入句"that he was ambitious"进入识别式关系过程,充当标记/识别者。名词性小句"The reason why Caesar was killed"则充当价值/被识别者。上述两例都是"事实"作为一个嵌入小句,独立发挥名物化的功能,成为关系过程的一个构成成分,具有不同的参与者意义。此外,事实投射还可进入言语过程(例5)、心理过程(例6)和存在过程(例7)。

(5) It is said [[that Francis Bacon did write *The Tempest*]].

(6) It is thought [[that Francis Bacon did write *The Tempest*]].

(7) There's a probability [[that Tom will go to school]].

在上述几例中,事实充当的参与者意义分别为:言语内容(verbiage)、现象(phenomenon)、载体(carrier)和存在物(existence)。由于没有投射来源,"事实"又被称为"没有思想者的思想"(ideas without a thinker)。⑥ 在非人格化投射结构中,投射小句都是嵌入性的。由于事实小句是嵌入性的,所以其前面总是可以通过添加一个"事实"类的名词来变成定性语,如 **the fact** that Caesar was ambitious。在英语中,事实名词(fact nouns)主要包括:事例(case)、机会(chance)、证据(proof)和需要(need)4 个小类。⑦ 其中,前三类属于命题类投射,最后一类属于提议类投射,每个小类具体又有相应的词汇。

(1) 事例(简单事实名词):fact, case, point, rule, principle, accident, lesson, grounds(+that...)

(2) 机会(情态名词):probability, chance, possibility, likelihood, certainty, offchance, possibility, impossibility

(3) 证据(指示名词):proof, indication, implication, confirmation, demonstration, evidence, disproof

(4) 需要(意态名词):requirement, need, rule, obligation, necessity, onus, expectation, duty

第1类和普通的非情态化命题 it is (the case) that... 有关;第2类和情态化命题 it may be the case that... 有关;第3类与带指示关系的命题有关,这些关系与使役情态 this proves/implies that... 相当;第4类是提议类投射,但没有对应的心理过程动词,也不隐含言说者或感知者。它可以作相关名词的定性语,也可以以名物化的形式独立出现。通常来说,作为元现象的被投射小句不能进入意识之外的过程,即元现象本身不能进入物质过程,但元现象的名称如 fact, belief 有时可进入物质过程。例如,我们不能说"it destroyed his life that the experiment had failed",但我们可以说"**the knowledge** that the experiment had failed destroyed his life"——不是这种想法,而是他对此的了解,成了毁坏者。

三、"事实"嵌入句的多维意义

根据功能语言学"选择就是意义"的原则，不同的句构体现了不同的功能语义。下面探讨"事实"嵌入投射句所体现的多维意义。

（一）情态意义

投射系统与情态关系密切，可以说，投射是以语法化的形式表达情态意义。情态是指介于肯定归一度与否定归一度中间地带所构建的语义空间。李战子⑧认为，情态是语篇人际功能的中心概念，作为人际元功能的主要语义载体，它获得了超越逻辑和传统语法的重要地位。功能语言学区分了显性主观、显性客观、隐性主观和隐性客观四类情态取向（modal orientation）。情态取向决定了说话者对命题或提议的有效性所承担的情态责任。情态责任是指"说话者在多大程度上公开接受对所表达的态度的责任"。⑨事实嵌入投射主要体现显性客观情态取向，在这类句构中，情态以独立的小句结构出现，再次将情态意义经验化。情态量值的不同体现了说话者对话语内容真实性的所担负责任的大小以及为其他声音所预留的人际空间的多少。情态量值越低，给予其他声音预留的人际空间越大，反之亦然。例如：

（8）*It's possible* that he will come tonight.

（9）*It's certain* that he will come tonight.

例（8）中 possible 属于低量值情态，例（9）中的 certain 属于高量值情态，体现了说话者对命题"he will come tonight"的可靠性所愿承担的不同情态责任。上述两例都是 it 引导的一个外置结构，这类结构为事实小句的命题设置了一个人际框架，从而使评价意义成为小句信息的出发点。

（二）评价意义

在分析评价意义之前，先来比较以下几个例子（注：例 5,6 取自上文的例子）。

（5）It is said [[that Francis Bacon wrote *The Tempest*]]

（6）It is thought [[that Francis Bacon wrote *The Tempest*]]

（10）It is possible [[that Francis Bacon wrote *The Tempest*]].

（11）It is a fact that [[Francis Bacon wrote *The Tempest*]]

上述几例的共同之处在于都没有显性投射源，说话者通过隐藏评价来源来达到客观化的人际效果。但是上述几例所体现的客观化程度是有细微差异的，例（5）中的言语过程（It is said）和例（6）中的心理过程（It is thought）都体现了说话者的客观评价取向，之所以它们更具客观性，原因是用于构建参与者的概念资源使得评价与发话人有了一段距离。⑩这类句构将观点归属于说话者以外的声音，使自己与命题保持一定的距离，从而减少对命题的介入程度，提高话语的客观性。例（10）中，代词 it 所指代的东西被描述成 possible，而实际上我们在后一部分中可以发现 it 原来是发话人的基本命题"Francis Bacon wrote

The Tempest"。这个命题被处理成一个可界定的意义模块（definable chunk of meaning），似乎它是客观世界的一件具有品质特性的东西一样。在这种情况下，整个命题被包装成一个事实，说话者对这个命题的主观评价被看成似乎是这个事实的一种属性，从而实现了说话者个人主观评价的客观化。例（11）则是比例（10）更客观化的句式表达，它用事实名词 fact 来代替形容词 possible，进一步压缩了对话的人际空间，即压缩了其他声音介入话语的空间，直接将命题看成是一个已为人们所接受的事实，极大地增加了命题的客观性。由此可见，"事实"投射句的功能主要在于增强命题或提议的客观化效果，而不同的句式表达则体现了不同程度的评价意义和客观化程度。总体而言，上述几例"事实"嵌入投射句构的客观化程度按照高低依次为：例（5）（6）＞例（11）＞例（10）。

说话者可以用显性客观（it's possible that，it is said/thought that）的形式来淡化他自己的观点，为本来只是一个看法的东西增添客观确定性。说话者也可以通过将情态隐喻性地编码在一个显性主观小句中，从而达到突出自己主观观点的目的。例如：

（12）**I think** Francis Bacon wrote *The Tempest*.

另外，事实嵌入小句的评价功能还可通过名物化形式来实现。例如：

（13）There's a **probability** [[Francis Bacon wrote *The Tempest*]]

事实名词引导的小句属于半包装（semi-packaged）命题，它既具有名词化的"名物化"特征，又保留了命题可争论（肯定或否定）的特点，即命题的可商讨性。因此，事实把名词化的"事物性"与某种命题的"可协商性"结合在一起。⑪曾蕾，梁红艳⑫把 it 外置结构的"事实"投射分为评价型与事物型。这类事实投射主要进入关系过程和存在过程，其人际功能评价力度为依次为：关系过程（评价型）→关系过程（事实型）→言语/心理过程→存在过程。

（三）语篇意义

功能语言学认为语篇意义主要由主位结构、信息结构、衔接与连贯三个子系统来体现。具体到事实嵌入投射句，它主要由 it 外置结构（评价型强势主位结构）体现，由关系小句（评价小句）与事实嵌入小句（被评价小句）两部分构成。前者位于小句的开始部分，是小句信息的出发点，赋予某些特定语言单元以出发点和导向的价值。后者是"小句所谈论的内容"⑬，是小句真正的命题和语义载体。由此可见，关系小句为事实小句提供了一个人际框架，体现了说话者一种客观化的人际立场，是将命题或提议人际化的语言资源。例如：

（14）It is **inevitable，though profoundly regrettable** [[that the agitation against the Polaris base has generated some antagonism to the policy of the United States]]. (LOB-A)⑭

从信息组织的角度看，这类主位结构符合信息组织的末端重量（end-weight）原则，⑮它将评价意义主位化，从而使评价意义成为信息组织的起点，赋予某些特定语言单元以导向的价值，使这些特定项成为人际关系建构和人际意义解读的出发点。此外，事实名词也能在语篇中创造衔接的效果。例如：

（15）Warwick Town Council originally decided to build its own crematorium，but in April last year it abandoned *the idea* and entered into a joint scheme with Leamington Town Council and Warwick Rural District Council.（LOB-A）[16]

（四）礼貌意义

如前所述，事实小句反映了说话者努力追求客观化所作的努力，通过对其内容尽量采取客观的着色或倾斜，从而增加话语内容的客观性与确定性。事实属于人际语法隐喻中认知型情态，李战子[17]曾从礼貌原则的角度分析了学术语篇中这类认知型情态的人际意义。他通过分析 P. G. Meyer 的例子所体现的加强和削弱作用，指出从礼貌原则角度来看待认知型情态的人际意义，最终仍与追求所谓的"客观性"紧密相关。认知型情态可用来维护作者消极的面子，作者对所说的内容不负全责，可避免读者潜在的批评，挽救读者消极的面子。一方面，使信息更容易为读者接受，增加信息被读者认可的机会；另一方面，维护面子和挽救读者的面子，并表现出对话语外其他声音存在的意识和尊重。与显性主观的报道投射方式比较，事实投射体现的隐性客观在表达观点与态度等意义时显得更为间接与委婉。Leech[18]认为在言语交流中，话语越间接，供受话人选择的余地就越大，话语也就越礼貌。例如：

（16）I think she is right.

（17）It is possible that she is right.

例（17）比例（16）显得更为间接与客观。这种具有客观性的表达似乎能够使压力、责任等类似的意义来自发话人以外的其他方面。一方面，让受话者不会感到拘束或压力，即使是拒绝了，也不会感到为难，另一方面，能给受话者留有充分的回旋余地——受话者有更多的空间对命题的有效性进行协商。

四、结　　语

"事实"嵌入投射是一种语义现象，它拓宽了功能语义学研究的内容和范围。本文探讨了事实嵌入投射句所体现的多维意义：情态意义、评价意义、语篇意义和礼貌意义，从而有助于更清晰、全面和系统地解读和诠释其所蕴含的丰富语义内涵。分析表明：客观性是事实嵌入句的主要语义特征。事实投射本身具有语法隐喻特征，通过将情态意义经验化，可以体现说话者的显性客观评价取向。对事实的研究拓展了人际意义在情态系统的选择空间，扩大了人际意义描述的资源潜势，增强了语篇分析中对该类语言结构的解释力。不同及物性过程的事实嵌入投射句构体现了不同的客观化程度，其人际评价强度等级模式从大到小依次为：关系过程（评价型）→关系过程（事物型）→言语/心理过程→存在过程。

注释：

① Halliday，M. A. K. & R. Hasan. Language，Context，and Text：Aspects of language in a social-semiotic perspective. Victoria：Deakin University Press，1985，p. 10.

② 黄国文：《对"胡一朱与 Halliday 访谈"的解读》，《中国外语》2010 年第 6 期。

③⑤⑦⑭⑯ Halliday，M. A. K & Mathieson，C. M. I. M. An introduction to Functional Grammar (3rd，ed.). London：Hodder，2004，p. 441－471.

④ 曾蕾：《论系统功能语法中"投射"概念隐喻句构及其语义特征》，《现代外语》2003 年第 4 期。此外，丁建新、梁鲁晋、廖益清和李桔元等学者也探讨了小句复合体层面的投射现象。

⑥⑨ Thompson，G. Introducing Functional Grammar. London：Edward Arnold，2004，p. 213，p. 70.

⑧ 李战子：《话语的人际意义研究》，上海：上海外语教育出版社 2002 年版。

⑩ Martin，J. R. et al. Working with Functional Grammar. New York：St. Martin's Press，Inc. 1997，p. 69.

⑪ 梁鲁晋：《投射系统中的现象》，《外语学刊》2004 年第 4 期。

⑫ 曾蕾、梁红艳：《"事实"定位及其投射系统》，《现代外语》2012 年第 1 期。

⑬ Downing，A.《An Alternative Approach to Theme：A Systemic-functional Perspective》，《Word》1991，42(2).

⑮ 苗兴伟：《英语的评价型强势主位结构》，《山东外语教学》2007 年第 2 期。

⑰ 李战子：《学术话语中认知型情态的多重人际意义》，《外语教学与研究》2001 年第 5 期。

⑱ Leech，G. Principle of Pragmatics. London：Longman，1983，p. 108.

（王根莲，女，70 后，浙江衢州人，文学硕士，浙江越秀外国语学院副教授，研究方向为功能语言学、语篇分析、大学英语教学）

基于语料库的汉日语词汇对译研究

——以"特地""特意"与"わざわざ"等词的翻译为例

◎ 石　俊

　　摘　要："特意""特地"与"わざわざ"等词在词典或教学中，一般解释为相互对应，可以互译。但事实上，并非如此。本文通过对中日对译语料库①的调查、统计和分析，考察中日两种语言中"特地""特意"与"わざわざ"等词的对应关系，探讨他们在使用方法、语义、语用及文化上的异同。

　　关键词：特地　特意　わざわざ　中日语料库　对比分析

一、问题的提起

　　"特地""特意"是现代汉语中一组常用同义副词。无论吕叔湘的《现代汉语800词》②，还是近年出版的《现代汉语常用词汇表（草案）》③，均把这两个词作为最基本的常用词汇收录其中。这两个词汇不仅频繁出现在中国国内的中小学语文教科书和对外汉语教学中级以上教材中，"特意"还被列为新 HSK 汉语水平考试 5 级所要求掌握的词汇。与"特意""特地"对应的日语词汇是"わざわざ"、"とくに"，属日本语能力测试 N3、N2 级所要求的基本词汇，相信中国的日语学习者对之并不陌生。但我们常常会听到下面一些说法。

　　例如就曾有中国的日语学习者满面笑靥地对自己的日本外教说道：

　　×"今日はわざわざ先生に会いに来ました。"

　　却被外教纠正道此处不应该使用"わざわざ"。学生不解，我们中国人不是常说"老师，我今天特意来看您"么？而且词典里就是这么解释的。

　　果然，在几乎所有的汉日·日汉词典中，都明确标注了"特地""特意"的日语释义为"わざわざ""特に"，很多词典还罗列了相关用例。如三省堂的《超級クラウン中日辞典》中就有"特地来看你。/わざわざ君に会いに来る。"；讲谈社《中日辞典第三版》《岩波中国语辞典》《东方中国语辞典》等，也都有类似用例："我是特意来看望你的。/私はわざわざ君に会いに来たのだ。"这位中国学生的"今日はわざわざ先生に会いに来ました。"不就是完全根据辞典解释的照猫画虎么？

　　还有就职于日本企业的中国员工亦因这个词，受过客户的提醒：

　　×"○○会社の王です。あなた様をわざわざお迎えに参りました。"（我是○○公司的小王，特意（专程）来接您。）

　　其中的"わざわざ"在表达上也不太合适。

此外,礼物赠答、宴会邀请时,中国人常说"特意准备""特意安排""特意张罗""特意奉送":

"这是我<u>特意</u>弄来的龙井,请您一定要尝尝!"

翻译成日文:

? "これは私<u>わざわざ</u>調達してきた「龍井」(お茶の名)です。ぜひお召し上がりください。"

是否正确、恰当呢? 汉语的"特意""特地"两个副词,是不是任何语境下都可以翻译成"わざわざ"或"特に"呢? 几乎所有的日本人在看到或听到上述例句的翻译后,总会留下一句"通じるけど、なんか…",觉得有那么一些不对劲。那么究竟是哪里不对劲呢? 这是否说明在"特地""特意"的汉日翻译过程中存在一些使用限制和区别呢?

二、"特地""特意"与"わざわざ"的基本语义

为了探明前述问题,我们首先需要明确"特地""特意"与"わざわざ"的基本语义。

(一)"特地""特意"的基本语义

在《现代汉语 800 词》中,吕叔湘对这两个词汇是这样分析的:

特地:专为某件事

特意:特地

从上面的述记述中可以看出,吕叔湘先生是把"特地"和"特意"作为"同义词"来处理的,其共同的含义是"专为某件事"。而诸如《辞海》《汉语大词典》《汉语大辞典》《现代汉语词典》《新华词典》等较为权威的汉语词典也都与这一解释基本一致。

(二)"わざわざ"的基本语义

"わざわざ"日语汉字写作"態態",副词。其语源是来自于"わざ"即"意識的に何かをすること(有意识地做某事)"。[④] 对于"わざわざ"的语义,日本各种版本的国语词典都有介绍。这里做一个简单的汇总和比较。

表1 "わざわざ"的释义

辞書	わざわざ
小学館 『日本国語大辞典』	① いでにするのではなく、ただそのことのためにだけ行うさまを表す語。 ② なくでもいいのに故意にするさまを表す語。わざと。
小学館『大辞泉』	① かのことのついでではなく、特にそのためだけに行うさま。特にそのために。 ② なくてもよいことをことさらするさま。故意に。
大修館書店 『明鏡国語辞典』	① 期待できる以上の手間暇をかけるさま。 ② しなくてもいいことを意図的に行うさま。わざと。故意に。

（续表）

辞書	わざわざ
文化庁 『外国人のための基本語 用例辞典』	① のことのためにだけ特別にする様子。→ついでに ② しなくでもよいことや、しない方がよいことなどを、そうと知っていながらするようす。わざと。

参考以上日本国语词典释义和用例，可提炼出"わざわざ"的基本语义：

（1）出于特定的意图或计划所做的事项。[⑤] 其行为具有明确的"主观意愿"、鲜明的"目的性"和主动的"积极性"。

例1：三代目が、稲原のためにわざわざ稲原会の代紋入りの茶碗をつくっておいてくれたのだ。（《修羅の群れ》）

例2：…先方の代表でありますストラウス代表ともわざわざ会談をされてこの問題を討議をされたわけでございます。（《国会会議録・第 087 回》）

（2）表达对时间、人力、物力的耗费。表明行为方式的辛苦、为难和费力，是"わざわざ"描述的重点。

例3：わざわざ遠くから訪ねてきて、そばを食べていく女学生がいたり，…（《栗良平作品集》）

① 当行为获得对方的积极认可或取得正面成果时，则有表示行为价值得到实现的功能，传递出欣喜、鼓励、表扬、感谢、敬意的正面情绪；而当行为没有取得预期的良好结果时，则对行为所耗费的时间、人力、物力感到惋惜遗憾，甚至愤懑不平。

例4：わざわざお越しいただいてありがとうございます。（《神の吹かす風》）

例5：わざわざ病院まで送ってやってるってのに、話もしないんだな？ え、どういうことだ、クリス？（《グランド・アヴェニュー》）

② 这种劳心费力有时也用于强调行为人，出于个人偏好或特殊目的，不采用一般正常的方法，而采用某种普遍认知中更加困难的行为方式。

例6：だけどさ、問題の公式が最初からずっと自分の工場にあったというのに、なぜわざわざワイヴァーン屋敷で、あんな茶番を演じたりするんだ？（《七つの時計》）

（3）故意、刻意；强要为之。[⑥] 体现在：

① 并非基于某种义务或某种必然性而采取的行为。[⑦]

例7：「住所だけにしておけばいいのに、わざわざ電話番号まで書いてしまって。てっきりこの人の…（《トラブルバスター》）

② 出于自身的目的、原因、喜好或者偏向采取的行为。

例8：車好きの主人は収入に見合わずいい車でチャリで行けばいいのに５分ぐらいの距離をわざわざ車通勤してました。（Yahoo! 知恵袋/健康、美容とファッション/恋愛相談、人間関係の悩み）

③ 超出必要限度的行为。

例9：（メールや FAX で済むのに）わざわざ書類をお持ちいただいてありがとうご

ざいました。（よっぽど暇なんですね。）（Yahoo！知恵袋/生き方と恋愛、人間関係の悩み/恋愛相談、人間関係の悩み/友人）

例 10：わざわざお土産を買ってきていただき。（普通は次回からやめて欲しいという意図を善意から伝える目的で使います。）（Yahoo！知恵袋/生き方と恋愛、人間関係の悩み/恋愛相談、人間関係の悩み/友人）

三、利用中日对译语料库对"特意""特地"与"わざわざ"
等词的翻译实例所做的分析

笔者专门从中日对译语料库中抽出"特意""特地"与"わざわざ"等词的实例进行了统计分析，得出的数据如表 2、3 所示。

表 2　"特地""特意"译为"わざわざ"等词的情况

汉语原文	日语翻译					
	わざわざ	—	わざと	ことさらに	とくに	わざとらしい
特意	8	7	1	1	1	0
特地	17	6	0	0	4	1
合计	25	13	1	1	5	1

表 3　"わざわざ"等词译为"特地""特意"的情况

日语原文	汉语翻译	
	特意	特地
わざわざ	67	49
せっかく（折角）	35	8
わざと	11	3
とにかく	2	0
ことさらに	3	1
特（別）に	8	14
わざとらしく	1	1
—	31	14

注：以上表格中"—"项表示中日文原文或翻译中无相互对应的情况。

正如中日对译语料库中的语料所显示的，由于"特意"与"特地"所包含的语义十分丰富，在跨语言交流的翻译实践中，表现出复杂的互译关系（包括略去不译的情况）。这两组同义词复杂多变的对译关系，不仅说明了中日两国的语言表达丰富、细腻，也反映出两国语言文化认知中存在的特殊性与差异。而这种特殊性与差异往往会给我们的外语学习、对外汉语教学、两国间的文化交流与理解带来巨大影响。笔者希望通过对"特意""特地"和"わざわざ"等词之间所呈现出的这种复杂的对译关系的梳理，从一个侧面来反映中文和日语之间的语言文化差异。

1. "特地""特意"表示"专为某事或某种目的（而做）"⑧时的日语翻译

这一类的"特地""特意"，在文中忠实于"专为某事或某种目的（而做）"的核心语义，词语本身的语法功能、语用意义、语体色彩都相对单纯。可用"わざわざ"或"とくに"来翻译。如：

例 11：橱上放着一个青瓷细颈花瓶，插了鲜艳的鲜花，这是她特地为这次聚会布置的。（《人啊，人》）

訳文：戸棚の上に首の細い青磁の花瓶が置いてあり、きれいな花が生けてある。彼女がこの集まりのためにわざわざ用意したものだ。

例 12：后一封，则是先生死前特意为我写下的一封很长的遗书。（《こころ》）

訳文：あとの一通は先生の死ぬ前とくに私宛に書いた大変長いものである。

2. "特地""特意"都常用于表现行为人对行为成本"经济性"的重视程度

此类用法显示出行为人"专为某事付出了多余的劳力或承担了额外的责任"，强调"费事、费周章"的情况，可用"わざわざ"、"せっかく"来翻译。

行为人有时出于特殊原因（显见的善意），牺牲行为成本的"经济性"，"劳心费力"的特别、专门的某种行为。这一类的用例在使用"特意"的语料中表现得更为突出，能充分体现行为明显的"善意"和"利他动机"，通过对有利于行为对象的事项的积极促成或善意成全，传达行为人的好意；此时如叙述者与行为人认知上一致，都认为行为结果具有积极、正面影响，在行为对象看来便成为一种恩惠，传达出叙述者对行为人的"感谢、慰劳"或"敬意"；而当行为人的努力得不到对方的积极肯定或成果难以实现时，则往往表达出说话人"深深的惋惜和无奈"⑨。

例 13：幸亏日本朋友特意为我在住处准备了桌椅，否则坐在草席上的矮桌前，我大概一个字也写不出来。（《人民日报》1999 年 9 月 15 日）

訳文：幸いにも日本人の友人が、わざわざ私のために、住まいには机と椅子を用意してくれていた。（更换了例句）

例 14：あの店へ入るはずだったのを、ねえさんの心柄でふいにしちゃったんだわ。騒ぎだったわね、せっかく自分のために家を建てさせておいて、いざ入るばかりになった時に、蹴っちゃったんですもの。（《雪国》）

译文：阿姐本来是要嫁到那家店铺去的，后来她改变了主意，突然吹了，闹了好一阵子。人家好容易特地为她盖了房子，临要出嫁时也就把人家甩掉了。

例 15：折角来た私は一人取り残された。（《こころ》）

译文：特地来到镰仓的我，就给孤零零地撇下了。

3. 当"特地""特意"表示"有别于普通或其他的、特殊的待遇或行为"⑩

此时，"特地""特意"可以翻译成"わざわざ"，也可以翻译成"とくに"或"ことさらに"。

例 16：为了庆祝这对年轻的革命者喜结良缘，中央的同志们特地在上海广西中路一个叫聚丰园的四川馆子办了酒席。（《我的父亲邓小平》）

訳文：このうら若き革命家カップルの結婚を祝って、党中央の同志たちはわざわざ上海広西中路の聚豊園という四川料理店で宴席を張った。

根据上下文文脉,因为对两位青年革命者(邓小平、张锡瑗)婚姻的特别重视,婚宴是由中央专门安排的,这个"特地"强调了这一待遇的"特别"。此处的翻译则主要通过"わざわざ"传达出一种特别关照的含义。

又如:

例17:他很得意的应用出来,<u>特意</u>叫村人们明白他并非是外行。(《骆驼祥子》)

訳文:村人たちの前で本職らしく見せようと思って、<u>ことさら</u>に使ってみたのだ。

例18:或る晩私は、「ねえ、ナオミや」と、<u>特</u>にいつもより優しい口調で呼びかけました。(《痴人の愛》)

译文:一天晚上,我<u>特意</u>用比平日更温和的语调招呼她。("嗳,直美呀。")

(四)"特地"所传递出的"利己动机"、"虚伪"或"敌意"①

由于"特地"的核心语义并不刻意分辨行为的善恶动机、敌意或敬意,所以有时也会用于表达行为动机的"利己"或"虚伪",除了"わざわざ",还常与"わざとらしい"互译:

例19:他的话说得头头是道。但他的表情叫我厌恶。真是一副对我特别关心的样子,但却让人感到这是<u>特地</u>做出来的。(《人啊,人》)

訳文:彼の話はいちいちもっともだ。だけど、その表情がいやだ。私に特別な思いやりを持っているように見えるけれど、それがいかにも<u>わざとらしい</u>。

(五)"特意"体现出的"个人偏好"

若是仅仅出于行为人自身的原因、喜好或者偏向而采取的"故意为之"的行为,②中文多用"故意"或"特意"。日语翻译上可以采用"わざわざ",也可以采用"わざと"。

例20:你还是忘不了,伤心不过,今天<u>特意</u>显点灵,要我知道么?(《呐喊》)

訳文:お前は、それがまた忘れられなくて、悲しくてたまらないものだから、きょうは<u>わざと</u>こんな不思議を示して、私にわからせようとしたんだろ?

(六)与"特意""特地"没有明确对应的日语翻译

调查中还有一点值得注意的是,在对中日对译语料库数据的统计中,我们发现,中文原文中出现的约1/4的"特地"和"特意"用例,在翻译成日语的过程中没有使用对应的日语同义或近义词,或者干脆不译。

这些没有采用对应词直接翻译的译文又可以分为以下几类:

(1)当中文原文中明显提示了行为的目的、理由时,可以使用日语中表示原因或理由的"…ため…"等结构来表示"特地""特意"的含义。

例21:他<u>特</u>地到北京接了姨母到西北去,帮他料理一下家务。(《活动变人形》)

訳文:これは家事を手伝ってもらう<u>ため</u>、北京へ伯母を迎えに行っての帰りである。

例22:婉姊不是为此<u>特</u>地请你来么?(《霜叶红似二月花》)

訳文：姉が出掛けたのも、そのためだったんだろう？

（2）当中文原文中的"特意""特地"带有明显的善意或利他动机时，也可以用日语中表示授受关系的"もらう"、"くれる"结构来表示这层含义。

例23：他没有想到的是赵微土竟然**特意**从 H 市乘飞机赶来送他。（《活动变人形》）

訳文：思いもかけず、趙微土が H 市から飛行機ではるばる見送りに<u>駆けつけてくれた</u>。

（3）如果中文原文的句意重心本来就不在"特意"或"特地"所修饰的动作行为上，这里的"特意"和"特地"也就不必译出了。

例24：我得到这消息，便**特地**跑进城去，到他校里，发现他没有去上课……（《关于女人》）

訳文：慌てて北京市内の四弟のところへ行ってみると、授業に出ないで……

例25：我那天到井台上洗衣裳，**特意**地相看相看，老二倒挺会挑，人长得挺俊……（《金光大道》）

訳文：井戸端に洗濯しにいって、よーく見たんだげど、二林さんも隅に置けないわ、とってもきれいな人ね……

例24 不是在强调特地进城的行为，而是重在叙述进城后发现的情况，即行为的后续的结果；例25 的"相看相看"也不是叙述重点，夸人长得俊才是说话人的本意。可以看出，这些的汉语原文中出现的"特地"或"特意"，本来就没有强调"专为某事（而做）"的行为本身，是中文表达里常见的一种副词的虚化现象，[13]这里不需要特别译出"特意""特地"。

（七）日语语料中"わざわざ"等词的汉译

含有"わざわざ"、"わざと"等词的日语语料，基本上都可以翻译成"特地""特意"，但有时也可不译出。

例26：甥に代筆を頼もうと思ったが、折角あげるのに自分でかかなくっちゃ、坊っちゃんに済まないと思って、<u>わざわざ</u>下たがきを一返して、それから清書をした。（《坊っちゃん》）

译文：原想叫外甥代笔的，但又想，要不是亲自提笔，总觉得对不起哥儿，所以预先打了草稿，然后又誊了一遍。

（八）"特意""特地"与"わざわざ"等词的翻译分析小结

通过以上分析，我们基本可以总结出汉语"特意""特地"与"わざわざ"等词的翻译规律：

汉语中的"特意""特地"单纯表示专为某事的行为时，日语可译为"わざわざ""特に"。

当"特意""特地"强调行为人"专为某事付出了多余的劳力、承担了额外的责任"或"费事、费周章"时，可译为"わざわざ""せっかく"。此种劳心费力若是出于行为人"善意的利他动机"，则能表达出行为对象或叙述者对行为人的"感谢、慰劳"或"敬意"；如果行为人的努力得不到对方的积极肯定，或成果难以实现时，则往往流露出说话人"深深的惋惜和无奈"。

当"特意""特地"强调有别于普通或其他的、特殊的待遇或行为时,则翻译成"わざわざ""とくに"或"ことさらに"。当"特地""特意"的行为是出于行为人自身的原因、喜好或者偏向,而"故意为之"的时候,日语种可用"わざわざ",也可用"わざと";表达"虚伪"或"做作"时则常常译为"わざとらしい"。

若文中明显提示了行为的目的、理由时,可以使用日语中表示原因或理由的"…ため…"等结构来翻译"特地""特意";若文中的"特意""特地"带有明显的善意或利他动机时,可以用日语中表示授受关系的"もらう""くれる"结构来表示这层含义;若句意重心本来就不在"特意""特地"修饰的动作行为上时,也可以不必专门译出。

表 4 "特意""特地"与"わざわざ"等词的互译分析

"特意""特地"的各语义	日语翻译
① 单纯强调专为某事去做的	わざわざ、特に
② 所付出的辛劳取得成果、获得充分理解和认可的	わざわざ
③ 付出辛劳,没有获得预期的良好结果,而感到遗憾的	せっかく
④ 有别于普通或其他的、特殊的待遇或行为	わざわざ 特に、ことさらに
⑤ 强烈的主观意识地去做,刻意;故意	わざわざ わざと
⑥ 虚伪、做作、假惺惺	わざわざ わざとらしい
⑦ 强调行为目的、理由	"…ため…"等句型
⑧ 明显的利他动机、善意或受到恩惠的	以授受关系的表达来替代
⑨ 句意重心不在"特意""特地"所修饰的谓语动词上的	可省略不译

此外,中日对译语料库中还有一类翻译实例,引起了笔者特殊的兴趣:

例 27:路喜纯怕薛家一时找不到核桃,自己特意用塑料袋装来了三两核桃仁。(《钟鼓楼》)

訳文:クルミは、万が一、薛家で用意していなければと、路喜純が持参してきたものである。

这一翻译实例中,行为人"特意"为对方带去食材,应该算是一种善意的体现,理应翻译为"わざわざ持ってきた",但实际译文却没有把这个"特意"翻译出来,这是不是有其他的什么原因呢?事实上,这一例句恰好揭示出在中日两国各自的语言文化背景下,"特地""特意"与"わざわざ"等词语所蕴含的语言文化差异。

四、"特地""特意"与"わざわざ"的使用在文化上的差异

中日两国都是礼仪之邦,但两国文化在恩惠的施受、敬意的表达以及社交赠答等社会活动中,又具有各自鲜明的文化传统和特色。

（一）中国文化中的"特意""特地"

在中国的传统文化中，人的身份、地位与"待遇"规格直接相关，"以礼相待"也要特别强调形式与内容的统一，什么样的人物就有什么样的规格待遇。在传统的"尊长敬贤"的教化中，无论是心理的崇敬、语言的尊讳、仪式礼物飨宴的繁简贵贱，处下位者对上位者所奉上的所有"敬意"都俨然成为对方身份的附属品，明言对对方的高规格待遇本身就是对对方的尊崇。

中国人自古好客，"有朋自远方来，不亦乐乎。"然而中国人绝不停留在"乐"的情感表现上，是很注重"乐"之后的待客行动表现的。为竭尽全力给自己尊敬的对方（客人）留下最好的印象，中国人非常注重起迎身送，轻慢客人，甚至会上升到道德失范的层面。

因此，对待贵客，中国人通常会说"这是我特意弄来的龙井，请您一定要尝尝。""听说三位将军今天返乡，我们特意准备了一桌最丰盛的宴席。"传统的正式书信结尾还常用"特意奉达"等，来表示特意（将与对方身份相符的最好的东西、最高规格的待遇）敬献给对方。

而日本的社交文化一般恪守贬己敬人原则：指称自己或与自己相关的行为、事物时要"贬抑"要"谦虚"，指称听者或听者的行为、事物时要"抬高"要"尊敬"；行为人的行为尽量减少他人的付出代价，尽量增大他人的益处；而在言辞上却要尽量夸大别人给自己的好处，尽量缩小自己付出的代价。因此，一般情况下，赠答用的总是"つまらないもの"，而不会说"これは私わざわざ調達してきた「龍井」（お茶の名）です。ぜひお召し上がりください。"招待宾客的宴会也往往不说"丰盛"，常常只说"今日は粗末なものばかりで、本当に敬意にはなりませんが、どうぞ、御遠慮なく、ご存分にお召し上がりください。"

在上文例 27 中，主人公是去对方家里做菜，显示自己厨艺的同时又有一点献殷勤之意，因此担心对方家中准备的食材不足，而特意自行备办，这在中国的文化背景中是再正常不过的事情了。但是在日本文化中只要是去别人家，就有十分清晰的主客之分，即使获得许可在别人家下厨，当事人也是会诸多顾虑和客套的，更没有质疑主人家是否充分准备食材的余地。所以在日本的社会交往中一般不会出现主人家缺少什么，就说自己是"わざわざ"给主人带来。因此，这一个例句中的"特意"是不能生硬的直接翻译的。此外，又如：

例 28：他老人家喜欢喝酒，素有"酒仙"之称，我去看他时，特地带了一瓶好酒送给他。（《我的父亲邓小平》）

訳文：この老人は酒が好きで、「酒仙」と呼ばれていた。私は銘酒をもって彼に会いにいった。

例 29：听说"麻婆豆腐"在日本很受欢迎，但不知道地道的四川菜合不合各位的口味。为了请各位了解中国的饮食习惯，我们今天特意安排在这家川菜馆招待大家。（《新编日汉汉日同声传译教程》）

訳文：「麻婆豆腐」は日本では大変人気だそうですが、本家本元の四川料理が皆様のお口に合いますかどうかわかりません。中国の食生活を伺っていただくために、今日はあえてこの四川料理店にお招きした次第です。

例 30：日本菜是世界闻名的健康食品，中国国内也有很多日本菜馆，今天我们特地请

日本朋友品尝一下中国风味的日本菜。(《新编日汉汉日同声传译教程》)

訳文：日本料理は世界的に有名な健康食品で、中國にもたくさんの日本料理店が
あります。今日は是非とも皆さんに、中國風の日本料理を味わっていただきたいと思
います。

这些中文例句，都是带有中国文化特色的中式表达，如果不顾日本的文化背景，生硬
照搬辞典的释义来进行翻译，是肯定要不得的。这种语言文化的差异也是中日两国外语
学习者需要十分留意的。

(二) 日本文化中的"わざわざ"

日语的"わざわざ"是用于表示行为人"意识明确地、积极主动地、目的鲜明地为对方
完成某一事项"，且"行为方式辛苦、为难和费力"。

首先，当"わざわざ"被行为人用来描述自己的行为，而行为对象又是自己的上级、客
户、服务对象等地位高于自己，且关系较为疏远的人时，此时的"わざわざ"就违背了言辞
上要尽量缩小自己付出代价的贬己敬人的社交原则，会带有一种刻意强调自己"耗费心
力"付出的语感，这种"强加的恩惠(恩着せがましさ)"难免惹人不悦。⑭

因此在绝大多数的情况下，本文开篇的学生对外教(上位者)的例句"×今日はわざわ
ざ先生に会いに来ました"，显然是不合适的。若感觉，"今日は先生に会いに来ました"，
无法表达自己尊敬对方的心意，也可灵活运用其他的敬语表达。如：

例31：日曜日には、わたくしは修二さんといっしょに、あの人のご両親にお目にかか
りに、京都まで行ったのです(《黒白の囮》)

例32：その方にお目に掛かりたいんですが。(《贋世捨人》)

同样在本文第1节里中国员工迎接日本客户所说的——"我是○○公司的小王，特意
来接您"，就不能按照汉语的字面意思直接照着辞典翻译。如：

×"○○会社の王です。あなた様をわざわざお迎えに参りました。"

这里的"わざわざ"就应该省略不译。

只有当行为对象或听话者，与行为人或说话者之间是非常亲近的关系，如朋友、恋人、
或交往多年，已经十分熟悉的师生时，半开玩笑口吻的一句"わざわざ君に会いに来たん
だよ"，才不会有失礼之感。

其次，若以第三人称或行为对象的角度来叙述对方"わざわざ"的行为，就会自然而然
表达出说话人对行为人的感激和谢意，且语感带有"致意、慰劳"之意。⑮

例33：パイロットは常駐しているわけではなく、遠く離れたチリ最大の貿易港バ
ルパライソからわざわざ二日がかりで来てくれました。(《海の男たちはいま》)

例34：「ありがとよ、わざわざ万力林から採ってきてくれて。清の気持ちが、嬉し
いぞ。」(《笛吹川ほとり》)

但是根据贬己敬人原则，即使是用于描述对对方行为善意或敬意态度的"わざわざ"，
一般也仅仅用于地位平等的朋友之间或上级对下级的时候。因为"わざわざ"还带有的
"致意、慰劳"之意，在日本的社会文化中，一般只有平辈之间或上级对下级才能表达"慰

劳"，下级是没有什么立场来"慰劳"上级的。因此，对"上位者"（上司、领导、师长）使用"わ
ざわざ"的时候，很可能会让双方的交流产生所谓不协调的"违和感"。

由上面的分析，我们可以看出，汉语的"特地""特意"在基本含义上与"わざわざ"等词
十分相似，但比后者在使用上要宽泛得多。而"わざわざ"等词受日本社会文化背景的影
响，在日语中的使用受到很多因素的影响和限制。因此对于以日语为母语的汉语学习者
来说，凡是日语中可以使用"わざわざ"等词的地方，几乎都可以翻译成"特地""特意"，不
太容易出现误用。而很多以汉语为母语的日语学习者，习惯了汉语环境中存在的大量的
"特地""特意"，先入为主的母语习惯，稍不注意，就会产生"负迁移"，即我们常说的"母语
干涉"，导致"わざわざ"的误用。这一点是尤其需要注意的。

注释：

① 本研究采用北京日本学研究中心开发的《中日对译语料库》为主要的语料资源。文中例句及翻译
译文，如无特别注明，均出自该语料库。

② 吕叔湘：《现代汉语八百词》，商务印书馆 1980 年版，第 79 页。

③ 中国教育部国家语言文字工作委员会，《现代汉语常用词汇表（草案）》2008 年版。

④ ［日］武内道子：『副詞的表現をめぐって-対照研究-』，ひつじ書房 2005 年版，第 103 页。

⑤ ［日］森田良行：『動詞・形容詞・副詞の事』，東京堂 2008 年版，第 127 页。

⑥ 曹金波：《「わざわざ」「せっかく」「わざと」的用法区别》，《日语知识》2002 年 09 期。

⑦ 于艳春：《「せっかく」与「わざわざ」的意义及用法》，《赤峰学院学报（汉文哲学社会科学版）》，
2010 年 3 月，第 31 卷第 3 期。

⑧ 张谊生：《现代汉语副词研究》，学林出版社 2000 年版，第 84 页。

⑨ 林映：『評価副詞「せっかく」の成立過程について：構文タイプ間の派生関係から』，日本語学会
2012 年度春季大会研究发表会口头发表要旨。

⑩ 张亚军：《副词与限定描状功能》，安徽教育出版社 2002 年版，第 256 页。

⑪ 张谊生：《现代汉语副词探索》，学林出版社 2004 年版，第 114 页

⑫ 张谊生：《现代汉语副词分析》，三联书店 2010 年版，第 131 页

⑬ 张谊生：《现代汉语副词研究》，学林出版社 2000 年版，第 85 页。

⑭ 张艺：《现代日语中叠语副词的特点》，燕山大学硕士学位论文，2012 年。

⑮ 杨万兵：《现代汉语语气副词的主观性和主观化研究》，北京师范大学博士论文，2005 年。

（石俊，男，1982 年 3 月出生，四川德阳人，2018 年获得日本语言文学博士学位，现任
浙江越秀外国语学院东语学院日语系讲师。主要研究方向为日语语言学、日汉翻译、日汉
对比语言学）

WebQuest 模式下自适性基础韩语学习方案探讨[*]

◎ 许　赛

摘　要：WebQuest 是主题任务探究学习模式中新近较为受欢迎的一种方式，也是培养学生自适性学习习惯较为有效的网络教学手段。那么，它在《基础韩语》的教学应用中是否存在较大的可操作性？是否能让师生在课堂和网络两个平台的教—学中寻找到较为适合的切合点？是否能在大力提倡信息化教学的大环境下突显网络韩语教—学环境的共享性？是否能对学生的混合型学习、个性发挥及个性化学习、创新及实践能力的培养提供有效支持？基于上述一系列问题，从教师的教学模式、学生的学习方式、网络自主学习环境的创建模式、异步式讲授意识的提升等方面展开了基于调查研究的合理探讨，旨在找出网络教学环境下学生该如何改进自身的韩语学习策略、如何在自主学习环境下让学生调整融合网络教育平台的学习动机，因为网络教学并非只是传统教学中新增的一项工具，它应该是传统外语教学改革中的"合作伙伴"，能为新时期大学生的个性化、自主性外语学习提供有效援助的"良师益友"。

关键词：WebQuest　自适性　个性化学习　异步式讲授

近年来，浙江省积极推进以"智慧教育、数字教育"为目标的教育信息化建设，韩语专业的教学也因此进入了一个新的、与传统教学截然不同的发展阶段。与此同时，省内高校的韩语专业也均在各自的人才培养方案中加强了网络教学的培养要求，而以网络建设为平台的 WebQuest 主题探究性教学模式作为韩语教学中的信息化教学手段之一，既能发挥网络教学的优势，也能结合《基础韩语》等课程对互动与交流的要求，正在被得到广泛的运用，应用前景广阔，但是其基本理念和教学设计思路依然受制于传统教学模式的桎梏仍有待进一步的倡导和改善。本文将以《基础韩语》中 WebQuest 运用为主要研究对象，并结合实践运用中学生自适性能力不足的特点对相应的学习方案及教学设计进行可行性探讨。

一、自适性学习问题的总结及改善

协作是 WebQuest 模式的一个重点要求，[①]在《基础韩语》网络课程的学习中，学生通

---

* 本文是 2017 年度绍兴市高等教育课堂教学改革课题"WebQuest 模式在《基础韩语》课程中的运用研究"编号：SXSKG2017029 的研究成果以及浙江省教育科学规划 2019 年度研究课题"网络生态语境下外语专业学生学习共同体发展中的失衡与重构"编号：2019SCG356 的阶段性研究成果。

常要利用多渠道的沟通工具（如微信、邮件、网络学习平台等）进行交流和协作。而这种互动式学习不应仅局限于读、写、译等方面的训练，还要应用于口语、听力等技能的练习中。本研究为了更好地掌握利用 WebQuest 进行语言教—学过程中的效果并了解学生课后自主学习的情况，特选取某高校韩语系朝鲜语专业大二年级 50 名学生（其中 6 名男生，44 名女生）作为研究对象，教材选用了北京大学出版社的《标准韩国语 2》，因为这套系列教材每个单元都能将课程建设和网络信息技术进行很好的衔接，符合本研究的价值取向和主题内容，而此次调查所选取的第八单元所讨论的"丝绸之路——东西文明的桥梁"也符合探究性主题学习的意义和要求，具有开放性、基础性和应用性的运用价值。

这次 WebQuest 教案的实施及学习效果的调查就是对 WebQuest 模式运用于《基础韩语》教学中如何使教学方案最优化的一次探索性规划。笔者通过这次实证研究，认为将 WebQuest 运用于外语学习尤其是像《基础韩语》这样的基础课程教学中，最为突显的问题就是学生在经历了十几年的传统教学范式的影响下如何能够积极地投入到网络平台自主学习之中的自我适应性问题、学习的自主性和互助性以及用韩语思维进行归纳分析的应用能力是否切实得到提高的效率性问题以及现代教育技术是否能和传统教育模式进行良好的互补和转化的问题。

上述问题的出现，主要还是归结于学生的外语认知水平和网络技术的操作能力。认知水平问题根植于大学韩语教学的特殊性，因为大二学生的母语认知水平已经很高，可在进行韩语学习时，其水平的局限很难使他们将探讨的主题进行发挥表达或阅读、听取一些与认知水平相对应的韩语材料。所以，我们只能通过循序渐进的方式采用与学生认知水平相当的韩语材料进行语言学习，这给教师在制作 WebQuest 课件过程中提出了相应的难度。至于网络平台的操作性问题，应该归咎于学生的学习习惯上，比如我们在传统教—学中基本使用纸和笔来进行，可是很少会有学生将整个学习过程过多的关注于学习工具，即"纸和笔"，而且智能教学绝非想用技术将学生拒之门外，最终的效果肯定是越来越"傻瓜化"。所以，网络操作技术的简单化恰恰可以把学生的注意力集中于学习的内容和所需要完成的任务上。

正如《学会生存》中所强调的，"教学技术不是强加于传统教育体系上的一些仪器，也不是在原有教育程序中添加某些东西。而是要把教育技术完全融合于整个教育体系之中，这样才能够发挥教育技术应有的价值"。②网络信息技术的运用也应统一到整个教育过程中，可是在实例调查中，只有 31% 的学生可以灵活地选择适合自身的韩语学习材料，有 68% 的学生做不到自我管理，说明学生的自适性欠佳，离开老师的监管，就没法如期完成既定的目标。在学习方法上，通过 WebQuest 网络平台以背单词为主要目的的占 61.3%，语法、句法学习为主要动机的占 36.1%，而通过平台进行听说读写译等全方位的韩语学习的学生只占了 4.8%，这表明绝大多数学生被传统学习方式所束缚，韩语学习策略缺乏，尚未达到有规律、有意识的自适性学习阶段。这个实例调查告诉我们：在网络教学快速发展的今天学生的韩语学习策略依然有待完善和改进。

解决上述"费时低效"的问题，仍要从学生的学习兴趣、内在动机、学习策略等方面着手。韩语教师可通过丰富课堂教学、提高 WebQuest 课件水平、举办网络平台学习讲座、适合学生兴趣爱好的 WebQuest 主题课件的开发等来激发学生韩语学习的深层动机,使学生形成持久的学习动力、浓厚的学习兴趣。当然,上述改进离不开教师教学意识和教学手段的与时俱进,如果网络教学仅仅只是教师迫于学校要求不得已而为之的"技术手段"的话,那"事倍功半"的现象将会屡见不鲜,调查中就有 70.6% 的学生反映教师教学手段的落后及 WebQuest 主题设计的落伍,有 48.2% 的学生反映在 WebQuest 主题任务完成后教师没有进行适时的课堂指导,还有 50.1% 的学生提出纵使网络教学已然成为《基础韩语》课程的基本要求,但教师的教学方式依然单一固定并没有和网络学习进行完美的融合,极大影响了学生自主网络学习的效果。笔者认为,一方面,这和学校网络设备不足、韩语网络资料匮乏不无关系;另一方面,教师和学生还是对以 WebQuest 为主的网络主题性外语学习的认识有所欠缺,教师也缺乏对网络学习的监控能力和对教学的总结意识。

二、WebQuest 主题网络环境的设计

基于上述围绕学生自适性能力展开的调查结果,教师在韩语 WebQuest 学习推广实践中的作用不可小觑,教师开展有效的学习策略引导以及合适的 WebQuest 主题设计,培养学生自我管理和自适性学习能力,学生的学习才会从无意识且被动的状态转变为有意识且主动的行为。因此,优化的网络学习环境是有效地进行网络化学习的基础和保证。在《基础韩语》课程中适用于 WebQuest 主题学习环境的设计可以包括如下两个方面:

(一)自适性环境的设计

自适性能力是网络学习的基本要求,为学生创建一个合适的 WebQuest 主题和展开模块是学生自适性能力培养的一个重要保障。此环境应该既能体现不同韩语认知水平学习者的个性特征,也能为学习者提供自我展现和评价空间。基于 WebQuest 模式的《基础韩语》自适性学习环境的设计应该包括如下几个方面:

(1)超文本方式组建的韩语学习环境;③

(2)丰富的、多层面的韩语学习资源;

(3)分单元或分主题题库的创建,使学生可以根据个人的知识认知从文本、图片、音频、视频、热按钮等超文本链接选择适合自身的学习路径;

(4)鉴于目前高校大多建立了诸如在线精品课程等网络教学平台,但网络空间大多有限,这就有必要建立动态的、庞大的韩语资源库,该资源库可包括适合《基础韩语》教学的词汇、语汇资料、课外辅导资料、背景知识、网络资源以及韩语学习小工具等。

(二)协作学习环境的设计

协作学习是 WebQuest 主题学习的另一个特征,基于网络的韩语主题性学习,其实是一个异步过程,异步教学有异于同步的、传统的教学,传统课堂中教师可以根据教学目标对学生学习进行同步监控,而网络学习中教师只能进行远程管理。所以其主要特征就是学生在进行网络自主学习的同时教师要注重和学生之间的协作。为了保证学习效果,教

师在网络平台上的监控和辅导是不可缺少的,网络测试也必不可少。

否则,在缺少师生协作的环境下,自适力和自主学习能力弱的学生就很有可能会放任自流。因此,如何保持学生学习的积极性和主动性对师生来说都是极大的挑战。这就有必要让教师充分认识师生协作环境的重要性,对于韩语专业的学生而言,他们元认知策略的锻炼离不开教师的宏观指导和监控。也就是说教师在传授韩语学习策略之余,还应让学生掌握如何运用学习策略来促进韩语学习的技能,并利用 WebQuest 主题探究活动来加强元认知策略的培养。只有在师生之间以及同学之间创建了良好的交互活动及协作学习环境,那么旨在让学习者获取更多的知识、理解知识的运用以及对一定的语言国社会文化情境的了解的 WebQuest 主题学习活动才变得更为有价值和意义。

三、基于个别化学习的自主学习能力提升方案

综上,网络手段运用于传统韩语教学中最应注重的就是个别化学习问题,即学生在网络学习环境中如何根据自身情况进行有针对性的自主学习问题。就此,韩语 WebQues 主题设计的教师就需要通过不同的网络学习环境的构建,为学生设计不同的学习内容和学习方式,以能为每个学生提供最优化的和个性化教学支持为宗旨,同时也能够为学生可以自由地选择学习内容、安排学习时间、地点、制定学习计划提供最大可能,从而提升其获取知识的效率。因此,教师在充分理解和继续发挥网络韩语自主学习环境优势的同时,也要注重学生个别化学习特征的问题、自主意识能力的培养以及通过策略意识来提升学生的自主学习能力。④具体可从如下几个方面进行。

(一) 提升自主学习意识

高校学生由于深受传统课堂教学的影响,在网络学习中往往无法准确、及时地找准自己的定位,因此消极对待是时常出现的事情。要改善这个现象,首先可以通过教师的倡导让学生感悟自主学习的重要性;其次可以让学生定期撰写学习报告或学习日记(部分网络平台也设有学习统计),使他们能够及时地反思或了解自己的学习状况;再次可以利用网络协作环境,网上指导、监控学生的学习过程并鼓励他们分享自主韩语学习的困难和乐趣。

其实在上文提及的"自适性"韩语学习调查中,我们已经发现学生通过网络模块的韩语学习普遍存在"事倍功半或费时低效"的现象,其原因源自根深蒂固的传统韩语课堂的教学模式,支持这种模式得以持续至今的理论依据主要是行为主义论,行为主义学派极其看中外显行为,对内部心理过程或意识的研究相对薄弱,他们把个体行为看作是外部环境的反应或刺激所致,认为学习和内部意识无关。基于这种认识,教学模式必然是教师为中心,学生的学习是被动接受外部的刺激所致,网络多媒体仅仅被看作教师的教学工具,而教材便是学生唯一可以获取知识的来源。这种由教师主宰的课堂,很容易忽视学生的主体作用,对其自主学习意识的形成也较容易产生消极心理,还不利于其创新思维和能力的培养。

（二）学生直接学习策略的引导

学生的自主性和自适性不仅体现在其对韩语学习的整体规划和实施力，也体现在如 WebQuest 这种网络主题探究活动中对学习任务的处理能力。在网络学习平台中，学生可以接触到大量的外语学习资料及视频、音频材料，但是否能有效开展学习或最大限度地从主题学习活动中获取知识，有赖于学生对韩语直接学习的策略的有效运用。因此，当面临对学生的直接学习策略要求更高的自主网络韩语学习环境时，教师有必要针对直接学习策略的灵活运用问题向学生做较为有效的解释和引导，假如可以结合实践案例进行有针对性的分析并帮助学生在学习活动中灵活运用各种适合自身的直接学习策略，那终将达到事半功倍的效果。

网络自主学习作为当前大学生教育模式的新常态，使我们的教学方式从教师为中心转变为学生为主，从注重外部刺激转向学生自己的内在意识的启发，从而使学生的自主学习潜能达到最大化。在上文的分析及先前的调查中我们就深刻感受到韩语学习中要实现真正的学习自主，光靠先进的多媒体或网络应用技术是有所欠缺的，还需要教师将课堂扩大到网络中去，对学生的学习方法做相应的改善和监管。当然，学生韩语水平的认知程度和学习习惯等也有可能在 WebQuest 主题学习活动中直接或间接地影响到学生直接学习策略的运用及自主学习的效果，这有待在今后做进一步调查和研究。

（三）基于网络平台的学生自主学习环境的创建

信息功能强大的网络平台使得教师可以根据教材开发更多的 WebQuest 主题探究项目，师生间的交流变得更为活跃和便捷，自主学习的形式也变得更加多样化。因此教师要充分使用网络教学平台探索并激发学生学习的内在动机，鼓励并引导学生树立积极的学习态度。《基础韩语》课程的教学目的之一就是通过韩语书面表达、语言交流技能、跨文化交际等能力的培养，促进学生个性化外语学习习惯的养成和自主学习能力的提升，所以教师在网络韩语学习平台的规划中因充分考虑到如何通过学习材料、学习模块、学习策略（如各种主题性、团队性学习）等各个环节的设计来营造良好的自主学习环境并锻炼学生的自主学习能力。

四、网络教学中的异步式讲授意识

WebQuest 是主题任务探究学习模式中新近较为受欢迎的一种方式，也是培养学生自适性学习习惯较为有效的网络教学手段。那么，它在《基础韩语》的教学应用中是否存在较大的可操作性？是否能让师生在课堂和网络两个平台的教—学中寻找到较为适合的切合点？是否能在大力提倡信息化教学的大环境下突显网络韩语教—学环境的共享性？是否能对学生的混合型学习、个性发挥及个性化学习、创新及实践能力的培养提供有效支持？基于上述一系列问题，上文的讨论中主要从教师的教学模式、学生的学习方式、网络自主学习环境的创建模式等方面展开了基于调查研究的合理探讨，本节中还将从教师教学空间的转换问题着手重点讨论网络韩语学习模式中教师如何通过异步式讲授模式来改进 WebQuest 韩语主题探究学习中学生自适性情况。调查发现虽然同步式讲授教学在网络韩语教学中也能发挥其重要的作用，但仅仅局限于读、写、译层面，在韩语交际或应用能力的培养上发挥的作用微乎其微，而把异步式教学运用于网络教学中，或穿插进 WebQuest 课件中，我们发现其对师生间的交互性和学生的自适性、自主性的提升大有裨益，因为异步式讲师同同步式一样注重外语知识的传授的同时更注重外语应用技能的训练，而且也不受学习时间和空间的限制，学生无论何时何地想学就学，十分有助于他们按照自身学习习惯规划个性化的学习策略和培养学生的学习兴趣从而提升他们的自学能力。这为学生的学习自适性、教师的个别化教学等网络教—学中急需改进的事项提供了较为满意的解决方案。

基于异步式讲授的考虑，在制作 WebQuest 课件中教师应充分考虑主题的合适性、资源及韩语资料的丰富性、题库的多样性、异步监控的随时性、测试及交流的广泛性、任务完成度或测试信息回复的及时性等问题。可以说在《基础韩语》教学中对 WebQuest 模式的引用、网络学习平台的利用，加上合理的异步式讲授策略的运用消除了传统韩语课堂中学生应用能力薄弱、跨文化语境下的交际技巧欠缺等弊端，为实现学生的个性化学习和综合性的知识输入提供了更好的解决途径。⑤此外，异步式教学不但可以体现在教师的讲授层面，亦可在学生的学习过程中起到其应有的作用，如果能在 WebQuest 中也设计添加韩语测试模块，那么学生在任务驱使、主题准备的同时也能对所学或将学的知识通过随机、联机、脱机测试等多种形式对自己的学习状况进行不定期的自我考察，有助于随时调整自身的学习计划和策略。

五、小　　结

随着时代对外语教学提出的新要求，网络教育已然成为目前不可回避的教学方式，在当前网络韩语教学资源相当丰富的大环境下，本文选取了 WebQuest 这一网络外语教学中的"新宠"作为研究对象，逐一提出了传统韩语课堂中存在的问题和弊端，探讨了 WebQuest 主题探究性网络韩语学习模式的优势和特点，同时通过调查也指出了在实际运用中网络韩语教学所面临的、急需改善的缺陷和症结，并以此总结了在《基础韩语》网络教学中探究如何提升学生的自适性和自学能力的方法，旨在找出网络教学环境下学生该如何改进自身的韩语学习策略、如何在自主学习环境下让学生调整融合网络教育平台的学习动机，因为网络教学并非只是传统教学中新增的一项工具，它应该是传统外语教学改革中的"合作伙伴"，能为新时期大学生的个性化、自主性外语学习提供有效援助的"良师益友"。在传统的韩语教学中，教师忽视了学生的个性特征、学习动机及学习兴趣，而在 WebQuest 等网络韩语教学中学生可以按照自身的学习习惯及特点来选择不同的学习模式和制定学习策略，也可以不定期地对自身的学习认知进行评价，从而有效调整学习计划和学习进度，提高自主性学习的能力。⑥

注释：

① 闫寒冰：《信息化教学评价量规》，教育科学出版社 2003 年版，第 45 页。

② BROWN COCKING：*How people learn：brain，mind，experience*，Brantford：National Academy Press，2000，p. 1.

③ 刘靖：《外语学习中的多模态耦合》，《外国语文》2011 年第 6 期，第 158 页。

④ 张海藩：《软件工程导论》，清华大学出版社 2008 年版，第 59 页。

⑤ 张春兰：《基于 WEB 平台开展教学交互活动的案例研究》，《开放教育研究》2008 年第 4 期，第 45 - 47 页。

⑥ BAKERSFIELD E：*The practice of constructivism in science education*，New Jersey：Lawrence Rombauer Associates，1993，p. 11.

（许赛，男，1982 年 11 月出生，浙江嵊州人，博士，浙江越秀外国语学院讲师，主要研究方向韩国语教学及中韩文学比较）

与狄金森一起尝试思考①

◎ ［美］杰德·戴普曼　任继泽 译

摘　要：艾米莉·狄金森(Emily Dickinson)的诗歌以及狄金森与"导师"希金森(T. W. Higginson)的通信揭示了狄金森诗歌中长期存在的一个主题——尝试思考。努力用文字明晰地表达思想和心灵,构成了狄金森诗歌创作的主要动力。在狄金森的作品中,可以归纳出一类以思想活动本身为内容的诗歌,并将之命名为"尝试思考"(try-to-think)的诗歌。本文分析其中几首代表作,以展现狄金森诗歌创作的文本构成逻辑和思想试验性质。

关键词：狄金森　希金森　诗歌　思想

在许多人看来,狄金森诗歌的诱人之处并不在于其思想的明晰性,而在于那神秘的晦涩和澎湃的情感。然而在本文中,我将对此提出不同的意见,并把狄金森描绘为一位严肃的而非神秘的思想者。在我看来,狄金森诗歌常常给出一连串谨慎的理念与意象,这些理念与意象来自对存在之极限状况的思考与反应,而非某种"无节制的放纵"。本文的目的是向大家展示"思想"这一范畴对狄金森而言是多么具有支配性,她是多么执着于某些特定的思想课题,并说明她为什么需要抒情诗这一形式来表达它们。

虽然泛而言之,所有诗歌都可视为思想的反映,而且"思想"这个词在 19 世纪也通常被用来指代散文或诗歌,但在狄金森这里,思想本身就是诗的主题。通过狄金森早年的书信我们可以得知,思想的局限性作为一种困境一直缠绕着她。在面对死亡、永恒等话题时狄金森发现,思想无法为它们找到恰当的表达,但她又无法停止对它们进行思考。于是,狄金森的心灵就不停地重复着如下过程:不断试图为某些观念寻找合适的意象,不断失败,又不断继续尝试,直到想象力达到极限。狄金森后期的许多诗歌恰恰也呈现为一种类似的尝试,它们躁动不安而又机智多变,努力为挑战想象力的思想与经验提供相应的意象。

于是问题的关键就在于,狄金森为何会选择诗歌作为这一尝试的载体呢？狄金森如何看待心灵的试验、诗歌的语言以及二者间的关系？为了回答这个问题,我们必须看看她与希金森(T. W. Higginson)的通信,这是她专论文学的仅存材料,其中包含了许多她对思想与诗歌间关系的认识。这些通信能帮我们认识一个思考着的狄金森,让我们明白她的许多诗歌实际上来自艰难的思想试验,也为我们的理解与认识指明了道路。

1862 年 4 月 15 日是被文学史以斜体字重点标明的一天,这一天,狄金森用如下问题回应希金森发表于《大西洋月刊》的文章《致年轻的撰稿人》:"你是不是烦务缠身,无暇告诉我,我的诗是否活着？"(L260)②这个问题尽管有些冒失,却并不像目前看起来那样难以理解。信中,她举出自己的四首诗询问希金森的意见,这些诗都用了顽皮的想象和意象来表现宇宙的或存在主义式的观念和问题:"安卧在雪花石膏房—"(Fr124);③"最近的梦消退了—没有实现—"(Fr304);"我们摆弄人造宝石—"(Fr282);还有"我告诉你太阳如何升起—"(Fr204)。

在这几首诗青春洋溢的主题与温和平静的外表之下,交织着充满玄思的隐喻与复杂的抒情效果。四首诗都构造了一种并存的平行视角(儿童/成人,生/死,无意/有意),这样的多重结构为诗歌的多重解读创造了空间。因此,狄金森就"是死是活"向希金森发问,实际上是在吸引我们关注思想的深层,这个深层,在职业批评家初读一首诗时往往被忽视。也许再读一次,狄金森提示道,我们就能觉察到在"宝石般的手段""永恒的蜜"这样的意象中,以及在承载了这些意象的诗歌中,包含了多么丰富的思想。

至于她为何不能自己回答这个问题,狄金森做出了解释,这同时也是一种辩护:"心离自己太近—它没法看清—我又无人可问—"(L260)。当心灵与自己相遇,阅读自己的作品,思考自己的思想时,它会自己干扰自己,就像自己在自己的光芒中投下一片阴影。这就是狄金森致信希金森的主要原因,随后的三个问题,即问他是否觉得她的诗在"呼吸"、她是否犯了"错误"、他是否愿意告诉她"实情",都是源于同样的认识论困境。

这是个相当迫切的难题,且在她与希金森的进一步通信中(自1862年至1886年共有72封书信)愈发凸显。在这些通信中狄金森经常视书写为思想,或者更确切地说,为遇到复杂情感时思想做出的回应。"自九月—我总有一种恐惧—我不能告诉别人",1862年4月她说明道,"于是我像男孩走过墓地一样—唱歌—因为我害怕—"(L261)。两个月之后她又提到,当"果园里突然出现一道光芒,或一股别样的风吹过,打扰我的思绪—我感觉麻痹僵硬—诗歌恰恰可以缓解"(L265)。狄金森几乎从来不从形式或风格的选择、历史背景、影响、读者、文学运动、主题的恰当性或在使用文学语言加工与传递个人经验时面对的技术难题等方面,描述或解释她的创作。批评家们难以精确说出她关于诗歌创作的观念与想法,她的沉默是原因之一;另一个原因在于她同时推崇两种难以统一的东西:明晰透彻的认识,以及强烈的情感体验。

希金森在回复她的第二封信时,曾如此评价她诗歌的形式:她"步态紊乱"、她的风格"失去控制"(L265),看起来,她最强烈的感受是震惊。难道他不该说说对她思想的看法,或者解释一下他是如何从她希望做到"讲得明晰"的作品中看出"狂乱"的吗(L265)?正是他在《致年轻的撰稿人》中告诉大家,比喻要分为两步,第一步为思想,第二步为语言。"辛劳……不仅要付出在思想上,"他劝告未来的诗人们,"也要付出在表述上。给你那宏大的概念穿上二十层衣服,直到你找到不仅不失宏伟,而且清楚明白的措辞。"在回信中,狄金森采用了这个比喻,却对"宏大的概念"这一夸张的说法以及"不失宏伟"的措辞避而不谈。她很少考虑自己的诗歌有什么宏大的趣味、真理、远见或原创性。但是,如果在这些方面她也没有自我贬低的话,她还是想知道自己是否清楚她发现的差别:"我的思想不着衣物时—我能够加以区分—如果给它们穿上长袍—样子就相似,呆板"(L261)。这封回信将思想的地位抬举到语词之上,并将披衣过程置于更低微的等级里,让它显得更弱了,更卑微了:相比于把一件普通的"长袍"披在赤裸裸的思想上,把各式各样的衣服加在

"宏大的概念"上显得太自命不凡了。

在 1862 年的 8 月,狄金森又给他寄了两首诗并问道:"这些是不是有条理一些?"紧接着这个问题,她就以不同寻常的,或许也是暗中进行的方式演示了思想与语言的调理:一段进行全面自我剖析的文字,它以完美的抑扬格写成,共三十四音节,且三音步与四音步交替推进(6-8-6-8-6)。"I thank you for the truth. I had no monarch in my life, and cannot rule myself; and when I try to organize, my little force explodes"(感谢你的坦诚,我的生命没有君王,但我无法自控;当我尝试有所组织,我的小能量爆炸)(L271)。③在这之后,虽然她接了一句很尖锐(但仍然是抑扬格)的评论"I think you called me 'Wayward'"(我想你觉得我"执拗任性"),这些文字仍在期待着交流,期待与对方讨论一种呈现在散文里的诗意,既是控制自己也是引爆自己。这段文字要求对方阅读、回应、尊重与理解。

随这封信寄去的还有两首诗。它们确实都以心灵的力量为基本内容,并表明她如骆驼般依赖自我。比起凭肉眼看到的自然美景,"挖出我的眼睛之前"(Fr336)这首诗中的叙事者更享受想象带来的愉悦;"我不会用脚尖跳舞—"(Fr381)的叙述者则从未接受过正式的芭蕾训练,却无比倾心于那种极度个人化的心灵舞蹈;通过阅读第一节与最后一节,我们能轻易看出它其实是对狄金森与希金森间关系的评论,是某种基于自我隐匿、自我依赖以及心灵之"欣喜"的辩驳:"我不会用脚尖跳舞—/不曾有人向我传授技艺—/不过时常,在我的内心/一种欣喜将我占据,……//无人知道我拥有这技艺/我这里—只是—随口一提—/也没有海报为我吹捧—/这就是我的剧院,座无虚席—。"

有时,对狄金森来说,诗歌更像是她的行为而非作品。她把自己视作海员,而希金森是她的工具,是她的磁针。她写道:"如果我可以把我做的东西送给你,不至于频繁麻烦你—请教你我是否把它讲清楚了—对我来说那就是控制—水手看不到北方—可他知道磁针能做到—"(L265)。她也对他汇报说"今年冬天,两位报刊编辑来到我父亲家里—索要我的心灵—我问'什么',他们说我吝啬—他们要把它用之于世界—我无法衡量自己"(L261)。就像上述两段引文与许多诗歌所显示的那样,我们再次看到,她之所以面临困境是由于她发现心灵不能与自己的愿望、自己对自己的理解、自己制造的产品相适应,它需要一种额外的阐释性的力量,要通过对话来展开。希金森如同一座远程补给库,稳定了这个无法自给自足的心灵经济体;按照不久后在 1862 年的夏天她所说的那样,她自己那"看不到的无知""待导师斧正"(L271)。

除了自己的焦虑之外,思想也是他们的通信中一个持久而有价值的话题。狄金森曾带着轻蔑的口气抱怨她的"母亲对思想没兴趣"(L261),除此之外,她最著名的议论或许来自如下这个被希金森转述给他妻子的问题:"大部分人没有思想怎样生活。世界上很多很多(你在街上肯定注意过他们),他们怎样生活。他们早上哪来的力气穿衣服呢"(L342a)。对狄金森来说,这是个极其重要的命题:没有思想的生活就不是生活。后来她带着惊奇写道:"二月的屋檐雨水滴答,多么甘美! 它让我们的思想变的粉红"(L450)。她也经常称希金森的写作为思想:"我拜读过《童年》",她对他说,并提到了他文章的名字,"有些愧疚如此美好的思想—却落入陌生的眼帘—"(L449)。在一封信的开头,她直接评论道,"你的思想严肃,引人入胜,令人强大也令人虚弱,这便是欢乐的代价"(L458)。在另一封中她评论说,"最近发现你的两篇文章,我竟一无所知,再次惊异你的思想深藏不露,无视他人苦苦寻觅"(L488)。她借用了一个巧喻奉承了他一下:"我原以为自己成为一首诗就阻止了写诗,我发现这是个错误。隔绝那么久,重温你的奇思妙想,仿佛是重返故里一"(L413)。随后,她总结了他们以思想为首位的共同信念并以比喻的方式问道:"爱国者所言的'本乡本土',指的可是知性?"(L413)。1869 年,她告诉希金森对她而言,一封信"如同永恒,因为它只是心灵,没有物质为伴";哪怕当交谈使我们身处"语调"与"态度"的包围中,也总有某种在"思想里独行的幽深的力量"(L330)。

也许最引人瞩目的一封当属 1876 年春天,在读完《斯克里布纳月刊》(Scribner's Monthly)上两篇匿名文章后,狄金森给希金森写信说:"我从关于罗威尔(Lowell)和爱默生的文章中推断出了你的笔触—十分微妙,每一个心灵就是它自己,像一只与众不同的鸟—"(L457)。她认出了作者是他!在 24 年的交往中,狄金森一直带有一种得体的谦虚。但这一次,她充满自信地指出了友人的心灵签名,这是两人在智性上无比亲近的明证,也是她的敏锐的明证。最后,生命的最后一个月里,狄金森写信告诉他,"亲爱的朋友,11 月以来,我一直病重,医生禁止我看书、思考,但现在,我开始在自己的房间里缓步—"(L1042)。她知道,他一定明白"读书与思考"对她而言是多么重要。

必须要注意的是,两人的关系并非是单向的。希金森同样说过写作即思想,也很清楚思考与孤独是狄金森生活中不可缺少的元素,并对之相当欣赏。有一次他对这位"亲爱的朋友"说,他会不时取出她的信与诗读,当他感觉到其中的"奇异力量"时,便很难给她写信(L330a)。她将自己隐藏在如此炽烈的"火雾"中,以至于令他感到"胆怯,害怕我写的东西"——他将"写"用斜体标出,暗示他更想面对面地交谈——"对你显示出的精微的思想锋芒,不是严重挫伤,就是不着边际"(L330a)。他继续写道:"[对我来说]很难理解你为何活得如[此孤]独,又能发出那么高超的思想,甚至连小狗的陪伴也失去了。然而,超越一定范围进行思考,或者拥有你所遇到的那种灿烂的光芒,就等于把人孤立在什么地方—所以,或许身处何地并不起多大作用。"(L330a)在评论家看来,希金森对狄金森有许多误解,但实际上他们非常了解彼此,特别是他们之间有那么多关于思想以及被视为思想的文学创作的谈话。

有一组诗歌表明狄金森在尝试一种新型的抒情诗试验,以推动自己思想的"精微的锋芒"超越那些"特定的限制"。我称这组诗为"尝试思考"(try-to-think)的诗,它们有明确的目的,即强迫心灵去完成一些极其困难的任务,且常常涉及对一些事情彻底的再认识与再思考。虽然一般而言她的大部分抒情诗是为了反思并表达某些创伤的,但在我看来这些诗还是非常不同寻常,因为它们试图克服康德的美学观念,试图满足理性那不知足的欲求,给它提供完整的意象、叙事,或对复杂的理念或经验的理解。这样的尝试往往是长期且艰巨的,在狄金森那里,"思考"这一行为有其确切对象,有其确切目标,思考的重点被明确置于思想本身那任性的活动上。这组诗歌中的叙述者常常试着用各种各样的工具和方式去转化自己的心灵,她的意识是如此机敏,以至于让诗歌中几乎所有元素都可被视为朝向那至高无上的尝试的努力。

在本书第 6 章我们将会见到，创作于 1882 年的"对于死亡我尝试这样想—"（Fr1588）就是把思想写入诗歌肌理的范例。为了达到上述尝试的目的，这首诗歌所动用的手段形成了一套丰富表义层级，包括文字、情绪、比喻的铺陈、破折号、空格、音律安排、叙事、回忆和典故。"最近的梦消退了—没有实现—"同样也是一首尝试思考的诗，是为数众多、思考不朽与永恒的诗歌中的一首。在这些诗中，每个词、每个标点、每个声音、每个意象、每个观念都像被紧紧挤压着，因此需要我们耐心细读；这一特征也让人觉得它们像浓缩了的德里达式的"零敲碎打"（bricolage）。通过把心灵放在舞台上，让它获得满足、提升或安宁，尝试思考的诗歌有时也具有尝试相信（try-to-*believe*）的性质。在 1863 年的"我想活着—或许是一种极乐—"（Fr757）一诗中，我们应当重视首句的"或许"；随后，诗的整个第一节为另一个挑战思想能力的思考设置了条件：

> 我想活着—或许是一种极乐
> 对于那敢于尝试的人—
> 超出我的极限—去领会
> 我的唇—去证实

在诗歌剩下的部分中，叙述者试图借助自我确信、自我转化的思想力量，"敢于尝试"超越她的"极限"，从而成为在极乐中生活的"那些"中的一员。最后要提的是，就像这些例子所显示的那样，尝试思考的诗歌的确是一系列密切相关且颇有难度的思想试验。虽然表现的是发生在与世隔绝的个体内部的对话，它也是在邀请读者（尝试去）重复这些试验步骤，并检测试验的结果。

作于 1863 年的"我曾尝试思考一种更孤独的事物"（Fr570）同样展现了所有这些特性。在这首诗中，狄金森让自己去接触无限与虚空——这常被她称为孤独（loneliness）——并试图理解这种不寻常的接触。这不是此类诗歌中的唯一一首，但是其中非常重要的一首。本诗处理的是一种非常极端的情形，以至于不能用任何传统意义上的缺失来理解和接受：

> 我曾尝试思考一种更孤独的事物
> 不是曾经见过的任何一种—
> 某种极地的悔罪—骨子里一个征兆
> 预示死亡兀然迫近—
>
> 我曾探寻过不可挽回的事物
> 借来—我的另一个复本—
> 一种枯槁的安慰涌起—
>
> 来自这样的信念：在某个地方—

在思想的抓握之中——
住着另一个造物
被天国之爱——忘却——

我曾拉扯我们的隔板——
就像一个人要撬开那墙壁——
隔在他自己——和恐怖的孪生子之间——
在两个面对面的囚室——

我几乎挣扎着去勾他的手，
它变成了——如此奢望的愿望：
就像我自己——会怜悯他——
他或许也会——怜悯我——

    尽管这首诗对心灵活动表现出高度关注，但是对于其中"尝试思考"的最基本的姿态和立场，我们依然难以解读。这首诗是否像其直白的开头所说的那样，是一种被浪漫化了的华滋式的扩展心灵的锻炼？是否是一种主动的、驾轻就熟的把人类某种极端可能性进行概念化的尝试？或者，它是否如我所想的那样，是在用语言、论辩等心智手段，积极地尝试重新描述诗人深陷其中的痛苦？我认为，包括本诗在内的此类诗歌并不是想要发明或定义某种极限体验，而是在这种体验降临之时去对付它、塑造它、战胜它、改变它、实现它，或者只是想靠思想来保全自己。

    除此之外，这首诗有一个难题：它没有如它所承诺的那样，给我们完整地描绘出"我尝试思考"的过程。诗歌开头的过去式似乎是在安慰我们，让我们期待这个问题的明确解答，可直到最后我们也没有得到什么答案。这首毫不妥协、令人不安的诗歌没有一个辩证式的结局，没有以"然后孤独对我绝望/并出乎意料地消失了"为开头的末章。它有着跃跃欲试的开头，却以一幅痛苦而静止的画面，以无力的"几乎"挣扎收场。当然，此刻还有一个东西仍在运动，那就是思想本身。可在这首诗中，思想不是冷静耐心的、观察敏锐的、善于分析的、沉思静想的和能言善辩的，而是颇具创造性的、顽固的、注定无法解脱的。

    诗歌的开头是一连串快速掠过的思想（第1—6行），然后是一段显得离题的、几乎像聊天一般的评论，速度也随之放缓下来（第7—11行），最后以两段节奏均衡的叙述性诗节结尾（第12—19行）。虽然这种快—慢—均衡的节奏在韵律上显示出平衡与秩序，但就理智与情感的层面而言，这首诗却充满了飘忽不定与躁动不安。诗的叙述者想要发现这样下列充满焦虑的词汇，以及这些词汇在各种其他事物中延伸的限度："尝试思考""探寻""借来""枯槁的安慰""抓握""拉扯""撬开""几乎挣扎""勾""或许"。在这一组犹豫、急切而模糊的词语中，没有任何形而上学的自信。

    当思想"尝试"思考时，它究竟做了什么呢？这首诗的第一行告诉我们，它想用"事物"这个范畴来捕捉和定义孤独。在这里，与在"希望是有羽毛的事物——"（Fr314）这首既清晰又神秘的诗中一样，狄金森所采用的是一种假设实在（hypostasizing）的手法，这种手法让思想得以借语言初步触及本来难以言说的孤独。随后，叙述者试图为被思的"事情"寻找一个更加清楚的名字，在此我们马上就能发现，一方面，为思想命名与编目在严肃的思想试验中是多么重要，另一方面，孤独感又是在多么强烈地抵抗着作为主格的语言。在寻找意象表达的理性的约束之下，心灵临时产生出两种颇为古怪的说法（第 3—4 行），这是两种尝试，即两种更清晰具体的事情：一个是"某种极地的悔罪"，另一个是"骨子里一个征兆／预示死亡兀然迫近—"。思维活动的这两个成果差异鲜明，却又似乎在暗示着什么，它们一上来就让跃跃欲试的思维停滞在二者令人费解的并列之中。

它们之间有什么关联？它们是如何帮助叙述者思考的呢？首先，"某种反向的悔罪"告诉我们，心灵从事的是一项传统而孤独的事业，是在自我区分、自我异化、自我贬低的自省中进行的清理活动，这个活动的结果是某些属于自我的部分被排斥和抛弃了。这不仅比思考一个孤独的事物更加精确具体，而且更加有目的性、宗教性、伦理性、习俗性，更加具有自我导向性，这一切都显示了特定的文化力量对尝试思考这一行为的压迫和控制。要不是有"极地的"④这一寒冷刺骨的形容，悔罪或赎罪或许确实是一件令人慰藉的事情，虽痛苦但有用。可是叙述者用双关的方式将极地远航、极地探索与救赎联系起来，从而突出了其事业在内涵上的不可宽恕性、诗史性、冷峻性，以及作为文明与自然世界的界限的特性。

简单来说，"极地的悔罪"表达了这样一种感觉：某人被从自然环境、文化与自我中彻底地、痛苦地剥离出来。随后对这最孤独的事情的第二种认识补足了、提升了，或者也可能是取代了第一种；它不再是回顾性的和内向的，转而成为预见性的：一种"骨子里一个征兆／预示死亡兀然迫近—"。这一预兆与其说是观察到的或想象出的，不如说是感受到的；突然间，死亡似乎在时间（叙述者感到她的死亡即将来临）和空间（其他死去的鬼魂就在她身边）两方面都迫在眉睫。这样的感觉同样也是自我异化的，但已经不再是一种驱逐。人不会像做考察、分析或者忏悔过去的行为那样故意制造征兆。"骨子里"关于死亡的征兆是出乎意料的、从外部获得的并且是有待解读与阐发的。

诗歌提供了救赎与预兆这两种截然不同的选项，这或许表明本诗其实是带有游戏性质的一次试验，是关于一个孤独的女人在思考孤独时究竟能思考到什么程度的一场孤独的游戏。然而我十分关注诗人是如何做出这两个隐喻的，我认为，它们所表现的思考尝试其实无比严肃，她是在试着思考一种在其文化语境中从未被说出过的思想。这一创造性的心灵活动因诗句中那些非特指的冠词而变得十分鲜明："某种极地的悔罪""骨子里一个征兆"。第二种孤独是因自我思考死亡而感受到的非理性的、不可测算的、向外蔓延的孤独，它被处在"悔罪"中的自我感受到的理性的、可测算的、自我定义的孤独所补全——当我们将两者放在一起思考时，或许应该说是有所加强。总的来说，这些属于不同极端的比喻和意象实际上反映了想象力的无畏尝试，它试图将骇人的孤独带入理性之中，并找到能够产生孤独的一系列基本的可能条件：它们浮光掠影般地展现了自我被冷酷地从过去（通过悔罪）、现在与未来（步入死亡）中剥离的情形。

虽然这两个比喻给两种最为自我否定、自我消灭的思想命了名并将其实体化，但它们依然只是一种语义上的替代物,它们知道,自己不过是叙述者在攀登思想那危不可攀的山峰的途中临时歇脚的简陋驿站而已。进一步来说,更为深刻的困境在于不论叙述者多么努力用出色的、简洁的隐喻把痛苦表达出来,痛苦本身一点都没被减轻,而这就是她接下来试图要做的。在创造出上述虽不稳定但颇具生成性的意象之后,她竟然向前一步,进入到与自己相似的灵魂的死亡世界之中:"我曾探寻过不可挽回的事物/借来—我的另一个复本—"。由于她的这个复制体也被形容为是被"被天国之爱—忘却—",故而这里的中心思想是有个已经死去的人也像她一样,被上帝拒斥于天国之外。动词"探寻"表达了一种试探性的、没太有把握的积极心态——后面我们会看到,"我可否取用你,诗人问"(Fr1243)一诗也是如此——因为叙述者并非"无目的的探索",也不是自信的"把握"。

至此,我们才首次清楚地明白,叙述者尝试思考的那个"更孤独"的观念或感受不仅是实际存在且难以言表的,它也带给她灾难,使她处于一种在本体论上被疏远和隔离的状态。将稀有而独特的孤独视为上帝的忘却,这样的观念在狄金森那里经常出现,比如1850年她给亚比亚·鲁特的那封充满怜悯之情的信中:

> 你从前肃立在墓旁;在温馨的夏夜,我徒步走过那里,念着碑上的名字,寻思来年有谁能给我同样的缅怀;我从未安葬过朋友,也忘了他们终将辞世;这对我来说是第一次折磨,的确令我不堪承受。对经常承受丧亲之痛的人来说,家不复存在,他们与朋友的交流仅仅存在于祈祷之中,他们一定有无数盼望,但未得安宁的灵魂除却上帝便一无所有,此时这些灵魂的确孤寂。春天将至,我不信会有明媚的阳光,会有欢鸣的鸟儿。(L35)

在"我曾尝试思考一种更孤独的事物"中,借用自己的"复本"或设想一个与自己同类的"不甘心的灵魂",是为了减轻无信仰者所特有的孤独而故意使用的技巧。这一心灵复制的主要目的是尽最大可能从虚无中创造出一个假想的共同体。对于处在这个弱势思想(weak thought)占主流的时代中的某些后现代读者而言,这明显是一种披着反慰藉(anti-consolatory)——或许正因如此才显得可信——外衣的慰藉;一个自我思考着另一个虽不在场却可想象的自我、一个复制的自我、一个双生的本体论层面上的孤儿,这样的思考至少让自我有机会知道自己之外的其他存在,有机会体验与他者之间的关系。在叙述者的幻想中明显缺席的是她自己社交圈中的人物以及她所阅读的书中的角色。

跃入全然无知无名且仅仅是被假设出的他者之中,这还不能完全说明诗中所用方法,但它确实是有建设意义的说明。它是进一步尝试思考的基础和前提,而且从它之中,不知缘何,一种"枯槁的安慰涌起"。这一宣告打断了此前一直使用的过去式,在这里叙述者没有讲述她曾经感到过什么,转而宣布了一条一般原则,正是这条原则推动诗歌进入当下的思考,甚至可能将这种思考普遍化了。(当然,为了感受"枯槁的安慰"并借它减轻痛苦,读者必须也要被"天国之爱—忘却"。)然而原则般的内容并没有被明确表现出来。

困难在于,"在思想的抓握之中"(Within the Clutch of Thought)这个短语相当具有歧义。它的意思也许是"可由思想通达",也许是"在思想的能力之内",要么就是"仅仅由思想构成，仅仅是幻想"。这种含混性对叙述者是重要的也是痛苦的，每人都可以轻易将诗歌的轴心置于其上：由于不可能知道自己的复制体"居住"在何处，人便必须（尝试着）无条件地相信它。本诗与浪漫主义式的悲喜结伴逻辑的区别就在此处：这里体现的是一种更加绝望、自相矛盾，甚至有些自暴自弃的意识，它为了得到安慰而伪造安慰的来源。

　　诗的最后两节是充满忧虑不安的尾声，它将前文提及的两种可能性做了讨论，并试图在先前思想的基础上继续做一些有建设意义的事情："我曾拉扯我们的隔板"。这个区别将叙述者和她想象中的复制体分隔开来，是一条不可见的、神秘的、绝对的界限：是生与死之间的界限。至关重要的是，这里说的是"我们的"区别，而不是"那"区别，集合名词的使用很好地体现了叙述者思想的固执，表明她不愿意放弃自己捕捉到、创造出的小到可怜的共同体。"对话中的我们"——被幻想出的、虚弱的灵魂之间的交流——就这样形成了，她们之间的区别既是活着的、思考的、尝试的意识与被设想出来的、死去的孪生子之间的桥梁，也是两者之间的壁垒。

　　从我们之前讨论过的狄金森式的意义上来看，这首诗歌想要达到的是一种非常极端的唯我论状态（solipsistic condition）。在物理与视觉层面上的"攫住区别"只会让我们更清楚一点，即真正越过壁垒，抓住区别是不可能的。这里的意象与狄金森使用过的其他意象一样，是针对那些令人难以忍受的状况作出的勉强而不自然的回应，它充满了焦躁不安，反映出的更多是狄金森的失败而非成功。人们可以想想"当然——我祈祷——"（Fr581）中那只绝望的、"在空中"跺着脚抗议上帝的冷漠的鸟儿。"就像一个人要撬开那墙壁——/隔在他自己——和恐怖的孪生子之间——/在两个面对面的囚室——"，这段比喻记录的便是叙述者的徒劳无功。人若想体会这种徒劳，只需设想这样一幅画面：一个人虚构出自己某个死去的"复制体"，并向空中伸手去尝试攫住他（与张开手这类充满希望的手势正相反）。

　　如果说叙述者的动作其实是心灵活动的隐喻的话，情况仍然令人不安；与此相对应，就像探寻无法挽回的事情，以及"借用"自己假想的复制体创造出心灵的三重唱一样，"攫住"这个行为也充满了绝望——如果把那深不可测的孤独比作恶疾，那么它们就是孤独的症状。实际上，这首诗的感染力全在于读者是否愿意辨识出那灰心绝望的思想并跟随它活动，看它想要做什么，想要去哪。或许有的读者会拒绝，有的读者认不出或不相信有这样极端的孤独，只要有人真正信任狄金森，他同样会深深陷入这样的试验中去。

　　试验的结果是一种非常后现代的情形，是两个被上帝抛弃的灵魂。这比贝克特的《等待戈多》更加令人战栗，因为《等待戈多》的环境氛围虽然阴暗压抑，但剧中那两个被疏远隔离的角色至少拥有真正的交流和一片物理空间。由于在狄金森所想象的隔离中，一个人是活的而另一个仅仅是幻相或已经死去，诗最后一节的任务便是描述活着的叙述者如何接受了这个小得不能再小的、监狱一般的共同体，甚至甘之如饴，乐在其中：

> 我几乎挣扎着去勾他的手，
> 它便变成了——如此奢望的愿望：
> 就像我自己——会怜悯他——
> 他或许也会——怜悯我——

互为镜像的双生子只能凭借幻想中的相互怜悯而与彼此联系，但不知怎么，这无奈而悲伤的幻想让叙述者觉得是"如此奢望的愿望"。我们可以看到，最初，"尝试思考"的目的就是编制一出有关一个虚幻的共同体的心灵戏剧，并且使它可信、易懂，从而使孤单的思想获得安慰。而这奢侈的感觉，对人类普通琐事的敬畏，抛弃了由进行试验的思想自身带来的自信；其实反复阅读这首诗后，我仿佛能听见在最后一节中有一个被省略的短语"如果思考"："我几乎挣扎着去勾他的手，/［如果思考］—它便变成了—如此奢望的愿望：/就像我自己—会怜悯他—/他或许也会—怜悯我—"。我认为这首诗所讲的东西、诗人所思考的东西就是它，或者至少是诗人试图思考的东西。因为尽管用的是过去式，它必然是一种脆弱的状态，是一种暂时的胜利：玄想一个死去的复制体以求得安慰，这能持续多久呢？这样的思想试验如果进行到最后，难道不会加剧孤独，令人陷入比之前更加难以忍受，更加难以描述的孤独中去吗？

就像这首诗一样，在狄金森所有尝试思考的诗歌中，我们都难以确知她最后是否，或至少自认为，成功地思考到了她想思考的东西。我们知道的只是在这些诗歌中，她所创造的叙述者表现出了帮助或拯救自己的努力，并借此来帮助或拯救自己。这类有所尝试、有所实践的诗歌同样邀请我们参与进去，重复她关于思想、超越思想的思考。不过在阅读"我尝试思考一件更孤独的事物"时，情况却相当反常：我们参与了，结果却受到那深不可测的孤独的威胁。

如果说"我曾尝试思考一种更孤独的事物"是一种培根式的思想试验，是诗的叙述者对人类本性的追问，是她为了探索、表现和分析本体论层面的与情感层面的极端状况而致力于进行的尝试，那么"我可否取用你，诗人问"则分析了思考与写诗间的关系。这首诗不像坡（Edgar Allan Poe）的《创作哲学》那样把诗歌创作的每一步都还原为理性主义的科学，也不像勃朗宁夫人（Elizabeth Barrett Browning）的《众诗人的幻象》那样完全不涉及创作问题，它把选词炼字描绘为在思考与写作的进展中最核心的矛盾与悖论。这首诗不仅戏剧化地展现了诗人思考词语与思想的情形，也是异文诗学（variorum poetics）的出色范例——如同一种辩护或者图解，这让她在后现代领域中广为人知：

> 我可否取用你？诗人问
> 那个被提出的词语说，
> 请在候选行列静候
> 直到我再好好试过
>
> 诗人翻检文献
> 正准备按铃召唤
> 那个被悬置的候选词
> 来了个不召自来者—
> 这一份幻象

　　　　那词语曾申请填充

　　　　天使自会揭示

　　　　不待提名——

　　这首"尝试思考一个词"（try-to-think-of-a-single-word）的诗由过去时写成，有着明显的叙事线索。除此之外，以下几个特点让它具备了史诗感与戏剧感。它以从中切入（in medias res）⑤的手法开头，诗人的心灵剧场一上来就展示了这样一段情节：他或她正处于选词炼字的高潮时刻。一个孤独的、发号施令的、进行创造的意识与一个"词"（word），开篇使用这样的意象很自然地让我们联想到《创世纪》中的万物未生时的原始场景："太初有道（Word），道与上帝同在，道就是上帝"，让我们像是在读狄金森的《钦定本圣经》（King James Version，1：1）。在这之后，诗歌表现的是对一个词的热切追寻，如同追寻可望而不可即的圣杯，最终则以一个新的"幻象"（Vision）作为机械降神（deus ex machina）⑥结束全诗。由于这首诗自涉地描述了诗歌创作的具体情形，这很容易让人想到：这首诗本身就是它所讲述的故事的来源。然而，诗中一个词与一位诗人的邂逅虽然无比具体，其实却有着巨大的象征意义：在这出戏剧里，有的不是某个诗人、任意诗人或某诗人群体，而是"那诗人"；有的不是某个词、任意词或所有词，而是"那个词"。叙述者仿佛是在用一首诗的写作和一个词的选择来指涉，如果不是解决的话，一些更抽象的问题，比如文章如何从观念走向物质，从无形式走向有形式，从混沌走向秩序，从灵魂走向形体，从不确定走向确定，从多样走向统一，从思想走向言说，从私密走向公众。

　　上述元素使得这段诗具有了神话般的、以英雄为中心的、以冲突为动力的整体风格。了解了这些，并参考狄金森手稿中词语的修改变更，在此我将重新阐释并重新叙述这首诗。我将跟随叙述者——诗人的行动，在困难的条件下尝试进行思考与自我观察，即给思想寻找词语表达，而这首诗的主题恰好就是"给思想寻找词语表达"。我会使用本诗所暗示的叙事和语调以便参与到叙述者的思想中去，进而与之对话并清晰地揭示出潜藏于诗中的部分问题和逻辑。

　　　　一开始只有那诗人与那词语。诗人不知道词语从何而来，但它就在那里，并热切希望成为她创造的诗歌的一部分。她仔细揣摩这个候选的词语，但就像之前发生过很多次的那样，她不能确定这就是最好的一个。所以，她客气而坚定地请它在她认真斟酌时与其他备选词一起等待，但没有解释原因。随后，为了找到更多候选者，她查阅了参考书、语源学词典、地名索引、报纸、历史读物、诗集等等。她查遍它可能栖居的场所，有时绝望地胡乱翻找，有时按部就班地认真搜寻，只为找到那最好的词，如果它真的存在的话。这样的查找徒然无功，因为她找不到其他词语比被她搁置在那儿的词更加出色。她决定放弃搜索，但又想把这首诗完成，于是她勉强拿起铃铛，准备摇响。

　　　　就在这时，出乎意料而美妙绝伦的事情发生了：先前启发了她灵感，引导她前进的幻象突然变得更加清晰，更加明亮。诗人仍旧不知道这一切的缘由，不知道这崭新的幻象从何而来,也不知道它为何在此刻降临;在她比较和筛选备选词语时,她完全没注意到这个幻象。难道搜寻新词的漫长旅途不知不觉地改变了她的思维,并在某种程度上改变了她的幻象?她这样猜测。不,这看起来不太对,因为焕然一新的幻象只是在搜寻词语的尝试失败之后才出现。但是为什么这种失败会产生新的幻象呢?难道是因为,这失败要么教训了她尝试表达不可言说之物是不可能的,要么教训了她尝试找到不存在的词语是不可能的?最终她意识到,这幻象根本不是她思想的产物。它似乎降自天国。她不能解释,只能见证幻象变化这一奇迹的发生。

上述阐释凸显了几个问题:为何"不召自来"(come unsummoned in)的"那部分幻象"成了那个候选的词语试图填充的东西?为何在诗人将要摇铃唤来那不令她满意的候选者时,"幻象"才更新自己?是幻象辩证地改变了自己去适应词语吗?还是说,在词语没有使"幻象"受精的情况下,它便靠单性生殖成长发育,在成熟后出现在诗人的心灵之中?诗的叙述者留下了诸多悬念令读者迫切希望知道答案,却又坚决不肯告诉读者诗歌创作到底是一种"探索"(discovery)还是"发明"(invention),即那个更新的幻象到底是不是"尝试思考"的直接产物。这里没有犯"把前见视为事因"(post hoc ergo propter hoc)的谬误:我们能说的只是,一个人在搜寻一个词,然后幻相就出现了或没出现。

为何像狄金森这样有经验的诗人——到这时她已经写了1 200多首诗——在写一首关于词语选择的诗时,竟然没写出一点积极的或有建设意义的东西来呢?答案也许就藏在那由词语、诗人和幻相三个中介角色共同出演的戏剧里,它们均在思想与写作之间斡旋。词语被人格化为正在求职的候选者,有消隐自己或突然出现的能力,因在某处被诗人"提出"而出现在她面前。幻象表现得像一位荷马式的神灵:它强硬专断且变化无常;它总是"不召自来",突然从虚空之中闪现,难以看出其行动有什么规律。作为中介的诗人有搜查、探寻、选取、拒绝、搁置词语的能力,但在幻相面前她却无能为力,甚至不知道它是如何指导自己创作的:当在文献(philology)中查找自己需要的词时,她都没有清楚地提到过它,咨询过它。这个诗人不像被西方传统所推崇的上帝般的艺术家,她既不是在理性掌控之下的传统手艺人或词匠,也不是浪漫主义式的独特自我表现的源头。正相反,虽然一开头诗人表现得如同万能的上帝,后来却被发现不过是个奋力挣扎的、就思想而言处于弱势的、不停翻找词典的、后现代式的异文—意识(variorum-consciousness),在词语和幻象之间显得无比被动,局促不安。

这首诗关注的是两种时间性,明白这一点有助于理解诗人在创作时那含混暧昧的境况。第一种属于转瞬即逝的刹那:诗人处在某个特定的时间点上,为了某首特定的诗歌选择下一个要用的词。由于这个活动既可以不需要时间(对诗人的思考没有需求),也可能需要比一辈子还长的时间(极度需求),第二种时间性就比第一种更长,甚至可能达到无限。就像尼采所言的自我创造一样,写作也可被视为一种不断进行的、具有偶缘性的、处于被期望之中的活动,而这种认识因诗歌对以下问题缄口不言而愈发显得正确:诗歌如何开始和结束?为什么如此开始和结束?作诗用了多长时间?被搁置的词语本身有什么问题?由是,"我可否取用你"就成了芭芭拉·赫恩斯坦·史密斯(Barbara Herrnstein

Smith)所提出的诗歌结尾分类的大胆例证:诗一开始,"诗中之诗"就早已在进行中了;结束时,它余下的部分还没有被完成。我们根本无法确定在"框架的"(frame)书写与"内嵌的"(embedded)书写之间有什么同一或差异之处。

在手稿的时空极限里思考与创造,依赖于变幻莫测的神圣的幻相,被这样描述的诗人通常不会对仅仅差强人意的词语感到满足。当读到被"提出"的词与其他"备选者"在一起"静候"时,我们一定会忍不住想看看诗的手稿。它们确实都静候在那里,同样地(不)在场,同样地(无)权威,相互补充,相互竞争,在音律上也完全等价:它们就是这首诗的备选者,是我们正在读的这一首,而不是我们正在读的诗所讲的那首。

因此,"我可否取用你"这首诗本身就成了一个被提出的思想,成了对思想之思想的抒情描述。它对词语选择的密切关注引出了我们将在下面三章集中讨论的几个问题:狄金森的词汇从何而来,她又如何使用这些词汇? 那个诗人为何要去翻查"文献"? 这首诗的语言拉丁化如此明显,用语如此雅致丰富,多音节词和过去分词如此之多,这是否是个巧合? 在其他诗歌中,狄金森对"文献"这个词的使用表明它常常被用来借指不重要的信息,在这首诗中它也同样显得无用且无力。手稿上的修订和变更表明,诗人可以探寻词语(即有目的有方法地寻找和分析它们),也可以搜索它们(即在材料中随意漫游),甚至也可以尝试"更好的"方法,但所有这些都没有给诗人带来什么长处或优势,与"祈祷是件小工具"(*Prayer is the little implement*)(Fr623)中从天国掷下的话语相比,对于她建立与"幻象"间的直接联系,它们同样无能为力。

就像散文和理性思维的局限所带来的失落感那样,无力的文献材料带来的失落感似乎也是刺激狄金森进行诗歌创作的必要条件。诗歌的叙述者的行为让我们清楚地看到,即便她需要的东西只能"不召自来",她的习惯、天性和首先求助的对象仍然是阐释学意义上的[7]:去阅读,去搜索她继承的语言遗产。虽然对于这些做法为什么会产生或增强降临于她的幻相,她无法做出合理的解释,但作为一个培根式的思想者、观察者和试验者,她通过多年的写作经验证明这确实是一种可靠的模式。所以不论创作这一首诗还是创作下一首诗,她都会去翻查"文献"以期有所助益,她相信只要这样做,幻相就会神秘地变化或现身。她持续不断地将赌注投在阐释学原则之上,投在文献的力量之上,以求奇迹般地做到更全面更完美的重塑。这也激励着狄金森的读者去理解以下这三个阶段:探寻诗人获取词语和观念的语境和方式;失望地发现,无法以现有词汇表达和重塑"幻象";在如此这般的"尝试思考"之后,诗歌诞生。

注释:

① 本文选自 Jed Deppman. *Trying to think with Dickinson* (University of Massachusetts Press. 2008)第二章。限于篇幅,有删节。译文经王柏华老师逐句细心修改并审订,文中所引狄金森诗歌皆由王柏华翻译,特此致谢。

② 书信编号引自《狄金森书信全集》(Thomas Johnson & Theodora Ward. ed. *The Letters of Emily Dickinson*. 3 Vols. Cambridge, MA: Harvard UP, 1958)。本文所引书信分别参考了蒲隆和康燕彬的中译本,不再单独加注。《狄金森全集》卷 4,蒲隆译,上海译文出版社 2014 年版;《狄金森书信选》,康燕彬

译,人民出版社 2014 年版。

③ 狄金森诗歌没有标题,通常采用首行作为标题,Fr 为狄金森诗歌的权威编者富兰克林(Franklin)的缩写,数字为狄金森诗歌的通用编号,见 R. W. Franklin. ed. *The Poems of Emily Dickinson*. Reading Edition. Cambridge, Ma:Harvard University Press, 1998.

④ "极地的"原文为 polar,亦有"反向的"之意。

⑤ In medias res 是史诗与戏剧的常见叙事技巧。这个说法最早见于贺拉斯《诗艺》,指的是从故事中间开始叙述。《奥德赛》《埃涅阿斯纪》《尼伯龙人之歌》等史诗均以此手法开头,同时也被后世的戏剧如《哈姆雷特》等广泛借鉴。

⑥ Deus ex machina 源于希腊戏剧,指的是用机关将扮演神的演员送上舞台以解决剧中难以解决的矛盾,如欧里庇得斯的悲剧《美狄亚》的结句。与 in medias res 一样也被后世戏剧广泛借鉴。

⑦ 阐释学认为想要进行理解与解释,离不开阐释者本人的前理解。前理解分为几个层面,其中一个极为重要的层面就是阐释者所处的语言文化背景与以往的阅读经验,本文或许就是在这个意义上使用"阐释学"一词的。

相关链接: Jed Deppman,男,美国欧柏林大学(Oberlin College)比较文学系和英语系教授,比较文学专业负责人,美国狄金森国际学会副会长。研究方向:美国诗歌、文学理论。代表作:《文本发生学:文本与前卫文本》(*Genetic Criticism:Texts and Avant-Textes*. 2004)和《与狄金森一起尝试思考》(*Trying to Think with Emily Dickinson*. 2008);编著《狄金森与哲学》(*Emily Dickinson and Philosophy*. 2013)等。

(任继泽,男,1993 年 9 月出生,复旦大学中文系文艺学硕士在读,曾任"奇境译坊"副社长,目前主攻德国古典美学研究)

变革抑或回归:重思诺贝尔文学奖的理想主义倾向[*]

——从鲍勃·迪伦凭"歌诗艺术"获得 2016 年诺贝尔文学奖谈起

◎ 张　艺

摘　要: 鲍勃·迪伦是历史上首位词曲创作人摘得诺贝尔文学奖桂冠的杰出文化人物。他的获奖在学界和艺术界激起了最激进、最广泛的评论。大家大多质疑他作为"民谣歌手"的身份是否有资格参加诺贝尔文学奖的竞争。我们认为,不是鲍勃·迪伦需要诺贝尔文学奖,而是诺贝尔文学奖需要鲍勃·迪伦。鲍勃·迪伦的文学史价值在于修复了"诗"与"歌"相互关联的传统。鲍勃·迪伦获奖,一方面反映了诺贝尔文学奖的观念变革和边界拓宽,文学与音乐的联接再次得到世界文化的重视;另一方面也反映了诺奖评审们很想通过对鲍勃·迪伦的作词给予"诗意"的评价,肯定其对美国社会文化所做出的杰出贡献。一个民谣歌手成功闯入诺贝尔文学奖的高雅殿堂,甚至使得传统"牛津大学诗歌教授"席位因他而易位。我们在此想严肃探讨其凭借"歌诗艺术"获得诺贝尔文学奖是文学门类的革命抑或文学理念的回归? 其艺术对诺贝尔遗嘱中规定的"理想主义倾向"的回应,是"媒体诗人"的开创抑或传统文学的挽救? 在此基础上,我们提出来,在中美文化、文学交融与合流发展的语境中,通过研究"外国迪伦学"的发展动态建立"中国歌诗学"。

关键词: 鲍勃·迪伦　"歌诗艺术"　诺贝尔文学奖　"理想主义倾向"

2016 年 10 月 13 日,一年一度的诺贝尔文学奖揭晓。这一年诺奖的遴选结果,在诺奖历史上有着跨时代的意义。因为文学奖第一次颁发给了一位词曲创作人,可谓是史无前例。在瑞典文学院宣布鲍勃·迪伦(Bob Dylan)获奖的重磅新闻之后,美国人不无幽默地打趣道,"选迪伦做诺奖得主,就像选川普当总统一样,大家都没有想到。""一石激起千层浪",在学界和艺术界激起了最激进、最广泛的评论;究其原因,多半还是与迪伦众所周知的"民谣歌手"的身份有关。迪伦真的是多年前《华盛顿邮报》在一篇书评中所形容的"一位化装成荡秋千演员的诗人吗?"大家质疑着,一个民谣歌手为什么能够突然闯进这个精密运行的系统之中? 瑞典文学院给出的理由是,迪伦"在美国歌曲的伟大传统里,创造了新的诗意表现手法"。该学院成员韦斯特·贝里赞扬迪伦"可能是最伟大的在世诗人"。而苏格兰小说家韦尔什则表示:"我是迪伦的粉丝,但音乐与文学截然不同,我感到愤怒。"瑞典作家斯文松则称,瑞典文学院"为取悦群众而颁奖给迪伦。"[①]

---

* 本文获江苏省哲学社会科学第十一届学术大会优秀论文二等奖(编号:JSSKL2017WS050)。

"歌手与诗人做同样的事却形同陌路，全世界均是如此。"②迪伦与其他民谣歌手不同的是，他的艺术生涯中，音乐一直与文学结合。首先，他属于那种"能写能唱的创作型歌手"/"写歌者"（song writer），与科恩同为英语文学中"歌唱的诗人"的两位公认领袖；其次，他的演唱方式更像是吟诗，他的歌最吸引人的地方是歌词，很多人喜欢听他奇妙的词句。而他的歌词，实际上是一种"歌诗"（poems set to music）："诗写得像歌，歌写得像诗，歌诗一体"。③鲍勃·迪伦本人似乎更看重自己作为诗人的文化身份。他宣称，与其说自己是作为一个音乐家而获奖，倒不如说是作为一个诗人而获奖："我觉得自己先是一个诗人，然后才是音乐家。我活着像是个诗人，死后也还是个诗人。"④可是，另一方面，他何尝不是以自己的方式诠释着关于诗歌本身的种种观念和对艺术流行的理解。对于他在音乐与文学之间的任意游走，中国台湾诗人、音乐人钟永丰曾这样评价鲍勃·迪伦的作品："他超越了美国民谣的地域性与本位主义，将其观照拉大至国际主义的视野，鲍勃·迪伦吸收、回应现代主义文学的能力已远远超出任何流行音乐的范畴。"⑤其实，2008年的普利策奖已经提醒了我们很多事情，比如像很多批评家指出的那样，鲍勃·迪伦不单是一位出色的音乐家，其歌词的文学性亦体现了其作为诗人的才华，值得时代关注。我们认为，音乐与文学绝非截然不同，鲍勃·迪伦的文学史价值就在于修复了"诗"与"歌"相互关联的传统。诺贝尔文学奖得主重视文字语言与音乐语言的关系问题，在诺贝尔文学历史上实际上已是有迹可循。2003年南非作家J·M·库切在获得诺奖之后的一次访谈中，就曾说过，他觉得很奇怪，为什么艾尔弗莱德·诺贝尔不设立一个音乐奖。他认为音乐更具有普遍性，因为人类有不同的语言，却有想通的音乐。而文学也总是要局限于某一种特定的语言。作为不同的艺术表现形式，文学和音乐从不同的方面给人类艺术的美感。音乐与文学可以共生，"歌"与"诗"自然更能互融。库切认为另一位1987年的诺贝尔文学奖得主约瑟大·布罗茨基对诗歌的讨论已经从语言的层面提升到音乐的层面。他在评论中探讨了布罗茨基对于诗歌具有的那些力量似乎更多地属于音乐而较少属于诗歌的观点，认为，与诗相比，时间更为明显地成为了音乐的媒介。鲍勃·迪伦是否有特别留意过库切的评论，在他的传记和公开访谈中，我们还没有找到相关的证据。但是，迪伦的歌诗艺术事实上就是循着库切和布罗茨基提出的"路子"继续前进的。迪伦并非是诺贝尔文学奖的"异类"；与之相反，他实际上是继承着在他之前获得诺奖肯定的数位得主的"未竟的事业"；当然，他站在了一个自己具有独特优势的领域——歌诗艺术。到去年鲍勃·迪伦在诺贝尔文学奖提名候选人里凭这种将音乐与文学相融合的艺术斩获奖杯，库切的"奇怪"总算是变成了现实，布罗茨基的预言得到了证实。一方面反映了诺贝尔文学奖的观念变革和边界拓宽，文学与音乐的联接再次得到世界文化的重视；另一方面也反映了诺奖评审们很想通过对鲍勃·迪伦的作词给予的"诗意"的评价，在肯定其对美国社会文化所做出的杰出贡献的同时，提醒我们思考早在1895年诺贝尔写在遗嘱中的寻找"在文学方面曾创作出有理想主义倾向的最杰出作品的人"，到底什么样的作品才能被称之为"有理想主义倾向的"？

在有些人看来，鲍勃·迪伦获奖是向金斯堡等前辈诗人的致敬。金斯堡本人也回忆道，他从印度回到美国西岸那会儿，有人给他放了张唱片，当他听到鲍勃·迪伦的《暴雨将至》，他哭了出来："我被他的修辞镇住了，这些诗词简直就像《圣经》箴言一样，撼动人心。"⑥也就是金斯堡和另外一位采访迪伦多次的英国记者于 1996 年根据诺贝尔奖委员会要求筹建了"提名鲍勃·迪伦小组"，随后更多学界权威加入该小组。同年 8 月，由来自弗吉尼亚军事学院(VMI)的英语与美术教授戈登·鲍尔(John Bauldie)代表竞选委员会为鲍勃·迪伦正式提名诺贝尔文学奖。他向媒体宣读了金斯堡的推荐信，而他自己的正式提名信现在则被广为引用："虽然他(迪伦)作为一个音乐家而闻名，但如果忽略了他在文学上非凡的成就，那么这将是一个巨大的错误。事实上，音乐和诗是联系着的，鲍勃·迪伦的作品异常重要地帮助我们恢复了这至关重要的联系。"⑦可以看出，这篇提名信在另一语境下谈到了音乐与诗歌的联系。

至于说把诺奖颁发给鲍勃·迪伦是不是"取悦群众"，一则严肃的学术趣闻足以回应质疑。创立于 1708 年的"牛津大学诗歌教授"，是个奇怪的职位。被选中的人，任期五年，只需一个学期做一次演讲。一年做两次评委。工资也极低，每年五千多英镑，抵不上正式大学教授的十五分之一。每次演讲费仅 40 英镑。但是这个职位已有三百年的悠久历史，地位崇高，影响力极大。每次任命也很有戏剧性。牛津校友均可投票，到场选举，当场开票。不难明白，"牛津群众"选出的往往都是著名诗人，而不太会是诗论家。爱尔兰诗人希尼，在获诺贝尔奖之前，就任过此职。本届荣获此职的，却是一位年过七旬的著名学者克里斯托弗·瑞克斯(Christopher Ricks)。此人一直在英美名校任教，满腹经纶，著作等身。这位鸿儒赢得牛津校友绝大多数票，从五名候选人中脱颖而出，荣获此职。他刚出版了一本研究美国"民谣摇滚"歌手鲍勃·迪伦的大部头著作《迪伦的原罪观》(Dylan's Vision of Sin)，就是因为这本著作，一位老年歌词研究者，才被选为新科牛津诗歌教授，这件事成了英国文化界一大新闻。如果说瑞典文学院"为取悦群众而颁奖给迪伦"，至少也是在取悦著名的"牛津群众"。我们知道，瑞克斯教授一向是文学界保守阵营的中流砥柱，毕生致力于弥尔顿、济慈、丁尼森、艾略特等一些文学历史上地位崇高的诗人研究，奥顿曾赞美瑞克斯教授是"每个诗人都梦寐以求的评论家"。就是这样一位经典诗歌评论家却声称"歌词创作人"鲍勃·迪伦"足堪与最伟大诗人同列"："他是把诗歌从常春藤名校中解救出来的人"⑧。瑞克斯教授的言论或许在表明名牌大学的文化风向标在悄悄发生着变化。终于，这股新春清新的学术之风吹进了诺贝尔文学奖的殿堂。

这些年，我们也一直在谈论文学的声音之美、声音的传统。所以，当我们获悉 2016 年的诺贝尔文学奖桂冠是由一位民谣歌手摘得，我们丝毫没有感觉到意外。如果说鲍勃·迪伦荣登诺奖殿堂是"如同蒙召"；那么听到鲍勃·迪伦获奖消息的我们则是"十分释然"。确实也到了应该重视"音乐与诗歌"、"音乐与文学"议题的时刻了，作为第一个获得诺贝尔文学奖的歌词作者，鲍勃·迪伦的"歌诗艺术"不仅体现了在当今文化一体化、主流化、格式化的困境下，文学对异质性经验的追求。在我们看来，重提波西米亚风格，是诺贝尔文学奖评委们对自己青年时代的缅怀，在这个意义上说评委们完成了一次行为艺术。就连智利总统巴切莱特也说："很高兴迪伦获奖，我的青春回忆都与迪伦音乐有关。"⑨我们提出来，音乐家与文学家合作的鲍勃·迪伦，是凭他的"诗赋歌词"创作，使得歌词作为"一种体裁"实现了在中西文学史上长时期的"歌""诗"分途之后的一次"合流"，不登大雅之堂的美国摇滚音乐一下子遇到了古典中国的"诗与歌互融"的歌诗传统，用两种文明的话语来形容，是不入乐的"徒诗"被"歌谣化的诗"所取代。恰如鲍勃·迪伦的专辑《时代在变》（The Times They Are a-Changing）标题所显示的，"诺贝尔在变"（The Nobels They Are Also a-Changing）。与其说它的方向是崔健的摇滚名曲"快让我在雪地上撒点野"，不如说是竟然在向着古典中国的雪中红梅致意。作为研究者的我们，既要在诺贝尔文学奖研究与中国传统歌诗艺术研究之间"牵线搭桥"，同时要对文学观念的传统与创新、世界文学的理想主义高度等问题做出我们自己的思考。

一、"歌诗"艺术：文学门类的革命抑或文学理念的回归？

从 1964 年起，鲍勃·迪伦作为现代行吟诗人日益受到美国学术界的瞩目。美国诗人肯尼斯·雷克斯罗恩（Kenneth Rexath）在接受采访时指出："是迪伦首次将诗歌同民谣相结合。在欧洲自理查曼大帝时代就有吟游诗人首开口述文学之先河，而在美国是由鲍勃·迪伦首创。"⑩诗歌作为最古老的文学体裁之一，是一种基于简洁美感意义之上的文字表达，最早源于上古时代的宗教信仰、口述文学、神话传统、古典戏曲及古书经典等，是诗人对社会、历史、文化、经济、生活等不同形态的情感反映。不少语言学研究表明，诗歌最早就是用吟唱的方式表达的，诗歌在久远之前便与音乐有着不解之缘。而民谣，用鲍勃·迪伦自己的见解来说，是"一个更为辉煌的现实，它超越了人们所能理解的尺度，如果它呼唤你，你将消失掉，被它吸收进去。我在这块更多原型而非个体组成的神秘国度里感到很自在，这里人性原型被生动地描画出来，在形态上是超自然的，每一个坚毅的灵魂都充满自然的知识和内在的智慧。每个人都要求某种程度上的尊重。我对它坚信不疑，并为它歌唱。它是如此真实，比生命本身还要真实。这是被放大的生命。民谣是我生存所需的全部。"⑪在解释鲍勃·迪伦获奖时，诺贝尔文学奖委员会常任秘书萨拉·达尼乌斯（Sara Donnius）就曾说，"鲍勃·迪伦是一个伟大的诗人，承载着伟大的歌曲传统"。"如果我们回首历史，就会发现 2500 年前，荷马和萨福也写下本应配合音乐吟唱的诗作，我们现在依然在阅读欣赏荷马与萨福的著作，鲍勃·迪伦也是如此。"⑫鲍勃·迪伦将他的诗歌通过歌曲的形式展现出来，这与古希腊那些通过音乐表达的经典作品并无二致。奇妙的是，鲍勃·迪伦歌词的诗性品质与流行音乐的完美结合。他不仅如同被誉为"苏格兰之子"的罗伯特·彭斯一样，擅于主动继承 19 世纪初期确立的英国浪漫主义诗风，也同彭斯一样擅于利用苏格兰最宝贵的文学财产——民间歌谣；更为重要的是，他还首先最为有效地发现如何进行创新和变革。与民间歌谣的"不入流"不同，他的的作品虽然是让人"听"的，但完全可以把它们当作诗歌来"读"。

当艾伯特·格林斯曼给彼得·亚罗播放鲍勃·迪伦的《随风而逝》时，亚罗毫不怀疑自己听到的是诗歌作品，而他也并不认为这首歌运用的仅是简单的修辞手法："歌曲创作把握得恰如其分，这主要是因为鲍勃本身就是诗人，他引导人们触及他所提供的讯息的真实内涵。"⑬罗亚说，"就像真正的诗人那样，鲍勃已不再对所传达的讯息进行明确界定。"⑭"不透明性"被认为是诗性的特点之一。而被公认为"可被归入鲍勃·迪伦最优秀的作品行列"的《无数金发女郎》，克里斯多夫·瑞克斯教授也是一听就将这些歌词视为诗歌，并认为它们"不同凡响,暗喻真实。"⑮鲍勃·迪伦正是通过将歌词诗化与节奏布鲁斯等民谣音乐形式的紧密结合,在这种音乐形式的发展进程中迈出了至关重要的和更为深远的一步。通过这些努力,鲍勃·迪伦创建了"民谣摇滚",尽管这一词汇令人费解;他的意图却很明确,他在向艺术家们表明流行音乐也同样能够传达意义深远的主题。这便引发了流行音乐的变革。至此,民谣和布鲁斯已经给了他一个合适的文化概念,他还进一步将格里斯"摆渡"进入他的创作。随着他的心和思想被带到这个文化的另外一个空间里,鲍勃·迪伦在他"一生下来就拥有的文化"⑯与"世界上所有其他文化"⑰之间引爆了一场"狂热的诗人灵魂"⑱的音乐变革。他所引发的不仅是一场流行音乐的变革,而且在更深远意义上来讲,更是一场文学门类的变革。

美国迪伦学者杰克·麦克唐纳(Jack McDanaugh)曾指出,迪伦的诗歌是对"浪漫的、布莱克式的童贞时代的一次探索。"这句话道出了迪伦诗作和浪漫主义诗歌的深刻渊源。但它又不仅仅囿于传统,就像其偶像威尔士著名诗人迪伦·托马斯(Dylan Thomas)一样,迪伦的诗作受到现代主义的诗歌和浪漫主义传统的双重影响,浪漫主义诗风中渗透着现代主义的象征意象。迪伦的诗作证明了在信息交互纷繁芜杂的当下,在混杂的现代性中,人们对单一的艺术样式的不满,对文学门类变革的重新发现。人们对文学的关注和理解能力不仅已经随着文学的发展有所改变,而且还是对文学观念本身的重新思考。传统样式的诗歌承认歌词可以具有"非凡的诗性力量"⑲(extraodinary poetic power)在 2008 年迪伦获得第 92 届普利策文学奖时就被一向青睐高雅文学艺术的普利策奖委员会特别提出来了,这在美国文学史上是第一次;迪伦的支持者也反复强调迪伦与以前的行吟诗人一样,重新强化了诗与音乐的联系;提名者们一再强调迪伦与兰波、波德莱尔等精英诗人一脉相承的精神传统。但是整个诺贝尔文学奖的"知识秩序"之所以为迪伦洞开方便之门,"给这位摇滚诗人开出一块飞地"⑳,不仅表明我们赖以判断的知识系统发生了变化:近年来诺奖越来越呈现出解构自身的不确定性,前年就给了一个非虚构作家,似乎有向诺贝尔新闻奖演变的嫌疑;去年又有朝诺贝尔音乐奖发展的趋势。同时,诺贝尔在变,也和文学自身的解构有关。换句话说,诺贝尔文学奖语境下的文学范畴正在发生着剧烈的变化:文学与非文学的边界越来越模糊钱钟书先生曾对文体的扩充变化做过十分精要的论述,他说:"文章之革故鼎新,道无它,曰以不文而文,以文为诗而已。向所谓不入文之事物,今则取为文料;向所谓不雅之字句,近则组织而斐然成章。谓为诗文境域之扩充,可也;谓为不入诗文名物之侵入,亦可也。"㉑现代歌词文体的鼎立不仅是现代社会中"诗文境域之扩充"和"不入诗文名物之侵入"的结果;亦是歌词向诗歌本源回向,"歌""诗"融合,"歌""诗"一体的结果。我们探讨文学门类的革命,与其说赶上了鲍勃·迪伦得诺贝尔文学奖的时髦,还不如说时机早就在那里,问题早就浮出水面,这个论题早就需要做。艺术家应"能找到自己的表达方式"㉒,"诗歌应是即兴思维的产物"㉓。尽管迪伦本人从未直接谈到他的文学背景,以期从一开始就给人们留下这样一个印象:他从来就是位靠本能创作的民谣诗人。实际上,从六十年代初开始迪伦不断地阅读金斯堡等人的作品,并同金斯堡本人建立了深厚的友谊。迪伦承袭并重新再现了"垮掉派"诗人开创的所谓"诗—歌"相融为一体的传统。实现诗歌同音乐的融合,是"垮掉派"作家在五十年代中期竭力推崇的文学实验。当时,金斯堡同加里·施耐德(Gary Snyder)、凯鲁亚克等人经常以劳伦斯·佛林盖蒂(Lawrence Ferlinghetti)的"城市之光"书店为中心,举行以爵士乐作为背景音乐伴奏的诗歌朗诵会。"垮掉派"诗人的实验尽管大胆,但"未免过于超前"。加之爵士乐本身的种族及地域性等特点很快使"垮掉派"的文学实验寿终正寝。"垮掉派"的未竟文学事业却由迪伦以"诗歌一体"的旅行表演的方式得到继承和发展。然而迪伦不仅是承袭了"垮掉派"诗人"诗—歌"融合的传统,而且他还将"歌诗"作为一种独立的艺术样式,上升到了艺术门类革命的高度。诺奖颁发给鲍勃·迪伦,无疑是跨界式的创举,允诺了诗的另类表达形式,即让纯正之诗插上旋律的翅膀,这是诗别样的朗诵形式,不是口语,而是富有旋律的乐章。由此,"歌诗"向世界庄严宣告:"一种崭新的文学形式的诞生,并将以这种形式而不朽。"作家北村说:"鲍勃·迪伦获奖,意味着新世纪以来文学边界的消失得到了正统文学奖最高权威的认可。这是本体意义上的,也是现代性的终结。"㉔对此,笔者持有不同的意见:鲍勃·迪伦获奖,并不意味着新世纪以来文学边界的消失,而是对于"文学边界"这一概念本身发生了嬗变和革新,这是文学现象学意义上的,更是思维模式方法论上的。

迪伦成功地突破了文学类型学的、文学意识形态的和文学理念的区隔,生发出一种贯通歌词的音乐性和诗歌的音乐性的非常富有活力和表现力的文学新类型。"最受人瞩目的 20 世纪文学歌者"对于"诗乐关系"展开了一次激动人心的革新和提振。狄肯森曾描述这种状态:"音乐和诗相互渗透,结合得如此完美,以至每个字都能在一个乐音中找到互相依存的关系,诗句和乐句像孪生子一样,互相依靠,不可分割……"㉕传统认为,诗歌不起源于音乐,和歌词更成了陌路。黑格尔就认为,最好的诗很难进入音乐,而最好的音乐也不需要诗。在《美学》第三卷上册第 343 页上,黑格尔写道:"歌词、歌剧以及颂歌乐章之类,如果从精细的诗的创作方面来看,总是单薄的,多少是平庸的。如果要让音乐家能自由地发挥作用,诗人就不应让人把自己作为诗人来赞赏。"㉖鲍勃·迪伦与这种"诗不能入乐"的传统来了一次完全的反叛,身为民谣歌手的他却始终坚持自己的诗人身份。"诗必入乐"的"歌诗"在文学各体裁中的地位不仅合法,而且特殊:无法完全套用文学研究的各种范畴。从世界文化史来看,任何一个艺术门类发展到成熟阶段,必然"向内转",与其他艺术门类拉开距离,形成自己独特的艺术形式。鲍勃·迪伦与此进行了一次彻底的反拨,不再是"歌""诗"分途而是"歌""诗"合流。歌诗作为一种文体通过迪伦的创作和演绎,其存在感越来越明显,流传方式越来越媒体化,日益实现着其多功能性。学者弗雷德里克·詹姆逊曾指出,"文类基本上是文学的'机制'或作家与特定公众之间的社会契约,其功能是具体说明一种特殊文化制品的适当运用。体裁是文化程序式的中介,体裁把中介进一步固定到模式之中(例如把语言固定为歌唱的艺术形式),而且塑造了表意与解释的最基本模式。"㉗根据詹姆逊的观点,文学门类既是一种社会契约,同时也是一种文化契约。鲍勃·迪伦就是一个试图通过拓宽文学门类的"歌""诗"融合的创作,使得"歌诗艺术"成为文学文化艺术发展的一种趋势,这显然是影响力日益衰弱的书面诗与浅俗的大众艺术的歌曲共有的一个自我拯救机会。"歌诗"作为对文学门类的一次革命,打通边界为融合"媒体艺术",在新的历史语境下的复兴,既是当今学界不可回避的研究课题,也是文学艺术界应该顺势而起的时代趋势。在鲍勃·迪伦歌诗艺术的流行和传播的进程中,我们需要留意到，迪伦在文学史上的独特贡献在于，他革命文学门类的背后却在引导着文学理念向传统的"根源"回归。鲍尔教授在他的推荐信中就一再强调鲍勃·迪伦在当今时代"使诗歌回归到它原始的传诵方式"，"在他的音乐诗篇里，他已经复活了游吟诗人的传统"㉘。是鲍勃·迪伦让我们注意到了"歌诗同源"的历史渊源。东欧杰出的马克思主义符号学家、音乐美学理论家卓菲娅·丽莎告诉我们，应该把"传统"理解为"某种富于动力性的、不断生成的、经常发生变革的东西……它在不断地演变着，并使自己总是重新汇入到当前的艺术发展中。"这种历史而辩证的立场，让她对传统和革命的观点有了更开阔的视野。她提出传统应该是各学科交叉融合的体现："每一次构成音乐中民族风格的都是传统的综合体，其中包括音乐传统和非音乐传统。"㉙鲍勃·迪伦简直是卓菲娅·丽莎"未见面的艺术知己"，他的歌诗艺术历史而辩证的接连所谓的文学传统和所谓的非文学传统合流，在文学门类的革新与文学理念的回归之间实现着艺术的平衡。

二、"理想主义"的倾向：媒体诗人的开创抑或传统文学的挽救？

鲍勃·迪伦成为历史上首位获得诺贝尔文学奖的流行乐歌手，消息一经公布立即引起世界一片哗然。质疑诺奖标准"难以捉摸"的有，赞赏鲍勃·迪伦是"实至名归"的有，但无论如何，诺贝尔文学奖的边界是不是拓宽了，诗歌与音乐是断裂的还是联接的，给鲍勃·迪伦的是诗意的评价还是肯定的是他对美国社会文化所做出的杰出贡献；鲍勃·迪伦能"拿得诺奖归"最根本的原因，依旧是以自己的方式回应了诺贝尔遗嘱中提起的"理想主义倾向"。每一次新晋的诺奖得主的创作生平和文学背景一经公布，从主题、选材、形式、贡献等等角度深入阐发作品为什么能够获得诺奖青睐的研究从来都是络绎不绝，精彩纷呈的。确实也有一些研究者因为最近诺奖的颁发越来越玩起了"跨界"而重新回到对诺奖的"理想主义倾向"的探讨，可惜这些研究还没有超越文学的类型学、文类的革新这些话题，真正做到从灵魂的向度发现远隔时空两端的诺贝尔与创作者的心灵相遇，并且用自己的语言向广泛的读者描绘这一幅灵魂的"寻找"与"得着"的画卷。显然，他们与诺贝尔是不同时代的人，对什么是文学，什么是"理想主义高度"，在自己的心里会有属于自己的声音，坚定着他们颁发奖项的选择倾向与创作作品的立意考虑，在哪些层面上他们相遇、相知与默契？我们作为读者和研究者，在自己的心里感应到在什么立场上理解、阐释与重现他们的"相遇"？这些是我们作为外国文学研究者必须"回答"的命题。

为什么是鲍勃·迪伦？我们想从创作精力、生活方式、信仰旅程、理想追求这四个方面谈一谈迪伦是怎样回应诺贝尔在遗嘱里规定的"理想主义倾向"的。为什么诺贝尔遗嘱的执行者认定迪伦是最接近这一理想主义高度的人？去年把文学奖颁发给迪伦，在迪伦的个人艺术史上，是姗姗来迟的褒奖还是带有"识珠"眼光的发现？也就是说，把文学奖颁发给迪伦，是诺贝尔评奖委员会对他的"艺术成就的恢宏"的"一次加冕"，还是在他艺术旅程的洪荒之初对他会达成什么样的理想主义高度的"惊鸿一瞥"？如果说诺贝尔评奖委员对迪伦的横空出世给予的评价相对于诺贝尔本人想把不知名的作家介绍给世界的理想是滞后的，这一现象本身说明了什么问题？

　　鲍勃·迪伦传记作者英国学者霍华德·桑恩斯(Howard Sounes)在《沿着公路直行:鲍勃·迪伦传》(Down the Highway:The Life of Bob Dylan)中曾追踪迪伦的写作兴趣,"长期以来鲍勃一直被视为反主流文化的领军人物。然而矛盾的是,他对于政治或者社会事务少有或者根本没有兴趣,甚至公然抨击政治是'魔鬼的工具'。他的精力都用在了其他方面——《圣经》和美国民谣音乐遗产中的语言和古代伦理道德。"就连曾经被他充满激情地称为自己"灵魂的真正预言者"的《放任自流的时光》(A Freewheelin' Time)封面上的女友苏西·罗托洛 (Suze Rotolo),这位从一开始便是积极的政治活动家和坚定的民权主义者,因为她,迪伦政治观念日趋明朗,并且首次接触到了著名剧作家、诗人、旅美前东德政治活动家伯尔多特·布莱希特(Bertolt Brecht)的作品,接受了影响着他成长过程的布莱希特的思想、诗歌和戏剧语言以及创作风格,但是他却无情地将苏西抛弃。同样遭遇他狠心分手的还有曾经与马丁·路德·金手挽手在阿拉巴马州为反对种族歧视而斗争游行的"始终有着政治信仰"的"民谣女皇"琼·贝兹(Joan Baez)。一个思想非常独立的女性,一个精神领袖式的人物,与"民谣英雄"可谓是"志同道合",迪伦却不愿意娶她们为妻,他们之间"变质和时间的痕迹"揭露了在迪伦内心深处想要远离政治的创作心态。在他成名以后,他更是越来越强烈地表明,他不能代表任何一派的政治领袖或者什么犹太复国主义的纲领做出声明,还是发表观点。我们认为,正是这种力求找到创作的纯净时空的不懈努力,才是打动人心、触及听者灵魂最深处的原因;也正是因为迪伦把他的精力保守到在世界文化中寻找用音乐表达灵魂的方式的不断创新,他的创作才是真正做到了"永无止境的旅行"(Never-Ending Tour)。我们认为,越是纯粹的艺术信念,越是接近理想主义的高度,而实现理想的幸福不是目标,是过程,永远"在路上","未完成"。

　　不知道是谁说过的,"生活的理想就是理想的生活"。一个艺术家不需要取悦生活,但是他/她的生活却能彰显他/她的理想。作为犹太后裔的鲍勃·迪伦,是所谓的"犹太式幸福"的典型代表,凯鲁亚克的《在路上》曾经是他的圣经。在一般人心中,"家"都会唤起安乐窝、避风港、父辈、传统、回归等等情思与向往,而对于鲍勃·迪伦来说,家仿佛是一个不存在的,永远无法抵达的彼岸。"他注定了无依无靠,像一块滚动的石头,永远生活在路上。"即便是取得盛名,非常富有以后,"他还是选择像一个吉普赛人那样生活,在巡演车上所度过的时间要超出他那分布在世界各地17处产业中任何一处所待的时间。怪癖更增添了弥漫在他身上的传奇色彩。这也是一种天赋,这也是一种古怪的天赋。"我们认为,与其说"在路上"是他性格里的一种怪癖,不如说这是上帝在选择谁能成为"天生的行吟歌手"时的倾向。作家卡罗尔·切尔斯认为,永不消失的旋律,永远消失在夜幕之中的旅行,"这就是他的职业"。这就是鲍勃·迪伦为什么是一个行吟歌手和诗人的原因。我们认为,"像旅行音乐家那样生活",鲍勃·迪伦把自己"作为一名歌曲创作人早就觉得自己是灵感的传送渠道",必须上路才能遇见"自己在那里,只等着某人将它们记录下来的歌曲"的注定的"每天都与一种神秘的信息源泉维系着强烈联系"的命运,认识为是"来自上帝的召唤"。在宗教上的选择,也就是在生活上的选择。"我想他更愿意生活在汽车里。"我们想,是的不错,他更愿意在汽车里生活。

　　虽然鲍勃·迪伦并不是在正统的犹太教家庭成长起来的,但还是接受了《圣经》的基础教育,在他 20 世纪 70 年代改信基督教之前,这一宗教典籍是他很长一段时间创作抒情歌曲的重要源泉,他对自己说他要尽自己的能力信仰上帝以修正成长之路。迪伦的歌诗隐喻叠出、富含神秘的宗教特征。他的名作《每一粒尘土》(Every Grain of Sand)这首诗中,神秘主义与圣经文学的共鸣并存让整首诗歌充满了叶芝似的现代主义诗风。事实上,他通向上帝的真理之乡的旅程是一个漫长的过程,而他在启程之初是非常真诚的。夏普德曾指出迪伦塑造诗歌形象的方式"拥有一种令人吃惊的智慧"[40]。他曾描绘迪伦的创作好像是"你正沿着一条黑暗的小巷前行,突然,你看到了曙光……,但你如何将这一苦境转化为旋律呢?"迪伦回答他道,"不要为此担心,我会创作出来的。"[41]作为一名歌曲创作人,迪伦早就觉得自己是灵感的传送渠道。在事业开始阶段,他就曾对《引吭高歌!》杂志记者说那些歌词只是灌入他脑海中的:"歌曲就在那里,它们自己在那里,只等着某人将他们吧记录下来。"正是出于这一点,迪伦每天都与一种神秘的信息源泉维系着强烈的联系,多年以后,他逐渐认识到这些歌曲是来自上帝的。显然,正是迈出了这么小小的一步,使得迪伦从此一头扎进了传统的宗教世界。[42]但是到他创作出让人惊叹的《信仰之歌》时,也是他有生以来第一次获得了格莱美奖,他在发表获奖演说时说,"我只想为此而感谢耶稣基督。"[43]迪伦在信仰上的转变彻底惊呆了身边人如儒特曼和听众们:"你们知道,他是一个犹太教徒,一个犹太人。他的灵魂也是如此。他是真正的犹太人……我不清楚,他有些依赖于正与之交往的这位女性……她是在宗教上重新选择,而他则被她迷住了。"[44]尽管很多人认为迪伦是出于商业考虑才改信基督教的,但是我们观察了迪伦度过的因新近改变信仰而导致不受注意、甚至经受批判的那段时期,相信他与上帝之间的关系的改变来自于与女人的情感关系。不顾自己艺术声名的沉浮,而是听从自己内心的声音,跟随信仰的蒙召,他的"放任自流"反倒成就了理想的奇崛。历经了信仰旅程与情感世界之间的纠葛,"这样一个身心涅槃过的出色作歌者"为世人奉献着"真正触及灵魂的好歌"[45]。

当一个人的精神偶像走进了他的生命中,这个人的生命会发生多大的变化,无异于当一个人陷入爱情,他的世界会发生多么大的改变。鲍勃·迪伦的艺术生涯之中,也有一位"改变其生命"的精神偶像,那个人叫伍迪·格思里(Woody Guthrie),一个"真正的垮掉派民歌大师"。对鲍勃·迪伦而言,伍迪·格思里才是他真正的老师,为此他抛掉书本,走上公路,再也"不安于做母亲的犹太小乖乖",口袋里只有十美元,独自去往伍迪·格思里(Woody Guthrie)所在的圣殿——东岸的纽约寻梦。心怀梦想并且勇于追求,这就是很多诺贝尔文学奖得主少年或青年时代的共同经历。巴黎、纽约、柏林……,虽然他们朝圣和筑梦的圣地不同,但是只身闯荡的决心一旦坚持并且付诸于持续的行动,我们相信,诺贝尔的"理想主义高度"从这时起已经如同一面旗帜、如同一座"灯塔",既在"召唤"他们,砥砺他们,也在"照亮"他们艺术跋涉的探索脚步。虽然迪伦近年来趋向于相信这些歌曲是上帝赐予他的,他觉得自己不是在写歌,而只是将它们记录下来。但是迪伦在创建民谣摇滚、立志于从艺术的层面创作流行歌曲、探索流行音乐的变革之路、超越出生就拥有的文化在世界上所有其他文化之中寻找拓宽歌诗艺术内涵和形式的可能等诸多方面所做出的努力,也是大家有目共睹的。迪伦承载美国歌曲传统不断勇攀歌诗艺术创作高峰的天份和努力,终于叩开了诺贝尔文学奖的大门。他始终是在以自己的歌诗艺术理念和歌诗艺术创新向着"世界主义"和"理想主义"的标杆前进。

我们认为，其实迪伦的文学成就早已不再需要一个诺贝尔文学奖来承认。早在 60 年代中期开始，美国知识界逐步认识到迪伦作品的文学价值，一些学者和文学批评家公开称迪伦为现代美国继卡尔·桑德堡、罗伯特·弗罗斯特之后最伟大的诗人。1976 年，美国前总统吉米·卡特在其总统竞选活动中曾大量引用迪伦的诗句，并称其为"伟大的美国诗人"。1990 年 1 月，法兰西文学院正式向迪伦颁发了"文学艺术杰出成就奖"。普利策文学奖评委们更是声称，是普利策文学奖需要鲍勃·迪伦，而不是鲍勃·迪伦需要普利策文学奖。所以说，在迪伦的个人艺术生涯中，得到诺贝尔文学奖的承认，虽然有是不是意味着诺奖拓宽了评选范围的讨论，其实还是差了那么一点点"时效性"。但是，正如英谚有云，"迟来总比不来好"。虽然将迪伦介绍给世界的契机早已被其它奖捷足先登了，诺贝尔文学奖的份量不可谓不重。究其原因，主要还是表现为对迪伦采撷美国民谣艺术加以创造性的改进，复兴行吟诗人歌诗艺术传统的艺术探索的高度赞赏。是鲍勃·迪伦发现统治流行音乐半个世纪的摇滚乐原来也可有其"严肃的一面"；是鲍勃·迪伦作为"媒体时代的布莱希特"（Brecht of the Jukebox）却倾其力量挽救和重振古罗马的维吉尔开创的"行吟诗人"（troubadour，源于普罗旺斯）传统。在鲍勃·迪伦前面获奖的作家，很多都是因为文学上的创新获得评委们的青睐的。只有迪伦是以"恢复联系"的理由摘下了诺奖的桂冠，也是自迪伦始文学的声音美正式进入了文学的概念。"迪伦带给了摇滚乐灵魂"[⑩]。至于创作精力、生活方式、信仰旅程和理想追求这四个方面的优势，"还不足够"。在这个意义上讲，诺贝尔文学奖委员会常任秘书达尼乌斯强调迪伦在"英语文学传统"中的重要地位，也就是在提醒艺术家和诺贝尔文学奖的爱好者们，理想主义的倾向在向挽救文化濒危、恢复文学传统这一方向转舵，这一重要的讯息告诉我们，传统和创新永恒是"理想主义倾向"的"重要问题的两个方面"。站在传统的立场还是站在创新的立场都有失偏颇，只有平衡处理好传统与创新之间的关系，才是"理想主义倾向"和"杰出"的基本原则。

三、"外国迪伦学"与"中国歌诗学"：中美文化语境交融的合流发展

一位乐评家说，"鲍勃·迪伦是一个魅力无穷的巨大的谜，他是那种可以琢磨、研究、聆听、阅读与佩服的歌手与作家。他在中国的影响才刚刚开始。"对中国当今学界更有参照意义的是迪伦的文学地位：牛津大学现代诗研究专家克里斯朵夫·里克斯（Christopher Ricks），撰写了一本厚厚的《迪伦的原罪观》（*Dylan's Visions of Sin*），将迪伦称为"当代美国最好的用词专家"。迪伦的文学意义在于他完全唤醒了游吟诗人的传统，他的歌词不仅源于文学传统，也来自民间故事、街头杂谈和报纸。著名诗人肯尼斯·雷克思洛斯曾说"是迪伦首先将诗歌从常春藤名校的垄断中解放出来"[⑪]。事实上，自六十年代中期开始，英国剑桥大学基督学院教授克里斯·理科斯（Christopher Ricks）便开始了广泛的迪伦学研究工作。他认为迪伦是自约翰·贝里曼（John Berry）和罗伯特·洛维尔（Robert Lowell）之后的"美国最杰出的语言大师"。《乡村之声》记者杰克·纽菲尔德也称迪伦为"媒体时代的布莱希特"（Brecht of the Jukebox）。如今，轮到常春藤名校将迪伦研究当作

一门学问了。他在西方国家，特别是美国已经成为一种文化，受到许多人的追捧。在西方的一些大学已经出现了一个名为"迪伦学"（Dylanoloy）的学科，而迪伦的歌词也被作为诗歌入选许多美国大学的文学教材。鲍勃·迪伦似乎成为"混合媒体的艺术"的代言人，他创作的鼓手先生（Mr. Tambourine Man）还被选入了全美中学和大学通用的《诺顿文学入门》（*The Norton Introduction to Literature*）。

我们想要提出"歌词学"是否可以成为一门新兴的"外国文学学科"存在和发展？笔者存在此种想法已经很多年，期间在外地参加学术交流活动，遇到四川大学文学与新闻学院的陆正兰教授，她是在国内首发正式提出"歌词学"学科建立的必要和可能的中国学者，笔者与她进行了多次讨论和交流，现在我们想要在这里谈一谈"歌诗学"何以可能在中国成为外国文学学科范畴内的一门新兴学科。在鲍勃·迪伦拿到诺奖之前，我们已经预感到他"将会成为戴着诺奖桂冠的民谣歌手"。现在，正是我们乘着迪伦获奖的西风，迎头而上，接着提出"歌诗学"学科的最佳时机。我们提出，"歌诗"艺术并非是一种"在诗歌和歌词之间的艺术"，而是一种全新的文学艺术样式，它所彰显的是"使诗歌回归到它原始的传诵方式，在它的音乐诗篇里复活游吟诗人的传统，同时与时俱进地表征着时代的风貌"。我们认为，迪伦的获奖，与其说是诺贝尔文学奖扩大了颁奖范围，不如说是迪伦在以全新的诗意表达方式继承和创新伟大的美国歌曲传统的过程之中，使得"'歌诗'艺术"成为一种崭新的文学现象和艺术样式，入了诺贝尔文学奖评委们的"青眼"。如果我们不会"迅速捕捉信息"将鲍勃·迪伦的获奖、"歌诗"艺术实际上的出现和"歌诗学"作为一门学科有机结合起来进行研究，我们就错失掉了一个极其有研究与实践价值的"外国文学学科"和"学术增长点"。

西南大学中国新诗研究所的童龙超教授在"歌诗在诗歌与歌词之间——论新诗与歌词"论文中，也指出，"在对现代诗歌与歌词关系的认识中，长期流行着两种对立的观点，它们都忽略了'歌诗'的存在，都失之片面。'歌诗'自古就是中国诗歌的组成部分和一贯传统。由于新诗的产生省略了'民间歌诗'的阶段，一开始就是文人的参与与自觉创造，再加上现代出版业的影响，使得新诗在人们心目中长期表现为一种书面化的存在，'歌诗'似乎消失了。其实这是一个认识的误区，'歌诗'在理论上不会消失，在事实上也依然存在。在现代语境之下，'歌诗'在诗歌与歌词之间。有必要从理论上提出'现代歌诗'的问题，而其中包含有对当今中国诗学的、音乐的、文化建设的一系列重要问题的思考。"童龙超教授在中国诗歌传统中考证出'歌诗'的存在，放在当下的文化语境中思考其对中国新诗"走出困境"的意义，无疑非常具有研究的价值。可惜的是，很可能因为视野的局限和专业的壁垒，童龙超教授没有在鲍勃·迪伦获奖的文学事件上发现他曾经提出的中国"歌诗"传统的存在却是由诺贝尔文学奖这一全世界最著名的文学大奖的"新科状元"迪伦来实现的。当然，笔者对"歌诗在诗歌与歌词之间"这样的表述持不同看法，尽管童龙超教授等人在中国诗歌传统的语境里讨论这一问题有他的合情合理之处，但是笔者还是要辨析明白什么是作为一种文学体裁甚至是一种艺术样式的"歌诗艺术"，如何在世界文学的语境中妥当地运用这一概念来阐发我们的研究问题和思维方式。我们提出，歌诗是一种既不同于诗，也不同于歌，并非在诗与歌之间的独立文体（或说文类）。

从文学出发的歌诗学应该成为一门独立的学科，并应具有适合自身的文体理论和文化理论。但就当下的歌词研究格局来看，歌词学研究界有关歌词的赏析性著作、有关如何创作歌词的著作和有关歌词发展史的著作较多，有关歌词研究的纯粹理论著作较少，而有关歌词研究的方法论著作更是近乎空白。正是基于歌词研究的这种格局，着力论述歌诗文学的艺术特点的"歌诗文体学"和"歌诗文化学"呼之欲出。我们欣悦地看到，这次我们利用中国传统文化的思想资源审视外国文学现象，终于跑到了外国学者的研究前沿，领先于他们发现了鲍勃·迪伦创作中的"歌诗艺术"。同时代的外国学者和文学批评家还停留在视迪伦为"现代美国继卡尔·桑德堡、罗伯特·弗罗斯特之后的最伟大的'诗歌传统'"；或者是"美国进入媒体时代第一位'媒体诗人'"（media poet）⑱的认识阶段，我们却借中国歌诗传统的宝贵资源将鲍勃·迪伦放在"中美文学"的语境，对迪伦的创作做出了自己独到的研究。

从这种历史语境来说，我们提出来以建树歌诗研究的理论体系为目标，发系统的学科性、学理性的歌诗研究之先声，可以说是歌诗文体理论和歌诗文化理论的一声有力的"呐喊"，是建构歌诗学学科的奠基石。我们将在创新研究方法论方面至少做出这几方面的建树：一、歌诗研究呼唤独立的文体理论、文化理论和接受理论；二、以鲍勃·迪伦为研究中心对歌诗文体流变的历时性研究阐发基于历史语境与艺术学理的歌诗文体学；三、兼顾鲍勃·迪伦歌诗文本和歌诗表演内外文化形式的合力作用是对"迪伦现象"的多元复合考察；四、研究鲍勃·迪伦歌诗艺术最终实现对西方大众文化研究理论的扬弃，必须辩证对待大众文化。研究鲍勃·迪伦进入诺贝尔文学殿堂的成功，乃是为了对中国当代文学如何走向世界提出宝贵的借鉴意见。五、从外国文学出发的外国歌诗学应该成为一门独立自足的学科。

作为世界最有影响的文学奖项，诺贝尔文学奖的评奖标准一直是人们关注的话题。人们都清楚地记得，当年诺贝尔在其遗嘱中宣称，文学奖应授给写出"具有理想主义倾向的优秀作品"的文学家，但对这个"理想主义倾向"究竟作何理解或解释，这在不同时代的不同评委那里都不尽相同，有时甚至是"截然相反的"。因而就"导致了一些真正伟大的作家未能获奖，而一些成绩并不十分突出、并未作出最大贡献的作家倒被提名获了奖。"之所以人们会问，什么才是诺贝尔文学奖的评奖标准和原则呢？它的评选程序有何独特之处呢？瑞典文学院院士、著名汉学家、诺贝尔文学奖评委马悦然（Goran Malmqvist）来华讲学时，引证多年前担任过诺奖评奖委员会主席的谢尔·埃斯普马克的说法，提出，诺贝尔文学奖的评选主要根据这样几个原则："（1）授给文学上的先驱者和创新者；（2）授给不太知名、但确有成绩的优秀作家，通过授奖给他 她使他/她成名；（3）授给名气很大、同时也颇有成就的大作家。同时也兼顾国别和地区的分布。"⑲马悦然将几个影响诺贝尔文学奖评奖评选结果的因素概括为"评奖委员本身的文学修养和对新理论思潮的接受程度"，"也不能排斥其中复杂的政治因素"，"优秀的翻译能够将本来已经写得很好的作品从语言上拔高和增色"⑳。马悦然谈到，在 20 世纪世界各国作家中，诺贝尔文学奖评审委员会确实曾经因为没有颁奖给其中的某些作家而感到遗憾。比如阿根廷作家、诗人豪尔赫·路易斯·博尔赫斯（Jorge Luis Borges），爱尔兰作家詹姆斯·乔伊斯（James Joyce）、美国诗人埃兹拉·庞德（Ezra Pound）、罗伯特·弗罗斯特（Robert Frost）、华莱士·斯蒂文斯（Wallace Stevens）等伟大的诗人和作家。由于许多 20 世纪的伟大诗人和作家没有获奖，诺奖常常被人诟病。之所以留下很多遗憾，与诺奖在 20 世纪 30 年代持有的"大众化的标准"分不开。但是，二战以后，好的阶段紧接着就来了。新的一代，也就是被 30 年代的文学实践激怒的一代，他们想让文学先锋和文学革新者获奖。在这之后，诺奖颁给了 T·S·艾略特（T·S·Eliot）和威廉·福克纳（William Faulkner）这两位 20 世纪最伟大的创作者。福克纳对法国新小说产生了很大影响，后来，他又引发了拉丁美洲的文学繁荣。迈入 21 世纪，源于评委们对诺贝尔本人遗嘱的理解与诺贝尔文学奖评奖标准的变化，诺贝尔文学奖呈现出"回归传统"和"望外之新"两种倾向。比如说，我们都知道的，法国是无可置疑的文学大国。诺贝尔文学奖设立伊始，1901 年第一次颁奖就授予法国诗人普吕多姆。在整个 20 世纪，法国作为文学思潮和流派的一个主要源头，共计十二次获得诺贝尔文学奖。进入 21 世纪，法国已经有两位作家榜上有名。勒克莱齐奥是在 2008 年获奖的，仅仅相隔六年，就又有法国作家阿尔贝·莫迪亚诺获此殊荣。作为法国的犹太作家，莫迪亚诺的获奖具有非同寻常的意义。与勒克莱齐奥一样，莫迪亚诺在继承传统小说的基础上吸取了现代派文学的手法，创作了一系列融现实主义与现代主义于一体的新型小说。在"推陈出新"方面，诺奖评委会在 21 世纪显然更肆意，也更令人"跌破眼球"。2015 年的诺贝尔文学奖得主、白俄罗斯的斯威特兰娜·阿列克谢耶维奇，在严格意义上说更像是一位记者，而非专职作家。2016 年颁发给"美国摇滚歌手"鲍勃·迪伦，更是如"一颗深夜炸弹"，无论是"接受也好""质疑也罢"；总而言之，21 世纪的诺贝尔文学奖确实在发生着变化，而且这变化来得很快。

我们对此的反应，速度和方向也必须跟上，甚至可以超越他们作出预测和研究。在学院派学者的立场看待迪伦获奖的文学事件，我们可以说，在现代知识系统中，文学这个概念的界限似乎早已划定。理性主义主导下知识系统运行精确、严格、冰冷，古典时期相对模糊的范畴消失无踪。这时候，一个在历史上曾经被算作是民谣歌手/行吟诗人的"赤脚汉"，突兀地闯进这个精密运行的系统之中，顿时引起了系统的一阵紊乱。这种理性知识系统是不是永远是铁板一块，只注重自身的"稳定性"，而排斥"变动性"的呢？答案显然是否定的。这样，一系列的问题便接踵而至。我们现在的文学观念形成在什么时候？从形成到现在，它是一成不变，还是总是随着时代风气的变化而发生相应的变化？概念本身的稳定性是不是永远有效？我们现在正处于哪一个阶段？我们当今世界的深刻变革，是否马上要延伸到"文学"以外的"化外之地"？这是不是给了我们一个信号，预示着这个概念可能发生的激变？鲍勃·迪伦作为一名"拿到诺奖"的歌手，使我们对于文学的未来增添了一份遐想。真正有自主研究眼光的学者，不是在获奖以后的"跟风"，而是提前预知的研究。2016 年迪伦的获奖，使得国内外国文学研究界"宝塔尖"上的一些专家学者研究方向"落了空"。中国"歌词学第一人"陆正兰女士多年以前就曾经撰文预测过鲍勃·迪伦的获奖。这一事实也更加明显地表面，"外国迪伦学"和"中国歌诗学"合流发展的可能和时机。

作为特邀研究人员，笔者 2013 年曾赴四川大学文学与新闻学院进行高访交流，当时和我合作研究项目的是赵毅衡老师，陆正兰女士是赵先生的妻子。前不久，她很有兴味地告诉笔者,拿到了普利策文学奖的鲍勃·迪伦验证了她在国内建设高校"歌词学"学科的"可能"和"迫切"。我对她提出,要在外国文学一级学科下建设"外国歌诗学",她表示,"这是十分可行和必要的"。现在,我们希望协同创新,争取建成"外国歌诗学"学科和"博士点"。在这里,我们预先给大家作一下消息的透露,我们将积极与外国学者取得联系,参照国内业已出现的"迪伦学"学科这样的新兴学科,探讨如何建设我们的"歌诗学"学科。我们想把"歌诗学"学科放在"比较文学与世界文学"的学科范畴内进行组建和创新。"志道鼎新",我们相信,我们进行建设的"歌诗学"文科创新基地一定会达成"国际一流、国内领先"的研究目标!

注释:

①⑨ 高静:《诺文奖"取悦观众"? 鲍勃·迪伦获奖各方评价不一》,http://sd. china. com. cn/a/2016/baoguangtai_1014/750530. html,2016 年 10 月 14 日。

②③ 陆正兰:《皈依佛法的浪子:伦纳德·科恩和他的歌词艺术》,《外国文学评论》2009 年第 4 期,第 65 页,第 63 页。

④⑤ 杨毅:《我却是从来都只是我自己》,http://www. fx361. com/page/2017/0112/524652. shtml,2017 年 1 月 13 日。

⑥ 新华网:《诗遇上歌——鲍勃·迪伦:答案就在风中飘》,http://sanwen. net/a/gqppipo. html,2016 年 10 月 17 日。

⑦ 半茶、米亚:《为什么说诺贝尔文学奖需要鲍勃·迪伦》,http://cul. qq. com/a/20161013/042892. htm,2016 年 10 月 20 日。

⑩ 范跃芬:《鲍勃·迪伦:浪漫的吟游诗人》,《名作欣赏》2016 年 12 期,第 137 页。

⑧⑪⑬⑭⑮⑯⑰⑱ 鲍勃·迪伦:《鲍勃·迪伦编年史》,徐振锋、吴宏凯译,开封:河南大学出版社 2015 年版,第 116 页,第 236 页,第 176 页,第 177 页,第 262 页,第 247 页,第 247 页,第 245 页。

⑫ 毛亚楠:《鲍勃·迪伦:一个真正的诗人,是不会告诉别人自己会写诗的》,《方圆》2016 年第 20 期,第 57 页。

⑲㉒㉓ 陆正兰:《鲍勃·迪伦:戴上了桂冠的摇滚诗人》,《词坛文丛》2011 年第 2 期,第 54 页,第 54 页,第 55 页。

⑳㉘ 寇雯静:《鲍勃·迪伦:熟悉的陌生人》,《世界文化》2015 年第 3 期,第 11 页,第 11 页。

㉑ 钱钟书:《谈艺录》,北京:生活·读书·新知三联书店 2016 年版,第 33 页。

㉔㊻ 腾讯文化:《鲍勃·迪伦获诺奖引争议,中国作家们怎么看?》http://cul. qq. com/a/20161013/046554. htm,2016 年 10 月 13 日。

㉕ E·狄肯森:《歌曲的艺术——音乐与诗的关系》,葛林译,北京:人民音乐出版社,1980 年版,第 11 页。

㉖ 黑格尔:《美学》,寇鹏程译,南京:江苏人民出版社,2011 年版,第 343 页。

㉗ 陆正兰:《歌曲风格与标出性的关系——兼与赵毅衡商榷》,《江苏社会科学》2012 年第 3 期,第 160 页。

㉙ 陆正兰:《东欧马克思主义符号学:卓菲·娅丽莎的马克思主义音乐符号学研究》,《中外文化与文论》第 33 期,第 245 页。

㉚㉜㉝㉞㉟㊱㊲㊳㊴㊵㊶㊸㊺㊼㊽ 霍华德·桑恩斯:《沿着公路直行:鲍勃·迪伦传》,余森译,南

京：南京大学出版社 2012 年版，第 5 页，第 5 页，第 541 页，第 65 页，第 409 页，第 409 页，第 409 页，第 409 页，第 531 页，第 465 页，第 465 页，第 409 页，第 418 页，第 419 页，第 336 页，第 442 页。

㉛ 桂清萍：《滚动的石头：鲍勃·迪伦》，《中国电视：纪录》2012 年第 4 期，第 78 页。

㊺ 陆正兰：《辛尼德·奥康纳：叛逆的歌手 温柔的声音》，《词坛文丛》2011 年第 9 期，第 45 页。

㊾㊿ 三湘都市报：《诺贝尔文学奖终身评委马悦然 解密诺贝尔文学奖评选》，http://news.sina.com.cn/w/2012 - 10 - 12/073925343136.shtml，2012 年 10 月 12 日。

（张艺，女，1984 年 3 月出生，江苏泰州人，文学博士，南京理工大学外国语学院讲师，主要研究方向国际歌诗叙事学，国际绘画叙事学，国际歌剧叙事学，国际舞蹈叙事学）

托马斯·曼《死于威尼斯》中的帝国主义寓言

◎ 卢　获

摘　要： 在20世纪初的小说《死于威尼斯》中，托马斯·曼通过艺术家形象、瘟疫意象、东方想象等，表现了包括知识分子在内的欧洲公民的精神困境以及社会内部的深重危机，同时暗示了某种转圜或新生的可能性，即西方瓶颈可以从神秘的东方世界中寻得出路。以往研究者对这一文本倾向于从修辞学、神话学、美学等视角，解读为艺术家与疾病主题、浪漫与现实手法的诗化表达。而萨义德指出了小说作为叙事体文学的后殖民功用，并提到曼缔造的伟大寓言。从历史发展看，这部小说的叙事意图不仅包括西方社会陷入危机时的被动反思和转向，也体现了东西方文化永续的相互包融和滋养关系，即本文探讨的帝国主义寓言。

关键词： 瘟疫　东方形象　社会危机　帝国主义寓言

小说《死于威尼斯》(*Der Tod in Venedig*，1912)的创作灵感来自德国作家托马斯·曼(Thomas Mann，1875—1955)1911年游览威尼斯的经历。曼一改以往对威尼斯明丽清新的印象，构建了"一半是神话，一半是陷阱"①的天堂中的地狱：那里既是休养生息的胜地，也藏着醉生梦死的威胁，其双重特质折射出主人公沉溺情感与耽于理智的剧烈冲突，也反映了当时西方知识分子以及公民群体的普遍困境。小说开篇时表明，"欧洲大陆形势险恶，好几个月来阴云密布"。②20世纪初的资本主义世界逐步向帝国主义阶段过渡，其内部矛盾经过几百年的发酵而愈加深重，东方世界的反殖民声音却日益强大，欧洲社会似乎进入了"内忧外患"的瓶颈状态。

萨义德曾写道，"在曼缔造的寓言中，殃及欧洲的瘟疫起源于亚洲；欧洲的艺术、精神不再无坚不摧了，不能忽视它与海外领地的联系了"。③一般认为，曼在第一次世界大战前的政治立场并不明显，自《战争之思》(*Gedanken im Kriege*，1914)起到一战期间积极投身社会运动。其战后的散文集虽以《一个不问政治者的思考》(*Betrachtungen eines Unpolitischen*，1918)为名，却表明了对政治、历史的深刻思考，曼因此被称为"不问政治却难逃政治的唯美主义者"。④以往研究者对于《死于威尼斯》的关注多集中于艺术家或知识分子困境、堕落和死亡主题、同性恋或恋童癖母题、反讽手法或隐喻特征、世纪之交的社会矛盾以及相关的比较研究等，较少涉及其前瞻性的政治和文化立场。事实上，曼借阿申巴赫的旅行经历将欧洲时局铺展开来，诠释了西方对东方世界的形象认知，揭露了当时资本主义社会内部的既有危机和潜在转向。

一、瘟疫意象折射的东方世界形象

在小说中，东方世界大致以两种情形出现：一是以模糊的样貌出现在主人公阿申巴赫的想象或梦境里，常常伴随着远方的泉水、棕榈、老虎、花鸟等热带景观；二是以死亡的征兆出现在欧洲市民的谈资里，往往和荒岛、沼泽、病菌、犯罪等阴暗的意象联系起来。前者源自作家疲惫时的奇幻构思和染病后的梦境呓语，具有强烈的艺术家个人特质；后者则与"有病的城市"不谋而合，同无形的药水味儿一样渗透进水城市民的生活，即欧洲社会对东方国度保持着一贯的冷漠。英国办事员交代瘟疫隐情时，开始便指出近几年的印度霍乱，并铺展出详细的传播路径：瘟疫大致以印度起点，沿中亚大陆和北非的海陆通道，向西蔓延并在地中海区域呈现出包围的趋势。威尼斯处于东西往来的交汇位置，自然为病菌提供了便利的着陆之地，加上奥地利报纸的案例报道和威尼斯当局的敷衍回应，先前的流言一时间被指为事实，东方世界难逃病发地的罪责。

除了自然生发的瘟疫，人为的犯罪也被顺势指认："职业性犯罪只在意大利南方的某些国家和东方国家中，过去才时常出现。"⑤若说疫病尚且有天灾意味，犯罪便是实实在在的人祸了，把湿热的印度和藏污纳垢之处等同起来的看法也是容易理解的。在曼塑造的诸多他者形象中，这个说话的英国人格外值得注意。他既是一针见血的真相揭秘者，又是中规中矩的民众代言人。虽然旅行社的工作会使他对时局颇有了解，小说却从未表露他有任何亲历或研究东方的经验，也就是说，他对东方的了解不过来自于一般的社会新闻或道听途说，大都夹杂着别人和自我的感性认知。且根据雅斯贝斯的观点，报纸把在精神领域内发生的一切都包含在内，甚至包括那些极其微妙深奥的细节。⑥这一成见借街头的报纸新闻和闲聊流出，实则夹带着欧洲人约定成俗的共识：东方即污秽之地，一旦沾染，便会遭遇浩劫。

进一步讲，抵触异域的文化心态是极具代表性的，它不仅迎合了当下政府引导的主流思想，还延续着长久积淀的民族文化认同。小说多次提到古代神话中的神祇形象，如曙光女神厄俄斯、美少年许亚辛瑟斯和喀索斯，以及墓园异乡人隐喻的赫尔墨斯、古怪摆渡人象征的卡隆等。表征阴暗的神频繁出现，与曼对同时代悲观主义哲学的接受相关，也可回溯于古希腊时代的文化传统，正如王斯福在研究民间宗教时所说的，"社会的原初经验，便是隐喻的起源"。⑦与之相似，萨义德曾援引过悲剧《波斯人》和《酒神的女祭司》，认为两者论及的东西方区别是欧洲人地域想象的基本主题。"两个大陆被分开：欧洲是强大的、能表述自我的；亚洲是战败的、遥远的"。⑧也就是说，欧洲人早先的异域想象便建立在强烈的自我认同之上，相应地，与本族相异之物自然被添上不同程度的消极色彩。论其本源，长期延续于古代中国的华夏中心主义观念以及受此浸染的民间文学、对外政策大抵与之相合。在西方神话里，引导亡灵的赫尔墨斯头戴帽子、手持节杖、四处游走，冥界船夫卡隆长耳尖牙、胡髭满面、在悲伤之河上引渡灵魂，阿申巴赫遇到的异乡人和摆渡人形象与他们恰好契合。他们恰如误入"布尔乔亚社会"中的怪物，虽然不能断定其来自何处，但至少不是体面的本族神祇。而除了瘟疫和几个怪人，小说里的东方世界几乎是缺席的、失语的,基本上处于孤立无援的被动位置。

在西方的文学作品中,这一隐喻不仅流传已久,且有继续发展的态势。陀思妥耶夫斯基的小说《罪与罚》(1866)里,主人公病中梦见"仿佛全世界遭了一场可怕的鼠疫,这是从亚洲内地蔓延到欧洲大陆的";⑨恰彼克的戏剧《白色病》(1937)将"北平麻风病"指向北平医院所在的中国。若追溯到疾病史层面,欧洲曾出现过数次大规模的瘟疫,影响较为深重的当属十四世纪的黑死病和十九世纪的霍乱。巧合的是,两次疫病的源头都指向亚洲:前者一般划定在亚洲腹地、中亚或者中国东北,⑩后者指认为南亚的印度孟加拉。⑪亚洲形象为此而蒙上阴影的说法似乎顺理成章。且对比来看,小说中的威尼斯疫病与现实中的利物浦骚乱颇为相似:1832 年,英国港口城市利物浦暴发霍乱,由地方行政官组成的卫生局,为收取好处费、稳定民心和发展经济秘而不宣,使整座城市成为重灾区;⑫威尼斯亦为霍乱侵袭的港口城市,刻意隐瞒也出于卫生部门和民众的利欲熏心,其受灾程度因度假时节更为深重。就两者的共同病源地印度来讲,从 16 世纪起沦为葡萄牙与荷兰的殖民地,到 18 世纪英法入侵,英国逐步取胜并建立起英属印度帝国,几个世纪的殖民活动使它与欧洲主要国家的联系颇为密切,这片土地自然而然地被视为亚洲名片。曼将小说情节契合于历史事件中,同样将渊源指向了易滋生病难的印度地区,使这一虚构的故事更具真实性,由此,以印度为代表的东方形象在欧洲面前便无力自救了。诚如桑塔格在《作为隐喻的疾病》中所写,"在对疾病的想象与对异邦的想象之间存在者某种联系。它或许就隐藏在有关邪恶的概念中,即不合时宜地把邪恶与非我、异族等同起来……反过来说也不错:被判定为邪恶的人总是被视为或至少被视为污染源"。⑬在既定的公众意识里,一旦亚洲泥沼之地被贴上藏污纳垢的标签,那么随之而来的厌恶、排斥会占据上风,而花鸟、老虎寓意的正面因素就不足为道了。因而,小说提及的新奇感仅仅是一次莫名其妙的偶然体验,且只出现在阿申巴赫——极个别艺术家的梦境中,除此之外冉无任何正面的印象。

二、艺术家困境反映的内部社会危机

在《死于威尼斯》里,公民身份与艺术家角色是互不冲突甚至相辅相成的。阿申巴赫的形象代表了世纪之交的知识分子群像,即"彷徨中的精神之子";而艺术家又是同时代人中嗅觉敏锐的特殊群体,其创作往往契合于广大民众的所感所思。小说赋予了艺术家阿申巴赫"严于律己与放荡不羁的秉性",公众的繁重要求迫使他笔耕不息,精神美化身的少年却令他醉生梦死。理智与情感的矛盾伴随着威尼斯之行而显现出来,并成为左右他精神世界与物质生活的决定力量:"艺术家之自爱犹如私生子或被忽略之儿童",⑭他最终选择了追随欲望,并坠入永恒的死亡中。正如尼采提出的日神与酒神精神一般,理性与欲望彼此并肩发展,但相对于理智,欲望是更原始、更长久的状态。其实,类似的困境也出现在曼发表于三年前的宫廷小说《陛下》(1903—1909)中,且曼似乎在结尾处暗示了某种立场;同时代的德语作家弗兰茨·卡夫卡创作了同样具有分裂特征的《变形记》(1912),赫尔曼·黑塞于两年后亦有不谋而合的小说《艺术家的命运》(1914)面世。

单就主人公形象而论,黑塞笔下的画家费拉古斯与作家阿申巴赫很是相似,即饱含对理想的狂热以及对现世的疏离。在卡夫卡那里，这一内在的分离外化为普通个体的精神与躯壳的断裂：人的精神似乎还闪着光，但形体已被莫名其妙地异化。特别的是，较之于黑塞和卡夫卡的困境书写，曼表现出了更为长远和深刻的思考，即对出路问题的阐释。从《陛下》的结尾可见，若要在这一背离中寻得解脱，则只能在天恩的疯魔和克劳斯的克制之间择其一：极度悲苦恰恰成全了天恩身心的彻底放纵，两者竟在疯狂的表象下达到了和谐；清醒是克劳斯的常态，在时代的荒芜和个体的疯魔之中，他唯有谋求公共福祉才可救世和救己。

换言之，这类矛盾看似是艺术家这一特殊群体的偶发问题，实则体现了民众共同的思想困境。在一定意义上，艺术家的作品能够经久不衰，源于它对每个阶段的公众处境的切合，并辅以看似尖锐却避开锋芒的文字表达，即小说中提到的"作者的个人命运与同时代广大群众的命运之间，必须有某种内在的休戚相关的联系，甚至彼此间能引起共鸣"。⑮这一共鸣即人文理想的幻灭：人们渴望的富裕生活与混乱的现世秩序之间的矛盾不可调和。曼本人也曾表示，"《死于威尼斯》在我内心世界扮演的角色与它所处的时代转折点上的位置正好吻合：它是颓废问题和艺术家问题在道德和形式上最极端和最集中的表达"。⑯若更进一步，阿申巴赫兼有多族血统，融合了不同民族、不同职业的多元文化气质，可以说是广大欧洲民众的身份剪影。他出生于中欧的历史名地西里西亚，父辈多为严谨的军官、法官，偶尔出现传教士，母辈则是富有艺术才华的波希米亚人。他兼受正统和随性两种文化的滋养，兼有欧洲各地人的风貌，在特殊之中又蕴含着难得的开放和包融。这也从侧面契合了前文中"休戚相关的联系"，艺术家的精神困境并非剥离群众的偶发事件，而是从属于普遍危机的一个层面，它既是小说中悲剧降临前的征兆，也是现世中灾难爆发前的预示。

或者，艺术家的功用不仅在于自我情感的抒发，也在于对外部世界的回应；这一回应常常因作家的预见性而带有讽刺和启发的作用。一方面，民众作为文艺的直接受众和社会的主要力量，实际上间接参与了知识分子的创作。如萨特所言，作家首先根据自我意志进行写作，其次被赋予了某种社会作用、必须回应某种要求；公众带着他们的世界观、社会观和文学观介入其间。⑰在瘟疫初生阶段，威尼斯的外文报纸里并没有消息，但德国报纸却刊登了疫病的流言，并提出一些不确切的数字。消息虽然被刻意封锁，但包括阿申巴赫在内的德国人和奥地利人最先知悉，即最先得到撤离和公布消息——保护自我和他人的机会。阿申巴赫在某种程度上与政府和商人如出一辙，为满足私欲而不在意代价；他深知威尼斯的罪行中也有自己的份儿，甚至感到侥幸和窃喜。主人公被定位为真诚的名作家，这种无形中的"邪恶"增加了其亲民感和真实感，也使小说表达的反讽更具说服力。另一方面，曼以知识分子的敏锐特质和表达天分，往往把对人物的观照上升为对社会面貌的洞察。小说塑造的艺术家形象可以说是当时作家本人的剪影：性情温和、亲近艺术、对时政不甚在意却偏爱书写弱肉强食的资产阶级生活。正契合于曼所说的，"艺术浪子的嘲讽既是对自我的嘲讽，又是对资产阶级社会的嘲讽"。⑱这些特点从早期的《布登勃洛克一家》（1901）起延续了多年，直到一战时发生急转。对于《死于威尼斯》而言，无论是个体的"心病"，还是社会群体的"时疾"，大都经由阿申巴赫的所见所闻、所感所写来呈现。他始终扮演着唯一见证者和记录者的角色,以其知识分子嗅觉将世界的微妙变化捕捉下来,在这里,阿申巴赫与曼似乎将虚构与现实合一了,共同建构起艺术浪子的完整形象。

若以辩证唯物主义的观点而论,作为意识范畴的文化表达往往是时代局势的能动反应,它既可具备高瞻远瞩的超前性,也会表现出滞后性,大致维持着与物质生活的动态平衡。同精神生活的两极对立一样,小说中的威尼斯蕴含着某种神话与陷阱的冲突。作者借助主人公的眼睛,将这座城市外貌勾勒出来:教堂在雾色里若隐若现,门前的石阶浸在水里;石阶上蹲着苦相的乞丐和逢迎的商贩。教堂本是一方象征信仰的神圣之地,如今却承续了开篇时的"阴云密布",信仰在头顶的雾霭里模糊不定,而蒙骗却在脚下堂而皇之地招摇,发达城市里依然有食不果腹的乞丐,现代市场中处处是商人的骗局。浸润教堂的水亦是病态的,它运输的病菌在流动中侵蚀着接触的每个生灵。城市中最纯净的地方被险恶包围,且持续良久并无改善之意,在利润的排挤下,纯粹的信仰大概已无足轻重。十九世纪是一个"生活甜蜜"的时代,人们宁愿如此以为,即使是死亡和战争本身,在它们的花边里,既不是真的死亡,也不是真的战争。[19]到世纪之交,社会所有阶层之间存在着一种日益增长的相互依赖性,而工人与资产者阶层之间存在着一种持久的紧张性。[20]在小说中,从瘟疫开始传入到泛滥成灾,当地政府与市民一直心照不宣地保持沉默,为的是给予游客——城市利益的创造者以风平浪静的错觉。正值旅游旺季的威尼斯无疑是瘟疫传播的温床,从弥漫的药水味儿来看,当局必然意识到了问题的严重性,其作为不过是经商获利的手段之一,类似的隐瞒在加缪的小说《鼠疫》(1947)中也有明确体现。20世纪上半叶,资本主义逐步向帝国主义阶段过渡,利益至上已成为普遍风气,上层腐败加剧了下层犯罪的滋生,物欲的充斥使各阶层的思想世界趋近空虚。可以说,在曼的笔下,民众的精神困境可归结于信仰的缺失,其根源在于资本主义世界的经济与政治矛盾;也正因如此,他视这部小说为"在通向灾难的市民时代个体共同面临的问题的成形和终结"。[21]

三、异域想象隐含的帝国主义寓言

托马斯·曼是有前瞻性的,他可能暗示着,东方文化可以为西方困境指明出路。如前文所述,艺术家对远方的想象出现过两次,第一次源于精疲力竭后的转念,第二次是脑疲惫症后的梦境。就情景看,两次都出现在半清醒半迷醉的状态中,并勾起了年轻时漫游远方的愿望;就地域看,主人公怀揣着恐惧和好奇,径自进入了这幅热带场景,在无意间指向了印度。从表意模糊的远方(Etwas selbst Wildes)到明确指称的异国的神(Der fremde Gott),大抵包含了某种必然。然而,他清醒时一概否认了:"需要换换环境,但不必走得那么远,不必一直到有老虎的地方去",[22]"他已非常满足于那些不必远离自己小天地的人们所能获得的世间各种见识,离开欧洲的事一刻也不曾想过"。[23]根据弗洛伊德的"冰山理论",较之于浮出水面的意识,潜意识是埋藏在下的大部分。即便阿申巴赫反复言说着不必远去,却身体力行地靠近东方:先前误闯的小岛上住着衣着鲜艳、口音奇怪的居民,后来的威尼斯也是一处万象交汇之地。

就艺术家个人而言,有意或无意的异域想象并无明显的偏激意味,更接近交互式的文化体验。确切地说，东方和西方风景②同为阿申巴赫的创作素材，其本质属性是一致的。在这个层面上，萨义德对小说"寓言"的阐释尚有余地，他在观照帝国话语权的同时似乎忽略了小说寄予的双向语境，如史书美所言，他假设了一种线性的因果关系，忽略了相互滋养的复杂内涵。⑤其实，这些想象是作家极度疲累下的自然生发，其中并无欧洲城市中的人间丑恶，也无俊美少年一般的神话虚无，闪念之意远大于执念。恰恰是这些，给予了作家前所未有的奇异感。激情和惊恐、渴望和厌恶扑面而来，似乎正要冲散艺术家的创作瓶颈，也即，东方带着某种新奇的狂欢特质，将要弥合西方的精神裂痕。

不仅如此，曼笔下的瘟疫从来具有阴郁和光明的双重特征：它既是传统意义上的"上帝的惩罚"——造成了席卷全城的大灾难，也可视为黎明前的黑暗——孕育着象征希望的新气象。笛福曾提到，"与死亡密切交谈，或是与有死亡威胁的疾病密切交谈，会滤去我们性情中的毒汁，让我们换一种眼光看待世界"。⑥麦克尼尔指出了瘟疫同文化与政治史之间的互动关系，将其归为推动社会发展的因子之一。㉗曼亦肯定了隐藏的积极因素，认为疾病是一种升华生活、超越现实、提高个性品格和认识能力的状态，让人看清事物背后的真相。㉘在后来的长篇小说《浮士德博士》(1947)中，他甚至将某种疾病视为艺术创造力的重要源泉。在曼的笔下，疾病一方面以黑暗势力存在着，它意味着肉体痛苦和精神创伤，以自然威势震慑着作为个体的人，不管是底层劳工、还是大艺术家都无力改变。另一方面，疾病往往是长久发酵后的瞬间爆发，具有除旧换新的涤荡作用。小说里，威尼斯的"疾病"原本就是积压已久的社会旧疾所致，瘟疫充当了导火索的角色，在短时间内掀开荫蔽、揭出病苦。城市的污秽之处因有滋生病菌之危险而被关注，大街小巷的琐碎事物被置于可视的前景中，以至于广场鸽子是否活泼、乞丐是否面目狰狞、江湖艺人是否居心叵测都格外引人深思、待人处置。而当灾难爆发、病弱事物被迫涤除和消灭之后，光明才可获得空间、在城市中显现出来——在这一意义上，疾病为新事物的诞生扫清了道路。曼后来写道，"差不多所有伟大的事物都是在跟忧虑、痛苦、病弱、道德败坏以及各种各样的障碍作斗争而诞生出来的"，㉙也与之颇为相合。

可以说，曼在书写当时的内部危机时，有意识地借这些死亡讽刺表达了帝国转圜的可能性。死亡仿佛是一切可视物的共同本相，它日趋明显并且外化于生活的表层，以致原本美好的东西瞬间僵化。在主人公的眼睛里，无论是赫赫有名的慕尼黑摄政王街，还是光辉明丽的威尼斯水域，都渗透着阴森可怖的死亡气息，如街道尽头的墓园、棺材一般的平底船、浓雾笼罩的教堂等。然而，曼的本意在于"嘲讽"，并非简单地否定或排斥。毕竟在重重死亡气息的压制下，两座城市还能维持着正面形象，几个陌生人的友好也说明了，人性仍然在闪烁光芒，甚至"精神美的化身"塔齐奥也在此时出现——冥冥之中，他似乎汇聚起威尼斯城被腐臭味儿敛去的光辉，代表了美的焕活和新生。且到故事最后一幕，艺术家已然无力复生，而他依然挂着微笑、眺望远方。虽然他年纪还浅、气息微弱，尚不足以形成与疫病相当的抗衡力量，但其生命力却指向未来、倾于长久。可见，小说前景里的死亡并不等同于覆灭，更有可能在隐喻和讽刺里酝酿"伟大事物"，这是原有势力消退、新生力量成长的一种征兆。

批判越深重，意味着召唤改变的声音越强烈，相对于随处可感的颓废气味，光明和希望才是作者想要表达的东西，即趋近重生的帝国走向。其实，雅斯贝斯在描绘第一次世界大战后的景象时，认为"地球上的一切文化均处于在暮霭之中，毁灭或新生的重新铸造已被感知"，[30]大抵与之相通。曼迁居美国后提到，"我的时代，我从未对它进行奉承、恭维；我在表达时代思想的时候，多半与它背道而驰"，[30]也印证了这一点。小说塑造的东方形象与瘟疫等死亡意象其实并不是非黑即白的简单指认，而是包含了恰如当时社会背景一般的复杂性，兼有强烈的批判目的和暗含的美好构想，正如作者既强制读者接受灾难席卷的现实，同时预设了不能忽视的光明内涵，留有期待空间。那么，威尼斯所在的地中海沿岸是爱琴文明的发源地，历史上的奴隶制城邦、封建国家、资本主义经济萌芽等都脱胎于此，它本就与时代更新有着千丝万缕的联系，这是否意味着，在殖民版图临近强弩之末时，新的世界也将在这里诞生呢？

总之，托马斯·曼将阿申巴赫置于整个欧洲背景下，不仅表达了知识分子及公众群体的精神困境，也说明了世纪之交殖民国家的内外矛盾。或许作者只是单纯地回忆或叙事，无意于设计和启发现世世界的格局，但在《死于威尼斯》等小说里，表征帝国主义未来的寓言在不经意间被构建出来，预示了后殖民时代里东方形象的重新定位以及西方帝国的转圜趋向。冯至曾说，曼总站在进步方面、代表了德国悠久的人道主义的进步传统。[32]他凭借敏锐的感知力和表现力将旧势力的阴暗面揭露出来，同时表达了对新鲜力量将会到来的信心和如何到来的思考，使得小说既有一般艺术品的审美特质，也可彰显独特的"团结人心之效用"。[33]

注释：

①②⑤⑮㉒㉓㉙ 托马斯·曼：《死于威尼斯》，钱鸿嘉译，上海译文出版社 2010 年版，第 87、1、101 - 102、14、10、8、14 页。

③ 萨义德：《文化与帝国主义》，李琨译，生活·读书·新知三联书店 2016 年年版，第 268 页。

④ 方维规：《20 世纪德国文学思想论稿》，北京大学出版社 2014 年版，第 267 页。

⑥ 雅斯贝斯：《时代的精神状况》，王德峰译，上海译文出版社 2013 年版，第 124 页。

⑦ 王斯福：《帝国的隐喻：中国民间宗教》，赵旭东译，江苏人民出版社 2009 年版，第 19 页。

⑧ 萨义德：《东方学》，土宇根译，生活·读书·新知三联书店，2007 年，第 71 - 72 页。

⑨ 陀思妥耶夫斯基：《罪与罚》，岳麟译，上海译文出版社 2015 年版，第 611 页。

⑩ 拉迪里：《一种概念：疾病带来的全球一体化(14—17 世纪)》，《历史学家的思想和方法》，杨豫等译，上海人民出版社 2002 年版，第 48 - 51 页；原载《瑞士历史杂志》第 23 卷第 4 部分，1973 年。

⑪ 杜宪兵：《因信成疫：19 世纪的印度朝圣与霍乱流行》，《齐鲁学刊》2013 年第 1 期。

⑫ 冯娅：《1832 年英国霍乱与社会骚乱》，《世界文化》2012 年第 11 期。

⑬ 苏珊·桑塔格：《疾病的隐喻》，程巍译，上海译文出版社 2014 年版，第 143 页。

⑭ 洛夫：《诗人之镜》，《中国新诗总系(理论卷)》，北京大学出版社 2010 年版，第 468 - 469 页。

⑯⑱㉑㉛㉝ 托马斯·曼：《托马斯·曼散文》，人民文学出版社 2014 年版，第 248、347、248、323、332、357 页。

⑰ 萨特：《萨特读本》，桂裕芳等译，人民文学出版社 2005 年版，第 390 页。

⑲ 斯塔罗宾斯基：《自由的创造与理性的象征》，张亘等译，华东师范大学出版社 2015 年版，第 3 页。

⑳ 李工真：《德意志现代化进程与德意志知识界》，商务印书馆 2010 年版，第 33 页。

㉔ 此处的"风景"不单单指侠义上的自然风物，也包括日本学者柄谷行人阐释"风景"一词时兼收的时代和社会因素。

㉕ 史书美：《现代的诱惑：书写半殖民地中国的现代主义（1917—1937）》，何恬译，江苏人民出版社 2007 年版，第 13 页。

㉖ 笛福：《瘟疫年纪事》，许志强译，上海译文出版社 2013 年版，第 273 页。

㉗ 麦克尼尔：《瘟疫与人》，余新忠、毕会成译，中国环境科学出版社 2010 年版，第 154 页。

㉘ 方维规：《20 世纪德国文学思想论稿》，北京大学出版社 2014 年版，第 270 - 271 页。

㉚ 雅斯贝斯：《论历史的意义》，张文杰编：《历史的话语：现代西方历史哲学译文集》，广西师范大学出版社 2002 年版，第 52 页。

㉜ 冯至：《冯至全集》第 5 卷，河北教育出版社 1999 年版，第 404、405 页，原载《人民日报》1955 年 8 月 17 日。

（卢荻，女，1994 年出生，山东青岛人，上海交通大学人文学院博士研究生，研究方向为中国现当代文学、比较文学）

旅游景点文史缺失八例辨析

◎ 卢善庆

摘　要： 旅游景点中经常出现因文史错误而引起的文字误识、误读、望文生义，甚至误解。本文选取其中实例 8 例，加以辨析、纠错。

关键词： 旅游景点　文史缺失　概念　辨析

咬文嚼字，快意书生。笔者就学中文专业，先在中文系任教，后转入哲学系从事教学，从而走上与文字和书本打交道的治学之路。可能专业的缘故，加上走的旅游景点多了，常常会留意于景点中展示的各种文字，并为某些旅游景点存在的文史错误而深感诧异。如此磕磕碰碰，是是非非，值得探讨。兹择其八例展开讨论，加以辨析。一孔之见，胪述如下，未必尽如人意，但愿同行方家批评指正。

例一，描红缺笔，误识。 1994 年 5 月，厦门大学教授林鹏院士邀笔者到长泰评审《天柱山国家森林公园规划》，发现文本中有个摩崖石刻，说成是"小二门"。细想，其实欠妥。

对此，经过认真查阅《长泰县志》，然后再上山观看摩崖石刻，发现其属宋、明两朝。根据导游介绍，康熙年间在台湾举行起义的朱一贵是亭下村人，曾在天柱山书院读过书。那么，清政府在镇压朱一贵起义的同时，有无查封了天柱山？一时无法获得这方面的研究资料。但是，从清朝至今近 400 年的历史中，没有一处摩崖石刻，却是一个有目共睹的事实。

既然天柱山摩崖石刻均为宋、明作品，就说明是有深层文化功底的。之后经考证，"小二门"这三个字为草书，对照《中国书画大系·草字汇》一书，搜集了"不"字十一个。除王羲之（右军）两字、王献之（大令）一字、齐高帝一字、怀素一字联笔外，余者均将"一"离开了"小"字（如图 1 示）。加上摩崖石刻受雨水、风化的剥蚀，上面的"一"，在描红时遗漏。可见"小二门"应为"不二门"，即佛教"不二法门"之简称。元朝方回《赠刊工程礼》一诗写道：

> 镂金镌石切瑶琨，深入诗家不二门。

众所周知，中国汉字是以笔画构成的方块字，不

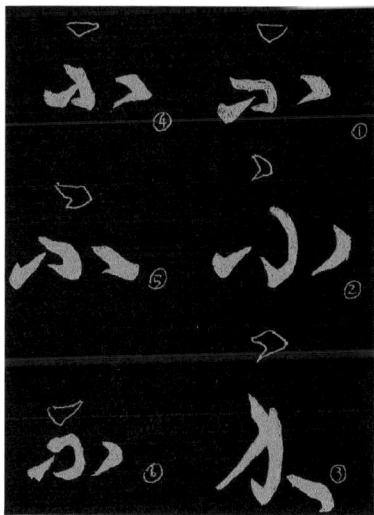

①汉名家张芝（伯英）。②汉名家张芝（伯英）。③晋王导（导）。④晋王羲之（右军）。⑤晋王献之（大令）。⑥古帖。（见《中国书画大系·草书汇》，中州古籍出版社 2014 版，第 2 页。）

图 1　草书中的"不"字

管是篆、隶、楷、草,都是有规范的,多一点,或少一点,马虎不得,乱描乱填,缺笔误识,时有发生,但需学会辨识。

例二,不知禅意,误读。中国汉字,多有一字多音的,不同的音表达不同的意。1987年 5 月,笔者在福建省导游讲解电视大奖赛中担任评委组长。其中有一位参赛选手讲解福州鼓山,当说到一个名叫"喝(hè)水岩"的景点时,误读为"喝(hē)水岩",我随即当场纠正。究其原因在于,福州鼓山有一位神晏禅师,是五代梁开平二年(908),闽王王审知填潭建寺请来的。禅宗中的棒喝是禅师对子弟的一种特殊教育方式,日本电视剧《姿三四郎》就有这一情景。可见福州鼓山此景观被赋予某种禅意,故应叫喝(hè)水岩,而不能误读为喝(hē)水岩。

例三,望文生义,误判。这里举两个例子。一是 2002 年 8 月上旬,笔者应福建三明市旅游局邀请,参观省文物保护单位永安安贞堡。这是建于清光绪年间的一座园廊式土楼与厅堂为中心的院落相结合的民居。

大门为拱形,铁门上留有铆钉。墙基厚 6.4 米,门上书写"安贞堡",两旁有一副藏头联:

> 安于未雨绸缪固;贞观休风静谧多。

"未雨绸缪"为成语,其意是"要有预见地做事",不能"平时不烧香,临时抱佛脚"。营造这座堡,就是为了聚族、自卫、休养生息。上联可以说把这一功能道出来了。但导游讲下联时,说"贞观"是唐太宗的年号。这就错了。上联"安于"的"于"应为动词,下联"贞观"的"观"亦为动词。为什么呢?"贞观"二字可见《易经》:

> 天地之道,贞观者也。

其中"贞"字,古代注释为"正";王宝琳释为"自然、守一、导致、趋向"。[①]下联主要描绘了安居乐业的田园景象,颇有诗意。

望文生义,多因惯性思维。有人见"贞观"二字,马上联想到唐太宗年号,既无视于对联中对偶语法结构,恐又未知《易经》里对"贞""观"二字的注释。这是第一例。

第二例是见到"本""源"二字,就扯上了"饮水思源"这个成语。认真说,这也是习惯性思维使然。陈雅萍编《台湾旅游完全指南》介绍了"板桥林家花园,有故事的园邸":

> 北部台湾第一园林胜景——板桥林家花园,原名叫"林本源园邸",位于板桥市西北隅,为清乾隆漳籍豪商林氏住宅的花园。林氏因子孙族不断繁衍,于是将庭院命名为"本源",乃取同产同居、饮水思源之意。[②]

据查——

清乾隆四十三年(1778),福建龙溪县白石堡吉上社(今龙海市)人林应寅,携子平侯,居住台湾。那时林平侯有五个儿子:国栋、国仁、国华、国英、国芳,以"饮、水、本、思、源"五字为记,其中国栋夭折,国仁、国英为"螟蛉子",只有国华、国芳为亲生,找五字配记,三房国华属"本记"、五房国芳属"源记",三、五两房共设"祭祀公业",合称"林本源祭祀公业",整个家族即以"林本源"称呼。③

由此可见,"本源"系代表林氏家族的家号",④有着深层次含义在里面。如果一定要"抠字眼"的话,"源"取自"饮水思源"成语中的"源"字,那么"本"怎么会与"同产同居"联系在一起呢? 更重要的,林家没有用此来命名花园,我们应尊重这段历史。林氏家族的园邸,被称为"林本源园邸",是家号所为。怎能肤浅地"望文生义",把它说成"乃取同产同居、饮水思源之意"。书写历史时应有责任心,切忌"大胆假设,无心求证"。如今,通俗读物,缺乏专业审读,不乏文史错误,写得快,出得快,抢占市场,此风不可长。

例四,不懂典故,误解。1998 年 11 月上旬,笔者应邀至南安雪峰寺探访,发现该寺现为近代楼阁式,唯有进入观览,方知大雄宝殿的楼下为"万福堂"。堂中正面题匾上写着"是什么"。某广播电视台记者,扛着摄像机前来采访。对于这幅题匾的寓意,随行几个年轻人不吭声。

窃以为,"是什么"为禅宗语。相传,苏东坡多次和佛印和尚相对打禅入定后对话,一再输掉。有一次,苏东坡想来个后发制人,问佛印我苏东坡是什么? 佛印说,苏东坡是佛、菩萨。苏东坡说,你佛印为什么不问我,你是什么? 佛印说,我是什么? 苏东坡说臭狗屎!苏东坡回家后,得意扬扬地把这事告诉了苏小妹。苏小妹说苏东坡又输了。因为佛教主张"心即是佛"。佛印转达了这个意思。而苏东坡慧根太浅,不入其门,才胡说八道。

席间,偕友人及记者,又将刚才采访,回放了一遍,相互交流了一下。

"'是什么'无解,让我采访了好几个人;只有您说清楚了。"记者对我说。我答曰:"过奖了。这句话在哲学上升一下,那是命运的追溯、灵魂的拷问。我只是聊备一说。苏东坡的故事,并非出自史书,而是笔记小说类。仅供参考而已。"

例五,概念不清,误列。2018 年 11 月中旬,笔者用身份证买了一张厦门"老院子"景区的门票,沿着景区参观了一圈,意料之外发现了家训馆存在两大问题。在历史上,有几篇家训是非常有名的。笔者自幼居住老家扬州的一座四合院,在厅堂的左边,挂着一幅"黎明即起"的《朱子(伯儒)治家格言》书法作品,为祖父所为。2008 年 8 月,由笔者主创、布展的漳州云洞岩朱子公祠,只有一进。大门口设了一屏风,止面为朱熹头像剪纸,背面为《朱子(熹)家训》。四周内墙立展板,展台内有展品。厅中间有朱熹雕像、供桌,背景为朱熹书法作品,正气书香,流布四海。两朱的至理美文,在我的记忆里留下深刻印象,那时才知道自南北朝颜之推以来,"家训"乃是一种文体。

可是,厦门老院子景区的"家训馆",在什么是"家训"、什么是"家训体"概念上未能完全弄清楚。我是冲着"家训体"去的,应该以《颜氏家训》为首篇,然后才是《××家训》,并按历朝历代的次序排列开来。结果呢? 虽也把"家训体"展于馆里,但按姓氏排列,一姓一文一展板。笔者姓卢,自然十分关注《卢氏家训》,在卢氏展板下面是《唐书》中一段关于卢氏先人对家人的临终遗言，交代坟墓怎么做，随葬品怎么安排等，不入"家训体"之流。这是第一个问题。

第二个问题，就更为严重了，竟把毛泽东《为人民服务》中的一段话，作为毛氏家训。毛泽东这段话不是讲给他后代听的，而是讲给全党全军全国人民听的。有什么理由成为"家训"呢？最不应该的是，文章诉求对象都弄错了。因为概念是具有界定作用的，可见这个馆在逻辑上本身站不住脚。

例六，不扣实物，误导。从 1987 年起笔者连续十几年应邀为导游资格面试考官。有一年，厦门市旅游局选定鼓浪屿菽庄花园为现场考核地点。菽庄花园有四十四桥，上有若干亭子，亭顶和形状，无一雷同。

因为有现场的实物为证，讲解时就不能不紧扣住实物而胡乱瞎编了。可是，遇到的第一个考生说："××亭，南北开窗"。笔者听后立即打断了考生，要他去看看身后的亭子，是不是"南北开窗"？接着，又遇到第二个考生，也说"南北开窗"。再接着，又遇到第三个考生，也说"南北开窗"。是故，我逮住第三个考生问："您的导游词是从哪里背来的？"导游答复是从《旅游指南》背来的。回到家中，一查此书，果然说的是"南北开窗"。这么一个不扣实物的细节，就把那一届考生"忽悠"到什么程度，真的难以置信？！

笔者反复强调，导游是脚踏实地、身临其境在真山实水中，与游人互动的。"尽信书不如无书"，一位称职导游要学会观察实物，注重细节，真正流露出自己的所见所闻所感所悟。现场感是建立在现实基础上的，省心不得，马虎不成，特别是遇到如此认真、严肃、有错必纠的考官。

例七，园名成"字"，误名。从反映重大历史事件《辛亥革命》《开国大典》等电视剧中可以发现，那些重要的政治人物互相见面时，如果直呼其名，显得不太尊重，大多常用"字"来作为尊称。可是，有一本介绍鼓浪屿菽庄花园的著作，竟然直呼"林菽庄"，前后 7 页 14 次，⑤应该说有"误名"之嫌。为何这么说呢？起码有三点：

首先，如果以"字"行，应称为"林叔臧"，怎么把园林名称当成人的"字"呢？也许该书作者出示了证据，说林尔嘉用了"菽庄"抄写诗稿，还有复印件。但我认为，这只是笔名，不是"字"。现代作家，以笔名行世，不是没有，如鲁迅（原名周树人）、茅盾（原名沈雁冰）等。

其次，将"园名"作为原园主人名，不是不可以的，看用在什么地方。今查，在庚辰（1940）排印《菽庄丛刻》中就有"菽庄先生"，这儿的"菽庄先生"一旦专用，带有"菽庄主人"的味道了。关键在于当下的著作不称"林尔嘉（名）"而称"林菽庄"，依据何在？

再者，这位一而再、再而三地直呼"林菽庄"的作者，在另一本书认为："林尔嘉……字菽庄。"⑥如此看来，林尔嘉的"字"是什么？有没有两个"字"，或者只有"菽庄"一个"字"，竟成了一桩文化公案。

例八，两园姊妹，误实。林家在台湾十光绪十四—十九年（1888　1893），在三落大厝和五落大厝之间，建了一座后花园。后又在厦门鼓浪屿金带水湄、草仔山麓建了另一座菽庄花园。因同姓同宗，被不少著者认为是"姊妹花园"，⑦其实不然。为什么这么说呢？起码有三点原因：

其一，生长轨迹不同。板桥别墅是先有宅第，后建花园，是附属庭院的后花园。菽庄花园与宅第不接不连,成休闲园林。其二,存在环境不同。板桥别墅中的后花园,是山水园林。菽庄花园是山海园林,最大亮点是海。它的最大难点是如何对付海、利用海。其三,建园创意不同。板桥别墅后花园顺大流,与江南园林没有太大区别。菽庄花园个性化,可以总结为三个"别",即别恋、别意、别趣。

从以上三个不同特点可见,两者风马牛早已不相及了。怎么能说后者对前者"完全模仿",⑧并称呼双园为"姊妹"呢?叶子的"完全模仿"说,绝非空穴来风。坊间"仿照"说、"再现"说⑨大行其道,纷纷扬扬。然而,加上"完全"两字而推向极致,实属不当。

决不能因两岸双园,同姓同宗,一个模子印出来的,称其"姊妹"。菽庄花园这座山海园林,把皇家园林的壮大、辽阔、重于气势,与江南园林的以小见大、幽深无尽、偏重意蕴结合起来,而且结合得很好、很巧妙,有别于"仿江南庭院建造、置景"⑩的板桥别墅后花园,成为中国近代园林史上的一朵奇葩。

注释:

① 王宝琳:《周易现代版》,上海古籍出版社 2001 年版,第 474 页。

② 陈雅萍编:《台湾旅游完全指南》,北京:中国轻工业出版社 2011 年版,第 94 页。

③④⑩ 龚洁:《台湾板桥别墅的漏窗艺术》,《厦门房地产》2008 年第 9 期。

⑤ 龚洁:《鼓浪屿老别墅》,厦门:鹭江出版社 2010 年版,第 90 - 92 页。

⑥ 龚洁:《到鼓浪屿看老别墅》,武汉:湖北美术出版社 2002 年版,第 25 页。

⑦⑧ 叶子:《板桥林家》,北京:中国法制出版社 2012 年版,第 336 页、第 335 页。

⑨《福建省志·旅游志》,方志出版社 1997 年版,第 14 页。龚洁:《游遍厦门(景点导游词)》,鹭江出版社 1999 年版,第 23 页。厦门市旅游局:《厦门导游词》,中国旅游出版社 2001 年版,第 76 页。林志杰、郑政:《闽南建筑》,鹭江出版社 2009 年版,第 212 页。

(卢善庆,男,江苏扬州人,当代美学家,厦门大学哲学系教授,研究方向为中西美学及景观文化学)

河西走廊宝卷文化传统的经验价值与现实意义

◎ 哈建军

摘 要：河西宝卷是"一带一路"河西走廊段滋育并保留的一种重要的传统文化形态，灌注着中华西部地区"全球化"实践的记忆与经验，兼具民间叙事文学、哲理叙事、民间曲艺为一体的特点，具有传播文化、传承文明的功能，内含关怀个体的"修身""齐家"思想，也张扬着国家意志和"家国一体"的治理理性。对河西宝卷的保护与传承，首先在于将宝卷的传统价值和当下人民的价值诉求与道德体系的建构相连接，对应性地采取措施才能更好地保护和传承这一文化形态，也才能在华夏文明的传承和创新方面、政府主导文化保护和传承的绩效层面获得更大的收获。

关键词：河西走廊 地域土壤 传承文化 创新文明 策略构想

一、河西宝卷："全球化"实践在走廊的表征

历史上的河西地区常常处于不同方位之民族的觊觎或争夺中，在民族政权之间扩展疆域、竞占领土时，河西成了"必争之地"或者"战略要地"。这些角逐跨越了民族国家的疆域之界，也跨越了民族或族群之间族界藩篱，同时还跨越了异质文化的交融壁垒，围绕河西曾演绎过"全球化"的记忆。来自不同地域的文化浸染或覆盖此地，或者重新整合该地的文化构型，河西就变成了文化"潮汐沙滩"，"主流"文化、"中心"意识、"民族"观念、"家""国"情怀等都如同沙滩上的潮来潮往，河西经受着强势文化的轮番建构。此间，对河西走廊"重要性"的认识也便"此消彼长"，河西大地在不同时代语境中被注解为"领地""土地与物产""边关""家园"的结点，河西大地上不断重新建构着族际族属关系、血脉关系、人情关系以及与中原政权之间的联系。①

"河西"和"河西走廊"在学术界有更为细致的界定和区分，但是在老百姓的习惯性"所指"中，并非严格地以地形特征来命名的，而是以"共同地域"、相似的"经济生活"和沟通交流中容易达成共识的"文化心理"来判定的。我们可以将河西走廊看作是一个"开放性的族群社会"，可以视为是一个"积零为整"的、混溶型的"亚族群"，也即这个"亚族群文化圈"并非像其他族群一样有鲜明的族群特征和文化核心，而是不断拼接和重组的文化沉积带。其"开放性"和"混溶性"是由于河西走廊在历史上经历了多种民族文化、多种政权（政治）文化、多种宗教文化的潮汐式沉积。河西的人种来源和文化板块具有多维指向性，无论哪个民族的文化核心和族群生活中心都不一定在河西，而可能分布在广阔的"内亚"地区，跨

越了今天的欧亚大陆,甚至更远、更广。河西人民作为历史推进的聚合群体,相切、相交的文化在河西嫁接,"客位文化"在河西接受"在地化"过程而"落地生根",②强势文化上升为当地的"主位文化",又派生出新型样态的"次生文化"和"亚文化",与"原生文化""本土文化"共同形成了河西人领受的"环境",培育了河西人民求同存异的生活习惯,也延续了"和而不同"的文化属性,磨合着排异、认同、吸纳的心理指向,从而沉积了富有整合性的接受理性。

马克思、恩格斯在《德意志意识形态》中说:"在任何一种发达的现代语言中,自然地产生出来的言语之所以提高为民族语言,部分是由于形成材料所构成的语言的历史发展,如拉丁语和日耳曼语;部分是由于民族的融合和混合,如英语;部分是由于方言经过经济集中和政治集中而集中为一个统一的民族语言。"③后来列宁指出"地域"和"语言"也是形成族群心理和族群特征的"特定条件"。④斯大林在总结了马克思、恩格斯、列宁对"民族"的科学认识的基础上,认为"共同的语言""共同的地域""共同的经济生活""共同的心理素质"是形成"民族"的四个基本维度,⑤其实这四个维度也是历史实践沉淀的取向。可以说,列宁和斯大林所概括的这些方面,也是形成族群认同、决定族群内部价值系统、铸造族群文化核心、沉潜地域文化特色的因素。站在河西这一场域来看,河西走廊人民在此生活繁衍、流传记忆,我们必须承认:跨越政权之限、族属之界、文化类型之别的持续流动就是一种"全球化"实践,这也是河西历史、文化、认同心理的构成元件,这些条件因素已深深印入了河西人民的思维认识和认同期待。

一定程度上说,河西走廊是兼容了差异性和共通性的"稳定的共同体"。河西走廊在历史上留下了宗教信仰、民间神祇崇拜的记忆,儒道文化、基督教文化、伊斯兰文化也留下了传统,还有一些民间故事和民间传说的叙事,滋育了河西人民的精神世界。不妨说:河西走廊不仅是一条地理形态上的走廊,也是文化交融的走廊;敦煌文化是河西文化的一个集结点;"丝绸之路""玉石之路""商旅之路""文艺之路""宗教信仰传播之路"都是不同时期河西走廊的闪光带;河西宝卷⑥这一"非遗"是民间生活中整合的文学,也是民间生产生活中创造的曲艺,同时还是河西生活场域中积淀的有声、有色、有文本的社会记忆。

河西宝卷在历史上是河西老百姓辅助生产、丰富生活、调节邻里关系、处理家庭矛盾、教育子女、拓宽视野的重要依托,宝卷的"远源"已穿越了国别、族别和大山大河,唯有"近源"尚能还依稀可辨。如果说一定的地域之中,就有一定的与之适应的经济形态,经济形态和地理条件决定了该地域的经济发展水平,也决定了其物质发展水平和文化消费模式,那么也就可以说,河西走廊的地域性和与中央政权关系的疏密度决定了宝卷文化的流行范围和传承梯度。河西宝卷彰显了河西地域之中的生活选择,河西宝卷是多元文化在河西走廊逐层融合、逐步沉潜的产物。

宝卷是民间人士从经文俗讲或变文中改编转化而来,也有学者质疑并讨论了宝卷与讲经文、变文、佛教忏法、科仪的远渊与近源,⑦但对宝卷主要是在乡间社会中传播有一致看法,认同宝卷的受益者和传承者也主要是民间世界的平凡百姓。因此,河西宝卷对昔日的河西百姓来说颇为重要,文人称为"善书",⑧老百姓视为"宝"。在宝卷流行的时代,官方阶层对宝卷文化的引导和管制较少,任其自然消长,朝廷政府不干预、不限制就默许了其"自生自灭"。当然,宝卷不仅不至威胁统治者的地位,还会传播"家国一体""家国一理"的理念、忠孝理念、诚实守信和敬畏理念,这些都是有益于政治和谐的。

往昔老百姓借助宝卷可解悟宗教和儒道文化,可消化世界概念、天下意识和国家之道。对老百姓来说,宝卷活动综合了博大宏深的义理、唏嘘跌宕的故事、寓教于乐的形式,又通俗易懂地呈现于百姓面前,使老百姓找到了行动做事的参照标准。在宝卷活动重复性渲染中培育了百姓的敬畏之心和警觉意识,使百姓加深了认同。因此说,宝卷满足了人们的某种生活需要——"有了需求"和"能满足需求"的结合,便产生了价值诉求,甚至助长了"公信力"和"共同体"意识。

在西方现代文化的冲击下,在现代经济文化、物质文化的大潮中,中国农村社会或快或慢地被裹挟经济改革、文化变革和观念变轨的潮流中。河西走廊虽然离历朝历代的经济中心不算近,但也没有脱离时代主流的整体趋势。后来河西宝卷在河西大地逐渐不再"流行",甚至淡出了河西人主要的生活视界。宝卷文化渐入衰落阶段后,宝卷的现实价值降低,也可以说是宝卷的使用价值被"他物"所取代或淹没。在21世纪回眸历史的反思中,河西宝卷被列为国家级"非遗",在"一带一路"倡议下对地域、地带、地位的再次审视中,古"丝绸之路"上的文化又显露了新的意义和重要性,宝卷活动的历史中有我们今天"全球化"竞争中可鉴的经验。

二、宝卷文化:"春秋"意识的断点续传

河西宝卷是河西走廊的一种"戏剧"性文化,这种文化在传播流程中有两种基本的显现方式:

第一种是宝卷文本,即承载宝卷思想内容和念唱曲调的"卷本",老百姓也称之为"卷"。在旧时代,农村中读书识字之人较少,进过学堂或能读会写的人被村民们称为"读书人"或"有文化的人",常被认为是其家族中或祖坟中"文脉"比较好,较令人羡慕。"有文化的人"在村子里相对来说得到的礼遇也较多,受人敬重,文书写作、写信撰联、念诵讲演、主持仪式等事宜,多由这些"有文化的人"中的某个人来承担。如今在河西老百姓家里多见的都是经过"有文化的人"誊抄的复制文本,也有极少数是"起卷"者模仿创作的卷本。

第二种是某个农闲时日,在某个村民家里开展"念卷"活动。某个年长者或在村民中有威信的人,自觉承担起组织者角色,召集左邻右舍,邀请某个"有文化的人"来担任"念卷"的"先生",选定一个村民家庭,在其家里开展"念卷"活动。"念卷"过程中"先生"会有准备活动、开场告白和对宝卷内容的阐释与评议,"先生"也会结合宝卷内容和村民们家里的实际情形对在场听众进行劝勉与警示。念卷结束后大家会围绕所念宝卷和念卷过程交流感受和心得。所有与宝卷有关的行为、行动和谈论评议共同构成了"念卷活动"。

不同的研究者依据不同的标准会将河西宝卷文本的题材分为若干类型,有学者分为两类:"宗教宝卷"和"世俗宝卷";有学者分为三类:"佛教类""神话传说类""寓言类";有学者分为四类:寓言类、神话传说类、童话类、传奇类;也有学者分为五类:反映社会生活的、来自民间神话传说故事的、来自历史人物传奇的、叙述寓言和童话故事的、记叙佛教活动

的，⑨或将历史人物与历史故事的宝卷独占一类。⑩且不说上述分类由于标准不够清晰和统一，使得同一宝卷同时可属不同类别使得"分类"降低了信度，单说这些分类的多样性恰恰说明河西宝卷在题材、内容、叙事结构上具有丰富性和交叉性，重复和重合的部分正好说明——河西宝卷是民间文学，也是民俗、民间曲艺。其中，伦理、秩序、家园是宝卷中作为基石的关键词，佛道文化思想、孔孟儒家文化思想是宝卷的两个核心板块，将宗教的凝心静气说和中国经营家国的"治理"思想在宝卷中汇聚一处。梁启超在《论小说与群治之关系》中，提出小说具有"熏""浸""刺""提"四股力量，此四股"不可思议"之力能"支配人道"，故而梁启超主张："欲新一国之民，不可不先新一国之小说。故欲新道德，必新小说。欲新宗教，必新小说。欲新政治，必新小说。欲新风俗，必新小说。欲新学艺，必新小说。乃至欲新人心、欲新人格，必新小说。"⑪梁启超在《论佛教与群治之关系》中又强调，佛教具有"智信""兼善""入世""无量""平等""自力"之特点，认为"佛学广矣大矣深矣微矣"，"佛力无尽"，人的"愿力"亦无尽，"佛教有益于群治"。⑫佛学力推"智信""兼善"，儒家思想力建"仁义"尚"礼"的人伦，文学"支配人道"、干预人生，对构建和谐家园，可谓相得益彰。

河西宝卷的文本主要反映了以下几类内容："善"为立人之本，善为弘德之基；人要尚"信"，人自觉信守某种义理，而且还要彼此之间"相信"；守人伦而重"礼节"，但有"节"才有"礼"；光明和正义是混溶一体的理想状态，基本表征是公正和平等，是善恶分明，是抑恶扬善；人与人的命运在现实生活中都是互有联系、相互影响的，彼此之间是维特根斯坦式"绳索共同体"；读书会明理，做事要顾人。⑬宝卷的中心思想是：强调人生在世要做好人、行善事、积阴德，做事要"三思而后行"，要"三省其心"；作恶多端、暴殄天物、伤天害理都会遭到神佛的惩罚。宝卷中的"报应"理念通过不同的"卷本"被一致地阐释为：行善做恶，天知神晓；对国家尽忠，对长辈（父母）尽孝，定得善报；尊劳爱幼、扶危济贫、勤劳坚韧是做人的

大品格；善有善报，恶有恶报是天地间的命运准则；一生行善积德者，死后升入天坛享福；作孽造恶者，死后下地狱受罚，而且要经受"轮回"之苦；佛威面前，人人公道；佛法无边，疏而不漏。⑭宝卷引导人们重视"感恩""回报"，自觉构建和谐的、共生的、团圆的社会。宝卷的这些内容一部分是来自佛教教义，另一部分来自儒释道的经典论著，还有一部分来自来流传久远的自民间传说和民间神话，这些内容共同组成了"宝卷"的美学基础和哲学基础。

河西宝卷一般是"读书人"传播、传承的，"读书人"所做的"起卷""誊抄"（抄卷）和主持的"念卷"总称为"宝卷活动"，宝卷文本和宝卷活动一起构成了宝卷文化传承的主体，宣扬和传递着宝卷中的思想与精神。每一部宝卷都是由散文、韵文、诗歌三种语言形式组成。散文部分一般要"读念"，夹杂着河西各地的很多方言，也会涉及河西生活中司空见惯的民俗节庆、饮食习惯和农务劳动，甚至出现河西人民在生产中使用的农具器物，显得极为切合劳动人民的生产生活。韵文部分需要"唱念"，或为七字言韵文，或为十字言韵文，略求文采，格式整齐。诗歌部分需要"诵念"，有"五言"和"七言"两种形式。

念卷人按照宝卷文本的结构顺序，会"唱""念""评""议"结合。其中"唱"往往是按照前辈遗传下来的唱腔曲调来唱出韵文，表演念卷人抑扬顿挫的声腔魅力。"诵念"诗歌时，也讲求停顿和强调，声腔会显出铿锵之力。"评"和"议"是对宝卷内容中人与事进行发挥

性地诠释，有时念卷人也会有意解构某些人物的传统印象、颠覆某些形象的习惯认识，[15]或为鼓励听众的"志气"，或为引领听众的"趣味"，或为吸引听众而增添评议者的"高见"，以此显示念卷人的学识、见闻、胸怀、气度、亲近感、信任感，也会显示念卷人和卷本中的荣辱感、价值观以及解读的自由空间，譬如说积累一些典型的事例、推荐与村民家中情形联系较近或极为相似的宝卷文本等。"评""议"和阐释宝卷的过程中，念卷人往往要带动大家联系身边的人、事进行说教，对周围听众进行劝勉和告诫。不同的念卷人学识见闻、胸怀气度和对唱腔的把握不同以及对世间人事的演绎不同，就会产生不同的效果，听众也会呈现出不同的接受反应，听众的愉悦感和收获感也就会有差异。所以村民会邀请不同的念卷先生来"念"同一部"卷"，也会请同一个念卷人到不同的村民家中，建议念卷人选择不同的宝卷文本来"念"。在这些重复或反复中，"唱""念""评""议"要做到既不得罪人，又能影响和娱乐众人，就需要艺术，"怎样念好卷"就成了艺术追求，也就有了经验积累。

如此，宝卷中的艺术成分得以传递和创造，宝卷就自然而然地成了"宝卷文本""念卷活动""唱念艺术"的混溶体，宝卷内容、生活实际、念卷人、听卷者就构成了一个必不可少的"连续体"，村子（地域）、村民（人）、宝卷（知识）、时令季节（时间）、起卷与念卷等（活动、事件）合在一起，加上老百姓的受益，就构成了具有完整环节和链条的惯习。河西宝卷是民间社会中自觉发展起来的，"起卷""念卷""抄卷""藏卷"等都是老百姓自发的活动，属于一种"自组织活动"。宝卷活动中牵连着老百姓的信仰仪式、自律教化内容、自我调节意识，同时还包含着对"家国一理""家国一体"的认知，包含着国家关怀和家国共同体的意识。在"起卷""念卷""抄卷""藏卷"和对宝卷的评议活动中，传递了宝卷的思想、精神和义理，宝卷文本、念卷活动、民间曲艺便被嵌套成了一个整体，或者说形成了一个知识、信息、观念和理性的系统，共同构筑了"宝卷文化"。哈佛大学人类学系的赫兹费尔德（Michael Herzfeld）教授认为，在我们理解文化这个概念时，我们不应该说这个文化或者那个文化，文化不是一个东西，它是一个过程。赫兹费尔德教授的"文化过程论"对文化的界定是：文化的产生和变迁指向的是过程，保护和传承文化也是对这一过程进行的干预，以使这一过程在价值链条上延伸，而不是对结果、结果所附载的形式、象征过程的符号重新定义或命名。

宝卷中的思想观念曾一度调节了农村社会的人际关系，和解了邻里之间和家庭成员之间的矛盾纠纷，丰富了老百姓的社会知识和文化生活，滋养了老百姓的心灵世界，培育了老百姓的守序意识、诚信意识、敬畏忌惮意识，也维护并规约了老百姓之间的关怀伦理，辅助了生产生活的理序。宝卷文化又不是独立的，河西宝卷文化是河西历史文化、敦煌文化、走廊文化、宗教文化、民间信仰文化、民俗文化、生产文化、教育文化、传播文化、生态调适文化、中华历史文化、政权政治文化等多种"文化形式"的综合体，或者说上述"文化形式"在河西宝卷中是互为补充、相互补释、互为支撑的"互文"系统。上述内容、功能和系统都形成于历史进程中，也只有在历史进程视角中，才可高度认同河西宝卷文化是中华文化的重要组成部分。

人类学家汤普森（M. Thompson）在 1979 年提出了"垃圾理论"（rubbish theory），认为一些废物通过循环利用，又能够变成有价值的东西。赫兹费尔德将其作为理解"价值等级"来源的视角,赫兹费尔德认为:博物馆里展览的文物,很多在历史上只是一些无关紧要的物件,如今被人们赋予或发现了价值;一个人年轻时候的一个物件,现在很难复现了,它就变成了一件有价值的东西。尤其在新自由主义经济体系中,一个时代原本很不值钱的东西有一天也许会变得很有价值。

根据赫兹费尔德和汤普森的理论,河西宝卷经历了朝代更替中的筛选和沉淀,也反映了"改朝换代"下的"春秋"观,这种"春秋"观既涵盖了江山社稷的命意,也包含了在历史过程中,河西地域及其贮存的文化与国家利益焦点的远近亲疏;在价值定位上,地域文化才保留着中华传统文化;文化有可能被割裂中断,也有可能断点续传,而主流价值观往往影响了这个国家的文化走向,也决定了这个时代所畅行的经验理性;当地域滋育的文化与国家利益的关系被凸显后,也正是充分传播和创新文化的最佳契机。

三、价值传承:家国意志的跨时代延伸

河西宝卷既是地域文化的产物,也是中国传统文化乃至中华文明的一个有机组成部分。保护和开发利用河西宝卷这类"非遗"首先是认识问题,而不是经费投入的问题。传承"非遗"势必要落归到政府倡导、政府保障,传承的优劣又往往归于政府工作绩效。先认清宝卷在历史上的功能和价值,同时研究"非遗"能满足当下人的哪些需要,才能传承并创新宝卷这类"非遗"在当代的价值,也才能合理评估政府在督行"遗产"保护过程中的牵头作用。

目前有一种现象是,保护和开发河西宝卷等"非遗"的行动中,多是依赖政府的主导,政府可以调动各方力量,譬如政府会鼓励商家来实施——无疑带上了"产业化"发展的意识。如果让商家来操作,"追求最大利润"必定是其首要选择。政府投资的保护和开发属于知识资产的整合行动,常常是从理论意义上的"可行性"出发,往往带有宏观性的"预测"和"推论"性质,甚至说显现为"带有善意的假定"。政府(代表国家和广大人民等间接受益者)主导时往往是出于"益",商家(部分商业组织或民众)可能更侧重于"利",而老百姓(譬如宝卷的直接受益者)可能既在乎"利""益",还在乎劳动付出带来的精神回报。"愿力"不同、需求维度不同,面对宝卷等"非遗"会产生不同的价值定位和需求层次。政府和老百姓在对待"非遗"时则分列为价值取向不等的"二元"。如果加入商业资本的力量,可能会变成"三元","三元"之间的价值错位是可以想象到的。政府的行动可能因为整体规划的协调部署而有了主次和轻重之分,但政府行动一定要与老百姓的现实诉求相对应才能见诸实效,当政府站在老百姓的立场上抉择时,"在场化"的决策才显现为有效的谋略。只有将需求层次之间准确对接才能集合各方力量激发行动的自觉性和活力,才能真正求得绩效。

传承和创新文化需要经济实力来支撑,在保护和开发"非遗"的话语序列中保护和研发河西宝卷的当代价值需要政府要予以充分的资金支持,同时要组织专业技术人员和专家能手加入其中,分配专职人员进行管理和实施。通过政府拨付专项基金,或者设置专题项目,专门机构组织遴选专业人员,对宝卷使用者、宝卷文化、宝卷开发的方式和程序进行研究、定制方案,即政府投资支持,专业人员操作,专家学者研究,专门场所存贮,专职人员

管理，专管领导负责，成立的专门机构和专业委员会督行。这样，政府的"主导"就会逐渐变成"引导"，实施保护者就会逐渐从政府变成宝卷的受益者。只有责任到具体的人或具体的行动中，实施起来才会有持久的效果。以下是对保护和开发河西宝卷的几点建议或构想：

第一，保障阅读供应是传承宝卷文化的基本形式。有了专项基金，我们可以把河西宝卷的手抄体"卷本"印刷或出版为"'卷'书"，然后把这些印刷出版的"'卷'书"发放到河西农村中。因为当下老百姓的文化程度普遍比前高了，他们可以在闲暇时间"看"卷本，把它当作文学作品来阅读。阅读宝卷就是在认识宝卷文化，也即在回顾或回忆宝卷文化。现代农村中都有村委会办公场所，投放到村子中的宝卷有的可以放置在村委会办公场所，也可以放置在村子的学校中。愿意看宝卷的村民可以去领"'卷'书"，学校的师生更可以方便地阅读，只要有管理人员进行登记和统计即可。姑且可以将这种活动叫作"文化还乡"，保证了那些没有时间和精力来誊抄宝卷者也可以方便地阅读到宝卷，也保证了现代人的阅读与中国传统文化的衔接。

宝卷自唐代出现到清代的发展，虽非"大学"而为"小说"，但其释放的价值指引、教化人心的作用不可小觑，将宝卷视为小说来欣赏未为不可。自"五四"新文化运动中，小说上升到了文学的正宗地位，文学具有的功能和价值，对宝卷、小说来说亦是应有之义。况且当今很多人把河西宝卷这样的文本当作小说文学来欣赏，固然会受到"熏""浸""刺""提"的激励，受到宝卷中的诸多文化元素的影响。这里面要注意一点：那些来领取宝卷的人一定是对宝卷文化感兴趣的人，或者是对宝卷文本有需求的人，大可以足量地供应他们的需求，不必担忧他们"借而不还"。这些宝卷文本只要放置在他们能方便看到的地方，就可放射暗示的力量，也会激发人们阅读的可能，人们也便会吸收"熏""浸""刺""提"之力，就像受到其他文学作品的启发一样。

第二，在村民中挑选有"起卷"经验的人，或者是那些擅于文学创作的人，只要他们有精力，以项目资助的形式，按量配套经费，支持他们将一些尚未进入"宝卷"的作品转写成宝卷文本，承担起"文化传承人"的角色。这是"起卷"的延续，也是宝卷创作的训练，同时还是传承宝卷文化的举措，使得新时代的读书人可以继续创作宝卷文本，积累宝卷创作的经验。此间，可以对这些"起卷"者安排一些采访活动，让他们在"口述"记录中讲解对宝卷文化的体悟，留存一些音频和音像资料。专业人士对"起卷"者摄像、采访，这对"起卷"人及其家人来说既是一种荣耀的事，也具有纪念意义，还可以留存资料。宝卷研究者便可比较和综合口述者的影像资料，从而提炼宝卷文化的创作理论和审美批评理论。

第三，在各村中挑选数个有"念卷"经验的人，让他们在村中按旧式"念卷"模式组织几场"念卷"活动，自始至终完整地拍摄其组织过程和念卷场景。再将影像制作成光碟，在村民中发放，促助宝卷文化及其仪式在"展演"活动中得到交流。这样可以将一些擅于"念卷"者也以"文化传承人"的名义存贮到影像中，可以把这些优秀的"念卷"人和"起卷"人一起载入宝卷传承的史料中。"入史"对普通老百姓来说是乐意为之的事，他们的积极性也会在"进入镜头"和"进入史册"的激励中体现出来。将不同村庄、不同乡镇的影像资料交换发放，观看者有了新鲜感，就会产生"看看其他人怎么念卷"的欲望。一来二往的推送和选拔,通过"口口相传",满足了宝卷爱好者的"宝卷情结",新的"起卷"者和"念卷"人便会逐渐涌现出来,他们会汲取并糅合邻村、邻镇、他乡人"起卷"与"念卷"的经验,从而给"起卷"和"念卷"提供了"创新"的可能。

第四,就像家族社会中制作和修订家谱、族谱一样,给河西走廊各村镇的"起卷者""念卷人"建立志册,历时性地呈现不同时代、不同村落"起卷者"和"念卷人"演绎和推进宝卷的姿态。同时,收集整理宝卷流传过程中的"大事记",给河西走廊的宝卷文本编目,建立河西宝卷资料数据库(或纸质资料,或电子资料)。在条件成熟时就可建立"河西宝卷(文化)志",为历史留下史记资料。

第五,宝卷的产业化尝试。从河西宝卷中选取题材贴近现实生活、真实性强的宝卷文本,请专业编剧改编成"宝卷剧",请影视文化传播公司拍摄制作成可视化的存盘——U 盘或光盘,将宝卷与现代媒体技术结合,以增加宝卷的传世形态和传播方式。在县、乡、镇遴选和组建"念卷社(剧)团",跨乡镇、跨县市展演。在镇、乡、村建立河西宝卷展播室,收集和展出民间收藏的宝卷古本,激励村民将收藏的宝卷提交到这些定点文化站。文化站也可定期演出一些宝卷,对演出人员支付一定的劳务报酬。

第六,政府设置宝卷专题项目,呼吁专家学者从学理的角度进行研究。专家学者可能会在宝卷文本和影像资料中围绕民俗生活、语言接触、方言变化、民族融合、经济发展、宗教传播、口述文化与历史等角度进行学术研究,同时研究"非遗"在"产业化"中的得失。专家学者将会诠释和发掘宝卷文化的历史价值和当代价值,也会发掘宝卷在当代社会的生发空间。以项目化的形式鼓励专家学者研究宝卷在各个历史阶段中对社会发展的积极贡献,探究河西宝卷在不同文化交融中、在不同时代中演变趋势。

无论是宝卷文本还是宝卷的影像资料,只要有人观看、阅读和研究,就会使宝卷文化的传承和创新成为可能,甚至成为延续宝卷文化的一种行动。在此行动过程中一定要克服偏见,譬如说政府在发挥职能和评论绩效时会有一种"认为老百姓看不清"的误解,其实老百姓才是从最实际的效果出发考虑问题的。老百姓能跟风,也能跟从,并不说明老百姓能真正认同。不认同的事可以做,但不易成为"自觉"。老百姓自己感受到必要性时才会在自然而然的行动中形成"自觉"。老百姓缺的有时不是智慧,而是资源和机会,甚至说是自主权。"顶层"光照"底层"时,除了疏淡,还有隔膜。正如卢梭所说:"人类一切知识中最有用但又最落后的是关于人的知识。"[16]理解平民百姓的心理,调动能传承文化的各方力量,传承和创新文明便会自然地融入社会生活过程。

因此说,传承文明、创新文明主要在于"在场化"地研究、调动和体悟老百姓的真正需要,在于"在地化"的语境中传承和发展非物质文化遗产,[17]传承文明将会进入"日常生活化"的节奏和轨迹。政府高屋建瓴的"顶层设计"、自上而下地引领不是不可以,毕竟"引领者"中汇聚了知识精英,而且拥有"话语权",但未必是在"上层建筑"和"底层"民众的"对话"中进行。对话中由于道德的参与,所以才能保证"认同"的推进。人类学家认为:礼物交换才是小规模社会中产生和维持社会关系的程序,礼物交换同时也是一桩道德交易。[18]一定程度上也可以说,政策的实施也是一种"道德交易",所以人们喜欢在"双赢"中建立"互信"的伦理。宝卷等"非遗"延传于民间,若未能真正能体悟民间生活的需求和向往,决策就不可能是"高效率""快节奏""持久性"的，因而也就有可能产生"官民脱节"现象、政策的"短效"现象。

注释：

① 哈建军：《河西宝卷对走廊文化的注解及其当代价值》，《社科纵横》2016 年第 12 期。

② 杨念群：《"在地化"研究的得失与中国社会史发展的前景》，《天津社会科学》2007 年第 1 期。

③ 中国社会科学院民族研究所：《马克思恩格斯论民族问题》（上），民族出版社 1987 年版，第 108 页。

④ 中国社会科学院民族研究所：《列宁论民族问题》（上），民族出版社 1987 年版，第 50 页。

⑤ 字振华：《马克思主义民族理论中国化研究》，人民出版社 2014 年版，第 61 - 62 页。

⑥ "河西宝卷"在 2006 年先后被甘肃省政府和文化部列为"非物质文化遗产"，列入"民间文学"类。

⑦ 李贵生：《从敦煌变文到河西宝卷——河西宝卷的渊源与发展》，《青海民族大学学报》（社会科学版）2015 年第 1 期。

⑧ 段平：《论"宝卷"的宗教色彩和艺术特征》，《兰州大学学报》1985 年第 3 期。

⑨ 程国君：《论丝路河西宝卷的文化形态、文体特征与文化价值》，《甘肃社会科学》2016 年第 2 期。

⑩ 李亚棋：《河西宝卷的保护与传承》，《温州大学学报》（社会科学版）2016 年第 6 期。

⑪⑫ 梁启超：《饮冰室合集》，北京：中华书局 1989 年版，第 6 - 10 页、第 45 - 51 页。

⑬ 哈建军：《民间生态智慧的传承与"非遗"的价值新估》，《广西民族研究》2016 年第 3 期。

⑭ 哈建军：《河西宝卷中生存智慧与民间生态的建构与传播》，《宁夏师范学院学报》2016 年 1 期。

⑮ 鲍玥如、敖运梅合著的《河西宝卷中传统人物形象的颠覆及其演变》（刊发于《文艺评论》2015 年第 2 期）从文本解读的角度，论述了河西宝卷中人物形象的可"反转"性及"反传统意义"，印证了宝卷文本的多维阐释空间。

⑯ ［法］让-雅克·卢梭：《论人类不平等的起源和基础》，黄小彦译，译林出版社 2013 年版，第 11 页。

⑰ 李丽丹：《"在地化"与"在场化"：博弈中的非物质文化遗产——以天津相声的传承语境分析为例》，《民族艺术》2010 年第 4 期。

⑱ ［英］罗伯特莱顿：《他者的眼光：人类学理论导论》，罗攀、苏敏译，华夏出版社 2005 年版，第 89 页。

（哈建军，男，1973 年生，甘肃张掖民乐人，文学博士，社会学博士后，河西学院文学院教授，甘肃省文艺评论家协会理事，主要从事中国现当代文学的教学和研究）

近代晋陕移民与"河套"内涵变迁

◎ 刘 勇

摘 要：近代以来，晋陕移民为主体的北方移民涌入内蒙古河套地区，并且在河套地区进行了大规模的水利开发活动，持续的农业移民和水利开发、土地开垦，逐渐改变了河套地区的经济、社会形态，使"河套"的内涵发生实质性改变：一是从偏重于地理学意义上的河套地区，变为偏重于社会学意义上的河套平原；二是从偏重于广义的"河套"变为偏重于狭义的"河套"即"后套"。

关键词：晋陕移民 水利 河套 后套

河套得名于黄河大拐弯，最初是一个地理学概念。近代以前的河套以游牧为主要生产方式和社会形态。由于近代河套地区大量晋陕移民及其大规模水利开发，河套逐渐变为农业区，"河套"的内涵随之发生实质性改变。近代以来的"河套"，一方面是从地理学概念变为社会学概念，即从偏重于单纯的地理区域变为偏重于农业经济和农业社会；另一方面，以引黄灌溉著称的后套地区，因为农业生产的成就而成为河套的代称，"河套"从偏重于广义的"河套"变为偏重于狭义的"河套"即"后套"。

一、晋陕移民在河套的水利开发

近代以来河套地区的移民主要是指陕西、山西、甘肃、山东、河北等五省北方移民，因为地缘关系，其中又以晋陕西口移民为主体。[①]这些移民在河套地区经历了一个从"雁行"到定居的过程，而他们在河套的水利开发则为其定居河套创造了最基本的经济社会条件。

清代至民国时期河套的水利开发，由地商出资组织，由移民出力挖渠，可以分为四个时期，即康乾时期、道咸时期、同光时期[②]以及第四个时期即民国初期。其中道咸时期、同光时期和民国时期的时间范围主要在近代，这三个时期也是河套水利开发的主要时期。从晚清至民国时期河套地区形成的十大干渠，就组织者地商的原籍而言，有山西和陕西籍的，也有其他各省的，但就挖渠的渠工籍贯而言，还是以晋陕移民为主体，所以从某种程度上说是晋陕移民开发了河套。

（一）道咸年间的河套水利开发

道咸年间晋陕移民在河套的水利开发主要是缠金渠（永济渠）和刚目渠（刚济渠）。

（1）永济渠。永济渠是河套境内最早的干渠，《绥远省通志稿》引《河套治要》说："永济渠原名缠金渠，为地商永盛兴、锦和永等于道光五年借贷达旗之款，未能归偿，以地作抵,遂开此渠。"③道咸年间的河套商号一般以晋陕商号为主体,永盛兴、锦和永主人即为陕西府谷人。《绥远省通志稿》又载:"嗣有甄玉、魏羊,并陕西府谷皇甫川人。嘉庆间,经商包头,与达旗郡王交善。郡王当立,族人争之,涉讼于朝。郡王贫不能赴质,甄、魏助之以资。道光初,郡王袭爵,准甄、魏垦今临河西偏地。其四年创开缠金渠,即今之永济渠也。"④道咸之际,聚集在缠金渠的商号已达 48 家,他们设立了 48 个牛犋,开地数顷至数十顷不等。由于缠金渠的水量越来越不适应的引水与垦荒的需要,就由甄玉、魏羊出头联合景太德、崇发公、祥太玉等 48 家商号共同出资扩挖缠金渠,接挖长度达到 140 余里,口宽 5 丈,干渠之下又开挖一些支渠。⑤扩建后的缠金渠渠水两旺,灌地三四千顷,收粮 10 万石。

（2）刚济渠。刚目渠原为临河境内的黄河天然支流,原名刚目河、刚毛河。"刚目河渠,一名刚卯,咸丰年间,商人贺清开凿,股份众多,支渠林立,渠身甚长。"⑥咸丰年间地商贺清集资开挖刚目渠,一名刚卯渠,后改称刚济渠。刚济渠的旧口,"在黄芥壕,长三千六百丈",新口为河北籍地商王同春于光绪年间所开。王同春于光绪二十三年（1897 年）修浚刚济渠,并改名刚济渠。1929 年永济渠经理韩仁山修浚刚目河,从永济渠开口,之后逐渐成为永济渠的支流。⑦

（二）同光年间河套的水利开发

同光年间晋陕移民的水利开发主要有老郭渠（通济渠）、长胜渠（长济渠）、塔布渠、义和渠、沙和渠及丰济渠（永和渠）。

（1）通济渠的开挖。旅蒙的山西交城商人张振达在河套设有万德源商号,他见开渠垦荒有利可图,于同治六年（1867 年）吸收四川籍商人郭大义（郭有元）到万德源当开渠总管,开始租地垦荒。同治八年王同春经人推荐投效万德源。同治八年短辫子壕工程正式开始,委任郭大义为总管,王同春为渠工头,按期开成 20 余里的渠道,挖成之后名字叫短辫子渠。因为开渠之初存在技术问题,三年之后短辫子渠淤塞。万德源商号无力自挖,就联合万泰公、史老虎、郭大义组成四大股,公推郭大义为经理,以王同春为渠工头,重新开挖短辫子渠。⑧同治十三年重新开挖短辫子渠,在重挖短辫子渠时,王同春首创从黄河开口,这奠定了河套干渠从黄河引水的技术基础。渠成后称为老郭渠,民国四年（1915 年）改称通济渠。⑨

（2）长济渠的开挖。长济渠原名长胜渠,于同治十一年为地商侯双珠、郑和等人共同开挖。该渠原本是短辫子壕与塔布河之间的天然沟道,侯、郑在开挖老郭渠的影响下,在塔布河西二里黄河上直接开口,利用一段天生壕,经大北淖至东槐木,开挖生工渠 50 里,历时 7 年。侯双珠因老成疾病故,由其侄子侯应魁继续挖渠事业,再向东北接挖,经大有公、昌汉淖以入乌加河,计长 32 里,费时八年。光绪二十五年（1899 年）,商号德恒永自树林子接挖,经二小圪堵、宿亥淖入乌加河,计长 32 里。因该渠宣泄不畅,侯应魁特邀王同春帮助解决。王所勘测的退水路线,自圪生壕境,由旧那林河转入乌梁素海,计长二十八里。⑩

（3）塔布渠的开挖。同治二年,有侯、田两姓在塔布河中游两岸挖些小沟灌田,同治末年塔布河上游基本淤塞,下游积水也蒸发,残留淤泥和鱼虾等有机质,土质肥沃无比。

光绪初年,地商樊三喜、夏明堂、成顺长、高和娃和蒙族人吉尔吉庆组成五大股,合力修挖塔布河。在王同春建议下,不用旧口,而是另挖新口,从长济渠口东四里黄河上游直接引水,下接塔布河旧道,经李三树、邓存店、圪舍桥,再向东南开挖退水渠一道,入乌梁素海。光绪七年(1881年)基本完工,灌地1000余顷。

(4)义和渠的开挖。义和渠原名王同春渠。王同春在确认河套地势西南高、东北低之后,于光绪六年动工开挖义和渠,由土城子北黄河岸开口,利用天然沟壕向东北开挖。当时开渠断面仅宽二丈,一面出土,分段施工,当年挖到同兴德。第二年挖到隆兴长并开始浇灌土地。光绪十年挖到把总地、邓存店,经营三壕放退水入通济渠。光绪十二年又向正北开挖退水渠一道,由贾粉房入乌加河。但因坡度不好,又于光绪十五、十六年雇佣晋陕等北方逃难灾民,又向东北经老赵圪堵、同心泉、银岁桥、范碾桥送入乌加河。全渠长110里,"灌溉区域,面积二千八百余顷,能种之地,约二千与顷,能浇者千顷以上"。⑪义和渠灌溉区域以隆兴长为中心,而隆兴长逐渐发展为河套的政治、经济、文化及交通中心。

(5)沙河渠的开挖。"沙和渠系王同春于光绪十七年开挖。事前因达拉特发生内争,王同春亲为调解,费月余之力,消费银二千余两,始告解决。达旗感念王君之德,遂将隆兴长以西地亩,租与耕种。王君因感有地无水,遂兴意动工,夙兴夜寐,奔劳辛勤,日无暇晷,亲率工人开挖,因渠口附近数里皆为沙漠,故名曰沙和渠,又名王同春渠。"⑫全渠自口至乌加河,全长90里,工费银9万两。沙河渠开挖之际,正值北方诸省大旱,大量难民逃入河套地区,为沙和渠提供了廉价的劳动力,全部工程进展比较迅速,仅用五年就大功告成。沙和渠灌溉区域约2200顷,能耕种者约1100顷。⑬

(6)丰济渠的开挖。丰济渠原名协成渠,初名中和渠,又名皇渠。光绪十八年,王同春集资2万两白银,从黄芥壕黄河北岸开口,经杭锦旗马场地、天吉太向北截断刚目河,送入维某当初所开小渠,计新工长32里,宽四丈,深六尺。以后继续将协成小渠劈宽挖深,向西北开挖退水渠,经同元成东送入刚目河天然壕内,又费银3200两。但因退水不畅,光绪二十三年,又向北开挖退水渠,经银点兔已送入乌加河内,共长28里,宽3丈,深4尺。至此全部工程完成,长90余里,历时8年,支出工银7万余两。⑭

同光时期是晋陕移民开发河套水利的黄金时期,"河套水利,至清朝同、光之际,后人所盛称开辟套地水利、谙悉水脉之王同春者,始至其地。而其先,已有川人郭敏修者凿渠放地于斯土,又有甄玉、侯应魁及郑、田、杨姓各地商步伍于后,至光绪中年,遂有缠金、刚目、中和、永和、老郭、长胜、五大股等八大干渠之成功,而以王同春所开至渠为著,其尽力独多也。"⑮关于开发时期的河套水利,王文景评论道:此时的河套水利基本上是人民群众的自发行动,政府一概没有过问。渠道的修挖与管理由地商掌握,如果遇到紧急工程或者决口等情况,地商号令一出,农民齐声响应。当时各大干渠渠身通畅,退水顺利,支渠四达,田畴备野,禾苗青青,俨同内地,"亦可谓河套水利最初兴盛时期"。⑯河套水利开发的高潮应该归功于晋陕移民为主体的北方移民。

(三)民国时期移民的水利开发

河套的水利在晚清形成了八大干渠,进入民国又演变为十大干渠。河套十大干渠主要是地商组织晋陕等省移民开挖。地商组织移民开渠的高潮在同光时期,后由于贻谷将地商的私开干渠收归公有,地商遭到空前打击。但是蕴藏在移民身上的力量并没有消失,从清末到民初地商进入了一个潜伏期。民国六年左右,再次掀起开渠高潮。

(1)杨家河的开挖。民国地商开渠的最大成绩是杨家河的开挖。杨氏家族是河套著名水利世家,原籍山西河曲,同治末期进入河套,以杨家河称著于世。由于杨茂林被剥夺永济渠承包权以及杨满仓承包沙和渠已无经济效益,杨家遂计划在乌拉河以西的杭盖地自创一条大渠。杨家与天主教会协商订立合同,又与杭锦旗订立租地合同,顺利承包到土地。杨家众弟兄实地考察数月并邀请王同春帮助勘测,最终确定了杨家河渠线。民国六年(1917 年)春开工,民国十六年完工。杨家河开挖过程中,杨米仓、杨满仓和杨茂林先后因劳累过世,杨家以无比之决心与毅力,团结一致,前赴后继,终成大业。工程历时 10 年之久,费银 70 余万两,计干渠全长 140 余里,浇地 1 000 余顷,列入民国河套十大干渠。

(2)修整黄济渠。黄济渠原名黄土拉亥河,是河套西部原南北河之间的一条天然河流。同治十二年,陕西府谷商人杨廷栋因其先人在蛮会、大发公一带经营蒙古生意,租得黄土拉亥河下游达拉特旗部分土地,引黄土拉亥河水浇灌。[17]至光绪初年,杨廷栋又与辖治该渠上游的杭锦旗商妥,包租两岸土地,引水灌溉。[18]清光绪庚子年(1900 年),杨氏后人纠合达拉特旗蒙兵,捣毁玉隆永、大发公教堂,杀死教士及教民数人,酿成教案。[19]教会以赔教款名义,全部占有黄土拉亥河渠地。清末黄土拉亥河严重淤积,陕坝以南地方仅有三四顷可耕地,于是教会出面组织挖渠。光绪三十二年,教会出资整修黄土拉亥河,开挖上蛮会支渠及其配套子渠。民国三年,开挖下蛮会西支渠和玉隆支渠。民国四年,开挖大发公支渠。民国七年,开挖沙壕支渠。民国八年,开挖园子支渠。经过十余年的整修,黄土拉亥河的灌溉系统逐渐完备,灌溉面积日益扩大。民国十四年,临河设治,经临河设治局长官绅等与教会交涉,将黄土拉亥河渠地无条件收回。民国三十二年,黄土拉亥河改名黄济渠,列为河套十大干渠。

二、水利开发与"河套"内涵变迁

(一)"河套"之得名

自有黄河就有河套,但"河套"的称谓最早出现于《明史》中,而以《地理志》与《鞑靼传》中记载比较详细。《地理志·榆林卫》载:"西有奢延水,西北有黑水,经卫南,为三岔川流入焉。又北有大河,自宁夏卫东北流经此,西经旧丰州西,折而东,经三受降城南,折而南,经旧东胜卫,又东入山西平虏卫界,地可两千里,大河三面环之,所谓河套也。"[20]这里的河套指的黄河三面环绕的地区。《鞑靼传》载:"天顺间,有阿罗出者,率属潜入河套居住,遂逼近西边。河套,古朔方郡,唐张仁愿筑三受降城处也。地在黄河南,自宁夏至偏头关延袤两千里,饶水草,为东胜卫,东胜而外,土平衍,敌来,一骑不能隐。明初守之,后以旷绝内徙,至是寇来与小王子毛里孩等先后继至,掳中国人为乡导。抄掠延绥无虚时,而边事以棘。"[21]这里明确指出河套地在黄河以南,即秦汉人所称的河南地。明代河套地区大致在陕西境内长城以北,黄河干流自宁夏青铜峡经内蒙古至陕西河曲附近而南流,绕成一个大弯曲,成套状,得名河套。②

(二)"河套"内涵变迁

"河套"内涵的变迁主要表现为前套与后套的划分和对称。前套与后套的划分和对称,明代尚没有出现,形成于近代以来。就成因而言,既有自然地理的原因,又有社会历史的原因。从自然地理角度看,古代的黄河在入套口部岐分南河和北河二支,北河是主流,南河是支流。清代道光以后,黄河主流和支流互换位置,北河上部逐渐淤断,而成为乌加河,南河就正式成为黄河。从社会历史角度看,黄河南河成为主流后,黄河以南区域在相当长的时期内仍然是游牧经济和游牧社会,黄河以北区域则因为大量汉族移民和农田开垦、引黄灌溉逐渐变为农业经济和农业社会。晚清至民国时期逐渐形成了前套与后套对称的两种说法。以黄河为界的第一种说法,黄河以南的鄂尔多斯地区为前套,黄河以北的河套平原为后套,可以称之为"南北"前、后套对称。就河套平原,又因为自然条件和对黄河水的利用不同而形成了前套与后套的第二种说法,位于河套平原东部的土默川平原为前套,位于河套平原西部的地点则为后套,可以称之为"东西"前、后套对称。

1. "南北"前、后套对称

民国学者张遐民著有《抗战时从政河套见闻记》和《王同春与绥远河套之开发》,抗战时期曾在河套地区有生活经历,其对河套名称及地形的论述较诸一般民国时人清晰。他指出,套是指地形之曲折处,河流之弯曲即称"河套"。他进一步解释说:"宁夏境内中卫以上之黄河,本自西东流,自中卫至青铜峡后,东面受阻于鄂尔多斯台地、西面受阻于贺兰山,遂折而向东北流;至托克托县之河口,又为山西高原管岑山之余脉所阻,复自北而南流。黄河在此一地区,形成大湾曲,故有'河套'之称。"③可见河套就是黄河"几"字湾内外地区。他又将河套大致上分成两大部分,即鄂尔多斯台地与河套平原:"河套地区,西界贺兰山,北界阴山,东以黄河与桑干河之分水岭为界,南以长城为界,包括宁夏省之东部,绥远省之西、中二部,以及陕西省北部之一小部。此一地区,约可划分为鄂尔多斯台地与河套平原两大部分。鄂尔多斯,居河套之内,为黄河所包,东、西、北三面环河,而南面临长城,自成一区。在套之前方,称为前套,以别黄河以北冲积平原而形成之后套。"④鄂尔多斯台地因为地势较高,不便引黄灌溉,其时游牧业占据相当比例,而河套平原则是引黄河水灌溉的农业区。

我们知道,前套与后套的对称,起因于黄河北河与南河的河道变迁。本来在黄河北河之内的河套是一个整体,因为黄河南河成为主流,河套就被分成两个部分,位于南河(黄河)以南的"河套"部分与位于南河(黄河)与乌加河之间的"河套"部分就分别成为前套与后套。河套本意是河流弯曲之处即黄河三面环绕之地,或者至少说河套的主体应该是长城以北、黄河以南的鄂尔多斯高原一带的"套内"之地。但是清末民初的河套却主要指黄河以北、阴山以南的"套外"之地。原因在于清朝中后期黄河以北地区的经济生活和社会结构的变迁,使得黄河内外的社会泾渭分明。在明末清初的时候,今内蒙古境内的黄河内外同属蒙族游牧地带,虽然有一河之隔,但经济生活和社会结构是相同的。但是随着晋陕人民涌入黄河以北地区,随着大规模的农田水利开发,河南与河北逐渐呈现不同的社会风貌。黄河以北逐渐由游牧社会转变为农业社会,而农业作为此地区新兴的生产形式引导了此地区的社会变革。人们对河套的注意力就聚焦在充满活力的黄河以北的平原地区,而原本作为河套主体的黄河以南地区则不作为人们关注的焦点。这样,从清中后期到民国初期,"河套"的内涵,从偏重于地理学意义上的河套地区,变为偏重于社会学意义上的河套平原,河套平原就逐渐成为"河套"的代称。时至今日,人们提及河套,已经很少会想到黄河对岸地区了。

2. "东西"前、后套对称

张遐民对河套平原的西套、后套及东套的划分也颇为清晰。"河套平原,可分西套、后套及东套(套东)三大部分。宁夏境内东面之西套平原,为黄河于贺兰山与鄂尔多斯台地间所形成之冲积地带。绥远省境内河套之西北隅,界于今之黄河与五加河间,自五加河西北至阴山之狭长地带,亦计入其内,其地即今之米仓、临河、狼山、五原、宴江、安北六县及陕坝市之肥沃平原,普通称为后套。至于安北以东之包头、萨拉齐、归绥、托克托四县间之三角形原野,昔称为套东,现呼为前套,即后套之对称语。至五原、安北、包头间之地区,以往称为套中。故后套、套中、套东三地区,为绥远境内,黄河以北,河套平原区域各别之名称。"㉑西套是今宁夏银川平原一带;前套是包括包头、萨拉齐、归绥的土默川平原即今包头、呼和浩特一带,后套是包括米仓、临河、狼山、五原、宴江、安北、陕坝即今巴彦淖尔一带。这种说法也是民国年间比较同行的说法。《绥远通志稿》载:"河套幅员辽阔,延袤纵横,广漠无垠。宁夏省属一带,谓之西套,大河南岸各旗地,并包头西山嘴迤东谓之前套,而五原、临河、安北三县局境,则统称之为后套。"㉒绥远省的五原、临河、安北三县局在实行傅作义 1942 年新县制后变为七县市,地理范围不变。五原、临河、安北三县局在临河、安北未设置之前统属五原县辖地。《民国河套新编》说后套"地在前套之北,南界黄河,北界狼山,东起乌拉山,西至阿拉善蒙古东境,东西长约四百里,南北广约百里,面积约四万方里,地势西南高,东北下,决渠引水,亦得自然之利,即汉临河县地是也。今为杭锦、达拉特二旗西北境及乌拉特旗之南境,属五原县管辖。"㉓民国初年的五原县,后来的五、临、安三县局,抗战时期的七县市以及今日的巴彦淖尔市的临河区、杭锦后旗、五原县、磴口县、乌拉特前旗,虽然河套地区行政区划在变化,但是范围基本不变,都是清末至民国不同历史时期的后套辖地。

如果说以黄河为界限的鄂尔多斯台地与后套平原的对称,还有一定的地理学依据,那么,黄河北岸东部之包、萨、归地区与黄河北岸西部之五、临、安的前套、后套之对称,则很难找到非常有力的地理学依据。地理学常将河流与山脉作为不同地区的划分标志,但河套平原东部的包、萨、归地区与河套平原西部的五、临、安地区并没有显著的划界标志。民国年间的绥东和绥西,都位于黄河与阴山之间,中间没有河流与山脉阻隔,交通上非常便利,所谓"八百里河套一马平川",同属河套平原,为什么还会有前套、后套的划分? 问题的关键在于前套与后套对黄河水的利用不同。后套地理位置优越,引黄灌溉条件良好,人民群众重视兴修水利,从晚清至民国初年,形成了八大官渠,成为闻名全国的产粮区。"后套水利,在清时概况略如上述。前套视后套,则相去甚远,地势既高,且多沙山,河水之益,不易得焉。惟包头境内西山嘴地方，黄河歧出，衍为一流，名曰三呼河。东行二百三十里，复注于河，主支二流之间，夹成低滩，名曰三呼湾。面积一千八百方里，其地西高东下，宜于引水种植。"⑧"绥东则与绥西大异其趣。仅黑河一道，其名较著，位于归、萨、托三县境内，水源有限，灌田无多，沿河村庄，可资引溉者免四十余村庄耳，其利未能溥也。此外无水利可言，自萨、包迤东，山前山后各县，无大河流。惟循大青山沿边各村落，或赖山泉细流，辟治少数田亩，或遇山洪暴发，夏秋资以淤田。此外全省田地十之八九皆旱田也。"⑧ 归、萨、托三县境内仅有黑河较大，但灌溉农田有限，所以绥东各县大多是旱田。"除黑河一水外，再无较大河流可资引用，种种旱田，专恃天时，以为丰歉而已。且春出秋归，惟贪地多，不精工作，间以住居地理关系，偶潴山泉，用灌畦圃，利用山洪，淤积地层，亦少数耳。历年久远，谚所谓种旱靠天，寖成习惯，即村傍溪流水泊，亦不肯费力引渠，用以灌田。盖因得地易，用力少，不屑此类劳作也。民国以还，习俗依然。"⑨ 因为没有大的河流可资利用，前套的人民就专靠天雨吃饭，而不积极挖渠灌田，民风相沿成习，一直到民国都没有太大改变。"故言本省水利，自以绥西为重，除归、萨、托三县各得一部分，其他各县能霑水渠之利者，十不及一焉。"⑩ 所以在民国时期的绥远，绥西即后套地区是引黄灌溉的主要地区，绥西除了归、萨、托之外，基本上是以旱田为主。

在民国时期，提及前套与后套，主要指黄河北岸东部之包、萨、归地区与黄河北岸西部之五、临、安的前、后套对称。这一过程发生在清末民初之际，历史上的河南地、河套，就逐渐被排除在"河套"之外。其原因归纳为：清末民初，大量晋陕走西口人民涌入绥远地区谋求生计，由于走西口是自东向西推进，所以绥远东部地区得到较早的开发，绥远西部地区开发较晚。但是绥远西部地区引黄灌溉条件好，人民勤于水利建设，经过几十年的发展，在河套西部形成了一个大的黄灌区，普遍耕种水浇地，由于地处河套平原后部，因之时人称为后套。绥远东部地区引黄灌溉条件较差，人民不勤于水利建设，从晚清至民国初年，一直以旱地为主，水浇地较少，由于地处河套平原前部，因之时人称为前套。前套与后套的对称是因对黄河的利用不同而产生，对称的实质在于，它向人们说明绥远省的真正黄灌区在后套，后套是河套平原的中心地带。这样到民国时期，河套的内涵，逐渐从偏重于广义的"河套"变为偏重于狭义的"河套"即"后套"。

注释：

① 闫天灵：《汉族移民与近代内蒙古社会变迁研究》，民族出版社 2004 年版，第 134 - 136 页。

② 张植华：《略论河套地商》，刘海源主编：《内蒙古垦务研究》，内蒙古人民出版社 1990 年版，第 82 - 88 页。

③④⑥⑪⑮⑲㉖㉘㉙㉚㉛ 绥远通志馆编纂：《绥远通志稿》，第五册卷四十（上）〔水利〕，内蒙古人民出版社 2007 年版，第 699、704、702、613、590 - 591、661、591、591、593、593 - 594、594 - 595 页。

⑤ 关于四十八家商号共开缠金渠的情况参看《河套灌区水利简史》一书与《后套渠道之开浚沿革》一文。《河套灌区水利简史》，水利电力出版社 1988 年版，第 152 页。王喆：《后套渠道之开浚沿革》，政协内蒙古文史资料委员会：《内蒙古文史资料》，第 36 辑《王同春与河套水利》，内蒙古文史书店 1989 年版，第 154 页。

⑦⑩⑬⑭⑯ 王文景：《后套水利沿革》，政协巴彦淖尔文史资料委员会：《巴彦淖尔文史资料》第 5 辑，

1985 年 11 月，第 118、102 - 103、100、95 - 96、89 - 90 页。

⑧ 陈耳东：《河套罐区水利简史》，水利电力出版社 1988 年版，第 157 页。

⑨ 内蒙古河套灌区解放闸灌域管理局编：《内蒙古河套灌区解放闸灌域水利志》，内蒙古地矿印刷厂印刷，2002 年 11 月，第 242 - 243 页。

⑫⑱ 王喆：《后套渠道之开浚沿革》，政协内蒙古文史资料委员会：《内蒙古文史资料》，第 36 辑《王同春与河套水利》，内蒙古文史书店 1989 年版，第 174、165 页。

⑰ 巴彦淖尔盟志编纂委员会：《巴彦淖尔盟志》，内蒙古人民出版社 1997 年版，第 449 页。

⑳㉑《明史·地理志》，《二十五史》上海古籍出版社 1995 年版，第 7889、8705 页。

㉒ 冷江泓辑：《河套名称之说》，政协巴彦淖尔文史资料委员会：《巴彦淖尔文史资料》，第 15 辑《河套水利》，1995 年 10 月，第 11 页。

㉓㉔㉕ 张遐民：《王同春与绥远河套之开发》，台湾地区商务印书馆 1980 年版，第 7、7 - 8、9 页。

㉗ 冯际隆纂：《民国河套新编》，《中国地方志集成》内蒙古府县志辑，凤凰出版社 2012 年版，第 21 页。

（刘勇，历史学博士，浙江越秀外国语学院马克思主义学院讲师，研究方向为环境史）

绍兴古代交通文化及其旅游开发研究*

◎ 王书侠

摘　要：绍兴古代史是一部由水环境变迁史引发的城市变迁史和交通变迁史。绍兴具有相当发达的交通文明，该地区的古代交通文物为中华交通史提供了直接的物证。因此，绍兴古代交通极具旅游开发价值。绍兴虽然是著名旅游城市，但各旅游景点体量小，各自独立，景点之间缺少内在的联系和有机组合。故本文提出绍兴古代交通与旅游开发论题，拟以交通为轴线，串联起散落在绍兴各地的美丽景点。文章在系统分析绍兴古代交通遗存和交通旅游史实事象的基础上，提出以休闲为主题的运河、诗路文化观光游，以绿色健康为主题的山林古道健康疗养游，以考古修学为主题的越国名城寻古修学游三大交通旅游开发设想。

关键词：绍兴　古代交通　文化遗存　旅游史实事象　旅游开发

绍兴古代交通以水运为主，是我国古代水路交通最发达的地区之一。便利的交通使越国古城从建都起至今二千多年城址未变。[①]绍兴古代先民，在条件十分恶劣、毗邻东海大陆的宁绍平源之水环境中生存。海水倒灌后，先民赖以生存的水环境被吞噬，被迫流散到瘠薄的南部山地，过起"人民山居"的生活。再后来，随着海水北缩，治水神话英雄舜、禹及越国开国明君勾践等带领民众治理水患，越地先民才得以再次返回到平原的水环境中，一直生活到今天。[②]由此可见，绍兴古代史是一部由水环境变迁史引发的城市变迁史和交通变迁史，是古越先民与水患抗衡、治理水患、改善水环境的水环境改造史。绍兴古代交通具有显著的地域特色，文化积淀丰富且深厚，极具旅游开发价值。绍兴是我国首批二十四个历史文化名城之一，旅游资源极其丰富，开发价值高。但各旅游景点体量小，缺少组合，单个景点的容人量和容时量较小，故提出绍兴古代交通与旅游开发的论题，拟以交通为轴线，串联起散落在绍兴各地的美丽景点，加强各单个景点之间的有机联系，进而增加绍兴旅游的系统性，真正实现大绍兴"全城游"的旅游格局。

一、绍兴古代交通遗存

（一）陆路交通遗存

绍兴古代陆路交通十分发达，别具特色，由古道、古桥、驿站等组成了完整的交通体

---

* 基金项目：绍兴市哲学社会科学研究"十三五"规划 2018 年度重点课题"古越交通文化及其旅游开发研究（课题编号：135274）

系。以下列举几种典型的陆路交通遗存。

1. 古道

绍兴古道形成早、质量佳、密度大，主干道大多由石板、石子和砖石铺筑，史称"天下绍兴路"。现在，一条山岭古道可谓是一道观光线、风景带。

唐诗之路。唐诗之路是晋唐以来文人墨客好游的一条古道，留下许多杰出诗人的足迹和诗篇。当时诗人墨客游览浙东主要走水路。唐诗之路几乎穿过今天的绍兴全境，绍兴是唐代诗人墨客向往的目的地。白居易在《沃洲山禅院记》开头写道："东南山水，越为首，剡为面，沃洲、天姥为眉目。"其中提及的剡中、天姥、沃洲等都属今绍兴区域；李白曾五游剡中，四上天姥山。可见，天姥山是当时文人心目中的一座"圣山"。③

绍兴"茶马古道"。绍兴也有一条景色优美、文化遗存丰富的"茶马古道"，现位于绍兴市平水镇。平水水陆交通极为便利，曾是清末民初平水珠茶的重要产地，这里生产的珠茶曾通过陆路和水路，远销到美国、欧洲和北非等海外市场。绍兴"茶马古道"自清初至民国近三百年间，达到鼎盛时期，至今保存约 5 公里的古道。古道上的清末民居古建筑历经 100 多年风雨，依旧保存完好。

上青古道。上青古道自现在的绍兴市王坛镇一直到平水上灶古船埠，是一条集自然风光、古朴村落、人文遗存等于一体的古道。上青古道包括日铸岭古道和陶宴岭古道两条古代官道以及连接两条古道之间的万寿山古道。日铸岭古道古时为会稽至温、台的陆路通道；陶宴岭古道建于明清时期，是上青古道的精华所在，路质最佳，保存最完好，沿途景致最美。南朝齐梁年间道教思想家、医学家陶弘景曾隐居于此，由此得名。陆游祖父左丞相陆佃亦曾隐居于此，其墓在陶宴岭支峰下，陆游因此也曾多次行走在这些古道间。日铸岭古道和陶宴岭古道现为绍兴市文物保护单位。

2. 古桥

水乡绍兴，城内河道密如蛛网，与陆上道路系统交错或并联，形成一个复杂的系统。无桥不成市，古桥在绍兴城镇发展中发挥了巨大作用。柯桥是世界纺织品交易中心，它就是因桥而得名，因桥而成市。古绍兴历代桥梁多用青石构造，因地制宜，随处而异，匠师们将艺术与实用有机融合起来。绍兴至今尚有许多保存完好的古桥，宋、元、明、清历代桥梁形式齐全，构造完整，他处少见。其中的不少古桥还与历史人物、民间故事、名人诗文联系在一起。

绍兴城内河道上保存的古桥相对比较集中。有现存国内最古老的城市桥梁八字桥，晋代始建的光相桥，最富绍兴江南水乡特色的太平桥，国内仅存的五折边拱桥、七折边拱桥广宁桥、迎恩桥以及最受游客青睐的纤道桥等。纤道桥在古老的浙东大运河上，是一条与运河并行的长桥，素有"白玉长堤路之称"。纤道桥是桥、路合一的古道遗存，可谓水利交通史上天才的创造，极具江南水乡特色，倍受游客青睐。纤道桥始建于唐，现保存较为完整的是东起柯桥镇上谢桥、西至湖塘镇板桥的一段，全长约 7.5 公里。

3. 驿站

秦汉时期，绍兴境内无驿站，仅有作为县以下一级行政组织的亭；唐代在全国普设驿站，驿馆完全是官用的交通设施；宋代驿制除驿、馆、亭外，还有递铺。《后汉书》蔡邕列传载，因蔡邕曾避难而闻名的高迁亭，又称柯亭，即今柯桥。浙江省唯一保存完好的急递铺遗址,为位于绍兴诸暨红桥乡宣何村的宣何公馆,该公馆即罗岭铺遗址,处在古代诸暨通义乌的要道上。

(二) 水路交通遗存

绍兴古代是我国水路交通最发达的地区之一。随着地理环境的变迁,逐步形成曹娥江水系航道、浦阳江水系航道、三江水系航道三大水系航道,浙东运河贯通三大水系航道,构成以自然航道为经线,人工运河为纬线的绍兴航道网络。④唐、宋后,绍兴形成以浙东运河为主干,连通曹娥江、浦阳江、钱塘江水系的内河水运和近海水运二大系统。从晋代创造瓷器以来,绍兴就成为海上瓷器之路的始发地,绍兴载瓷从海上运往世界各地,在国外瓷器与"中国"的英文同名,与绍兴古瓷和绍兴交通有一定的历史的联系。

以下列举几种绍兴典型的水路交通遗存:

1. 水运航道

浙东运河。浙东运河是中国大运河的延伸,是我国古代浙东交通大动脉之枢纽工程,以历史悠久、功效显著、文化深厚闻名海内外。浙东运河以山阴古水道为主干,至今基本保持着原有的水道格局。据载,山阴古水道即绍兴东廓门至今绍兴曹娥江段浙东运河,它是绍兴最早的古代人工航道,建于春秋战国前期。⑤

鉴湖。鉴湖是我国江南最古老的大型蓄水工程,建成于东汉,由会稽太守马臻主持建造。据载,其集会稽山三十六源泉水而成,乃当时的世界之最。《越绝书》中记载了众多环湖而建的园林。鉴湖的建成,使山会平原从"荒服之地"过渡到"鱼米之乡",加之秀丽的湖光山色,吸引了众多文人墨客到来。绍兴的鉴湖和会稽山是我国历史文化地理上璀璨的明珠。今日的绍兴鉴湖,是古鉴湖的一部分,湖长约 23 公里,湖面最宽处约 4 公里,为省级风景名胜区。

三江、三江闸。三江,即曹娥江、钱清江与钱塘江的汇合口。三江港是古时绍兴的重要海港和海防要地,为"东海之门"。汤绍恩在嘉靖十四年任绍兴知府后,在三江上建三江闸,三江闸周围曾竖立着许多三江水利碑,现存三碑。曹娥江、钱清江汇入杭州湾的地方,正是钱塘江的冲浪口,潮景壮观。因此每年秋分前后,三江口及曹娥江下游沿岸就成为观潮胜地。

投醪河。投醪河又名劳师泽,亦写作箪醪河。据载,越王勾践出师伐吴雪耻师行之日,越国父老敬献壶浆,勾践将酒投于河上流,令军士迎流痛饮,军士士气大增,打败了吴国。投醪河亦由此长传不朽。现位于绍兴市内的投醪河河段,东西长 251 米,宽约 7 米,河小清幽,至今保存完整。

2. 塘路

避塘。避塘是绍兴水乡道路的一种特殊形式,也是古代交通史上一种特殊的遗迹,是与纤道类似的长桥,为横穿湖泊的塘路。绍兴现存最长的避塘是狭猻湖避塘,位于绍兴狭猻湖上。狭猻湖水面面积约 2.4 平方公里,为绍兴平原最大的天然淡水湖。"狭猻"原是绍兴一带居民的方言,属古越语。狭猻湖古避塘曾是沟通南北两岸交通和船只躲避风浪的通道,在古代交通史上占有重要地位。其始建于明代,由青石铺筑,全长 3.5 公里,故有"七里避塘"之说。避塘由实体塘堤、石桥、石亭相间组成,各种梁式石桥分布其上,气韵生动,错落有致。现存的古避塘基本保持着当年的原貌。

海塘。据记载,绍兴海塘始于春秋,后屡经增修,明嘉靖间全线贯通,全长60余公里。古代绍兴海塘,是拒咸蓄淡的堤坝,也是供商贾行旅通行的道路,是水利设施和道路设施合一的特殊建筑形式。现存东起万圣庵、西至益农闸止的18.3公里和安昌镇至大和山1.2公里属保护范围。

3. 堰坝

堰坝是古代绍兴人解决水位高差,用以蓄水通航的重要水运设施,也是水运管理的关卡设施。通航堰坝主要分布在宁绍平原东西流向的河道上。曾设立的重要通航堰坝有:钱清堰、都泗堰、曹娥堰、百官坝、小越坝、长坝等。

4. 水门

水门是专门通行舟楫的城门,它沟通了城市内河与外界的航运。在大越城初建时就有这种水乡特色的航道设施。古代经过历代增筑,至隋共辟有十座城门,其中七座为水城门,即罗门、东郭门、南门、水偏门、西郭门、昌安门、都赐门。因此,绍兴素有"七水通航"之称。

二、绍兴古代交通旅游史实事象

绍兴古代有考证的交通旅游史实事象较多,以下仅列举几个典型的事象:

吴越交战。据史料记载,公元前482年,越王勾践乘吴王夫差伐齐,分兵三路攻吴,一路由范蠡率右军,浮海入淮;一路由畴无余率左军,陆路进军;一路由勾践率中军溯江趋姑苏,姑苏即今江苏苏州。是为吴越交战。

秦始皇东巡会稽。据载,秦王第五次东巡时,渡过钱塘江后,登上会稽山祭祀大禹冢,留下了有名的会稽刻石。《会稽刻石》立于鹅鼻山顶,此山由此得名秦望山。秦望山因秦始皇曾登临望海而成越中名山,也因李斯的铭文刻石而成绍兴于兰亭之外的又一书法重地。秦始皇东巡南下时,曾在箬簧山下停车喂马,绍兴东湖风景区内的秦桥因而得名。

王羲之兰亭会。公元353年三月初三,晋代著名的书法家、会稽内史王羲之偕亲朋谢安、孙绰等41人,在绍兴兰亭举行饮酒赋诗的"曲水流觞"活动,最后得诗37首,汇为一册《兰亭集》,由王羲之作序并书,即成名满天下的《兰亭序》。

唐诗之路。浙东唐诗之路,中国的山水诗在此诞生,佛教、道教在此交汇。据载,曾有300余位颇有声望的诗人,在浙东唐诗之路上写下了1000余首佳作。绍兴为什么如此受瞩目?因为绍兴春秋时期是越国古都,东晋时称"海内剧邑",唐代是"浙东七州首城",直至明、清仍是"浙东巨邑"。⑥所以绍兴成为浙东唐诗之路的主要干道和主要目的地,唐代李白、杜甫、元稹等几百位著名诗人都曾慕名到此游历,留下了不少脍炙人口的诗篇。绍兴会稽山更因历代名人雅士留下诸多诗词文赋而声名远播,成为"浙东唐诗之路"上的第一大山水风光。

南镇庙、禹庙朝圣祭祀。南镇会稽山是中国古代五镇之一,是中国历史十大名山之一。治水英雄大禹的葬地大禹陵就位于会稽山麓。所以,从古至今,到南镇会稽山朝拜祭祀者络绎不绝。为方便祭祀活动,在南镇会稽山建有南镇庙。《越中杂识》记载:"南镇庙,在府城南一十三里会稽山下,祀南镇会稽山之神,自秦汉以来祭祀惟谨。"古代在农历三月初五禹王华诞之日祭禹,在三月初六南镇会稽山神之日祭会稽山神,所以南镇庙会包含禹庙会。据传,一到农历二月,朝廷官员、文人墨客、商旅巨贾等到南镇庙祭祀者便接踵而至,日以万计。届时,庙前河道上,画舫、乌篷船等各种水运工具满载香客游人,穿梭不息,往来如织。

空海之路。唐代,绍兴亦是江南佛教活动的重要场地和对外交流的驿站,高僧辈出,有大佛寺、戒珠寺、大善寺等名刹。日本"入唐八家"中的最澄、空海、圆仁、圆珍四家,都曾来绍兴求法。据载,公元804年,空海大师访华时,在离开中国之前曾在绍兴至少停留三个月之久,他在绍兴学习王羲之书法,搜寻各式经典书籍,并在戒珠讲寺和大善寺学习佛法,在绍停留阶段,他结交了许多朋友。⑦

徐霞客游绍。据研究,地理学家兼旅行家徐霞客曾多次游历绍兴。徐霞客究竟几游绍兴,说法不一。丁锡贤先生认为,徐霞客至少四游绍兴,而第一次游历绍兴走的是浙东唐诗之路,他曾在绍兴游过五泄、兰亭、大禹陵等诸多景点。⑧盛鸿郎认为,徐霞客曾三次到绍兴府境内旅游,足迹及于8县中(8县即山阴、会稽、萧山、诸暨、上虞、余姚、嵊县、新昌)的7县(除嵊县外),在浙东运河上航行至少有5次之多,其中4次过曹娥江。⑨

崔溥"漂海"。崔溥"漂海"曾路过绍兴。据载,明朝时期,朝鲜国崔溥,在渡海返家奔丧途中,不幸遭遇暴风袭击,在海上漂流14昼夜,历尽劫波,终经宁波、绍兴、杭州,沿大运河上北京,转道回朝鲜国。回国后,他以日记形式用汉文叙写了在中国的所见所闻,即成《漂海录》。葛振家著的崔溥《漂海录》评注第77-80页,详细记载了崔溥在绍兴府的所见所闻。

三、绍兴古代交通旅游开发

绍兴古代交通文化是一笔宝贵的义化旅游资源,既有很高的观赏价值、实用价值,同时具有很高的历史价值、文化价值和科学价值。目前,从旅游开发角度,绍兴古代丰富的交通文化和资源还未得到应有的重视,有待加以系统和深入的开发。现已推出的环城河夜游、乌篷船游古街等交通旅游形式,虽然体量不大,接待的人数尚少,但已充分显示了交通旅游开发的巨大潜力和魅力。⑩

绍兴古代交通文化与水文化、桥文化、酒文化、名士文化等紧密融合,不可分离。因此要对交通旅游实施系统性开发。按照"行即是游""大交通""大文化、大绍兴"的开发理念,提出以下三种开发设想。

(一) 运河、诗路文化观光游

绍兴以水立城,旅游中却几乎水路不通,许多游客对"绍兴街道浮建在水面上"颇感好奇,对绍兴"东方威尼斯"之美誉十分仰慕。为让居民和外来游客再次看到美丽的水乡风貌,乘着浙江省"五水共治"的东风,绍兴这几年加大了对水环境综合整治的力度,水环境治理成效显著,水文化旅游开发条件日益完善。相信"山阴道上行,如在镜中游"的美好水乡画面即将重现。

因为古代文人墨客进入越地后,多沿浙东运河走水路行进,所以提出"运河、诗路文化观光游"设想。该游线以水路游玩为主,让游客体会绍兴之"江南风情"的特有魅力。考虑到浙东运河绍兴段与浙东唐诗之路绍兴段重要路段的重叠,因而提出了浙东运河文化与唐诗之路文化联合开发的设想。

运河、诗路文化旅游开发以观光休闲为主题,重点展示绍兴水乡风貌、绍兴古代交通的历史与现状。客人游走在古河道、古桥、老街小巷间,玩的是悠闲,得到的是清静,感受的是文化,看到的是历史。开发以下两条游线,客人随自己喜好任意选择:

1. 运河文化专线游

浙东古运河(绍兴段)是古越第一水道、千年名河,是涵养越文化的重要源流之一。古运河沿线保留有包括国家级文物在内的各级文保单位几十处。桥乡、酒乡、名士之乡沿河分布,绍兴主要城镇都位于运河周边或穿河而过。2002 年前后重点开发建设的绍兴运河园位于古运河的主干河道,较真实地记录了浙东古运河的历史精华,可谓是一处典型的交通旅游景点。依托这些重要的交通遗存和史实事象,开发以展示绍兴古运河特色风情为主题的运河文化专线游。绍兴古运河文化专线游从西端钱清始发,向东经鉴湖、柯岩、东浦、东湖、皋埠、陶堰至曹娥江后出市境,把会稽山南镇庙、大禹陵、绍兴运河园、绍兴运河文化馆、浙东运河古纤道遗产展示馆、八字桥历史街区等重要交通景点串联起来。绍兴黄酒被誉为"东方名酒之冠",绍兴黄酒所以成为佳酿,是因为用的是水质特好的鉴湖水。因此,绍兴黄酒博物馆也应列入古运河文化专线游景点。古运河的壮丽史诗加上古桥、古纤道、古亭等沿河风情,将成为绍兴水乡一道独特的交通旅游风景线。

2. 运河、诗路文化观光休闲游

运河、诗路文化观光休闲游从绍兴钱清始发,沿浙东古运河向东至上虞曹娥江后转而向南,经曹娥孝女庙、谢安故居、新昌大佛寺、沃洲湖、穿岩十九峰、天姥山等景点,在新昌结束行程。该游线运用大绍兴的旅游概念,巧妙地串起绍兴各县区,横穿东西、纵贯南北,其沿途的县、区、镇等行政区域是重要的游客集散中心和服务区。全游线最大旅游时长预计 5～7 天,最短 2～3 天。可开设以下三种游览方式:

一是水路观光休闲。复原古代诗人墨客的旅游方式,全游线以水行为主,采用水路前进、沿途停靠观赏的旅游形式。

二是"水路+陆路"混合式观光休闲。采用水路和陆路相交错的混合式游览形式,即浙东古运河段以水路为主,至曹娥江后改陆路向南行,最后到达新昌沃洲湖、天姥山等景区。

三是陆路观光休闲。即整条游线以陆路交通方式为主,采用陆路行进、沿途停靠观赏的旅游形式。

（二）山林古道健康疗养游

绍兴南部山地曾是越族人的重要播迁之地。优良的生态环境、广阔的山林资源是绍兴南部山地最大的财富。绍兴南部山地承载着绍兴的后花园功能,而绍兴又被称作上海的后花园。不同于城市公园、单体的河(湖)公园、城市广场、环河(湖)景观带、分散的植物园等健身休疗养场所,绍兴南部山地体量十分庞大,生态系统完整,生态环境极佳,健康疗养资源丰富,且文化底蕴十分厚重。因此,这里若能重点开发,可打造成继北部古城旅游区之外的另一个旅游黄金点。

如今,健康疗养游已经成为城乡居民的旅游消费热点,绍兴山林古道健康疗养游现实客源和潜在客源市场巨大。绍兴现代化交通网的日臻完善和建设可减少游客转移途中所耗的时间和精力,从而进一步提升旅游的可进入性。目前,杭州正在积极申报国家中心城市,其发布的《综合交通发展"十三五"规划》中,连接绍兴柯桥和杭州萧山的杭绍城际轨道,是杭州外连其他城市的首条城际铁路。它不仅是一条交通线,更是一条经济、技术和人才传输的大动脉。绍兴成为杭州的"价值外溢区"。现在杭绍同城一体化进程已经进入新阶段,随着绍兴地铁1号线、杭绍城际铁路、杭州绕城高速公路西复线等的开工建设,越来越多的杭城人来绍兴购房置业和休闲疗养,杭绍双城正在实现无缝对接。除了杭绍一体化,长三角一体化也进入了加快发展的关键阶段。长江三角洲地区以上海为龙头,高铁网络的建构形成了以上海为核心的一小时都市圈。绍兴与杭州、上海等长三角周边城市之间不仅经济命脉相连,其诸多文化也是一脉相承,许多上海、杭州、宁波等地居民的祖籍是绍兴。这些历史、经济与文化要素将不断扩大绍兴整体旅游客源市场的规模。

山林古道旅游开发突出健康疗养的主题。主要吸引绍兴、杭州及其他长三角周边城市居民来此作周末小休闲和中休闲。茶马古道、上青古道、万寿山古道等多集中在平水、王坛和稽东一带山区。因此,在平水、王坛和稽东一带规划以健康疗养为主题的山林古道旅游区。这一区片山高林茂,环境清幽,空气清新,是天然的氧吧。通过开发,使游客来此开展轻松休闲的徒步行,暂时逃避城市的喧嚣,尽情享受山野的恬静。游客在此缓缓地行,尽情地赏,细细地品,既锻炼身体、呼吸健康空气,又能体会绍兴独特的文化和风情。

建议对这一区片的交通遗迹和资源加以整合,以王坛为中心,用茶马古道、上青古道等古道作链条,串联起锁泗桥、祝家村、王化村、金鱼村、新联村等行政村,及古道周边的古民居、古桥、古井、古亭、古寺庙、古船埠遗迹、古树名木、古茶园、十里筠溪等自然和人文景点。考虑客人的个性化需要,开发强度较大的徒步健身游和比较闲散轻松的休闲疗养游。

1. 山林古道徒步健身游

古道周边的山区海拔从几十米到几百米不等,很适合徒步旅行者周末踏青健身。山林古道徒步健身游规划1~2日游线,可从锁泗桥村出发,沿日铸岭古道经兰若寺水库到祝家村,到祝家村后,分东西两条线前进,西线沿万寿山古道经万寿山水库至金鱼村后再沿陶宴岭古道至新联村结束行程;东线继续沿日铸岭古道前进至王化村后终止于新联村。由此,祝家村、金鱼村、新联村和王化村形成一条闭合的环线。古道游以锁泗桥、祝家村、王化村、金鱼村和新联村为主要集散地和游客服务中心。

山林古道徒步健身游重点开发内容和原则如下:

一是古道周边旅游配套设施建设。包括古道沿线的路标、食品饮料补给点、游客临时休息处、行走里程指示牌、必要的安全警示等的规划和建设。

二是设立突发事件处理中心。在山林古道上徒步健身旅游有一定的危险性,应该设立一至数个具有一定专业水准的突发事件应急处置中心,解决徒步旅游者行进中可能遇到的各种突发问题和个性化需要。

三是古道及沿线旅游景观的恢复和修缮。对古道沿途的文物遗存和景观资源进行一次系统地普查和整理，将古道周边的文物遗存和景观等进行必要的立牌介绍。对遭到严重破损的古道和周边景观资源，需进行必要的复古式恢复，对尚存的古道、周边古建筑等景观资源做好修缮工作。加强古道的日常维护，绝对不能改变古道原有的功能和类型，如把民间古道改成官方古道等。

2. 山林古道休闲疗养游

山林古道休闲疗养游在古道健身游理念的基础上，继续整合周边的交通资源、交通史实事象和自然、人文景观。通过开发，满足游客以休闲疗养为主要目的的慢旅游需求。可重点开发以下休闲疗养旅游区：

茶文化休闲体验区。绍兴有著名的"茶马古道"，至今尚存许多重要的茶文化资源。因此在古道上开发茶文化休闲体验区或茶文化博物馆十分必要和可行。建议保护和恢复利用祝家村现存的明、清时期 10 多亩"御茶湾"古茶园及周边茶园，保护和恢复利用王化村原址保存完好的具有百年历史的老茶栈等茶文化遗存。通过整合开发，最大程度上复原其清末民初时期的茶乡景象，给客人原汁原味的茶文化体验。

周边古民居村落体验区。因为经销茶叶获利丰厚，茶商们赚了钱后在"茶马古道"周边建造了大批住宅，这些古民居现已历经 100 多年风雨。虽然不是完好如初，但旧貌尚存、保存完好。建议把古道上的祝家村、王化村、金鱼村、铸铺岙村等散落的古民居加以修复，整体包装，保护成古村落遗址。这些古村落除用于观赏外，还可保护性地开发利用，做山间客栈、茶楼饭庄等，承担部分游客接待的功能。由于古村落及周边山水风光秀美也可尝试影视旅游开发，拍摄电影电视，甚至发展成影视基地。

十里筠溪休闲区。考虑到客人大多从市区或上海、杭州等地到南部山林古道旅游，路程大约半小时到 2 小时。因此，中途需要有一个缓冲地带，建议整合同样位于南部山区的十里筠溪资源，作为缓冲带。即将十里筠溪划至古道健康疗养旅游区内。十里筠溪区域极具生态旅游开发潜力，素有绍式"梅家坞"之称，历史悠久，文化遗存较多，在绍兴和周边地区已形成初步的影响力。据证实，筠溪山上的通道正是当年越国的陆路，这里溪水常流不断，绿竹青幽，古树缠藤，有多处古桥、古井、古亭、古庙等遗存，茶叶、竹笋等极具地方特色的农产品十分丰富。

山地休疗养和度假项目。绍兴南部山地是绝佳的度假资源。建议在十里筠溪和古道旅游其他的环境较佳区域，规划一些山地度假旅游项目，开展很有前景的山地度假旅游。同时，也可开发一些针对附近居民的森林氧吧、野外露营、农家乐、烧烤、垂钓、漂流、划船、戏水、赏花等休疗养项目，或是专门针对银发市场的老年休疗养等生态保健项目。

总之，该旅游区的开发要做足生态休闲和保健的文章。

3. 越国名城寻古修学游

越国古城文化旅游开发已有良好的基础。现提出的"越国名城寻古修学游"特别突出其古代交通文化之亮点及交通文化对文化的整合串联功能。依托越国古城及其周边景点，开展水路环游古城的旅游方式，即：以越国古城为核心，以古城四周河道畅通、风景优美的环城河为水行主路线，以环城河内古城间纵横交错的河流作为水行次路线，开发越国名城寻古修学游。该游线以考古修学为主题，深度游预计需 5～7 天行程。绍兴本就是一座漂在水上的历史博物馆,水游绍兴,更能让游客感受水城的古韵,原汁原味地体验以水著称的越国旧都。

开发时应注意串联起河道及其周边的重要越文化遗存,特别是交通文化遗存和交通史实事象,如:八字桥、广宁桥、光相桥等古桥,八字桥街区、仓桥直街、萧山街等古街区,会稽山大禹陵、东湖秦桥、绍兴黄酒博物馆、迎恩门、治水广场、投醪河、沈园、吕府、鲁迅故里等。除采用水路行进外,可同时推出陆路行进方式,因为绍兴的环城河与环城路是并行的,这样开发难度不大,而且可满足部分游客对"快游"的需求。

同时,可推出面向中小学生的爱祖国、爱家乡的德育教育游,或开发面向海外华侨、港澳台同胞的寻根问祖游等项目,以进一步丰富产品的形式和内涵,拓宽其市场群体和范围。

通过以上开发布局和设计,最大程度上使北部平原的"越国名城寻古修学游"、南部山地的"山林古道健康疗养游"和跨越南北的"运河、诗路文化观光游"这三种旅游开发形式产生互补优势,并共同构成一个能全面展示绍兴古代交通风貌和文化内涵的交通文化旅游系统。详见图1。

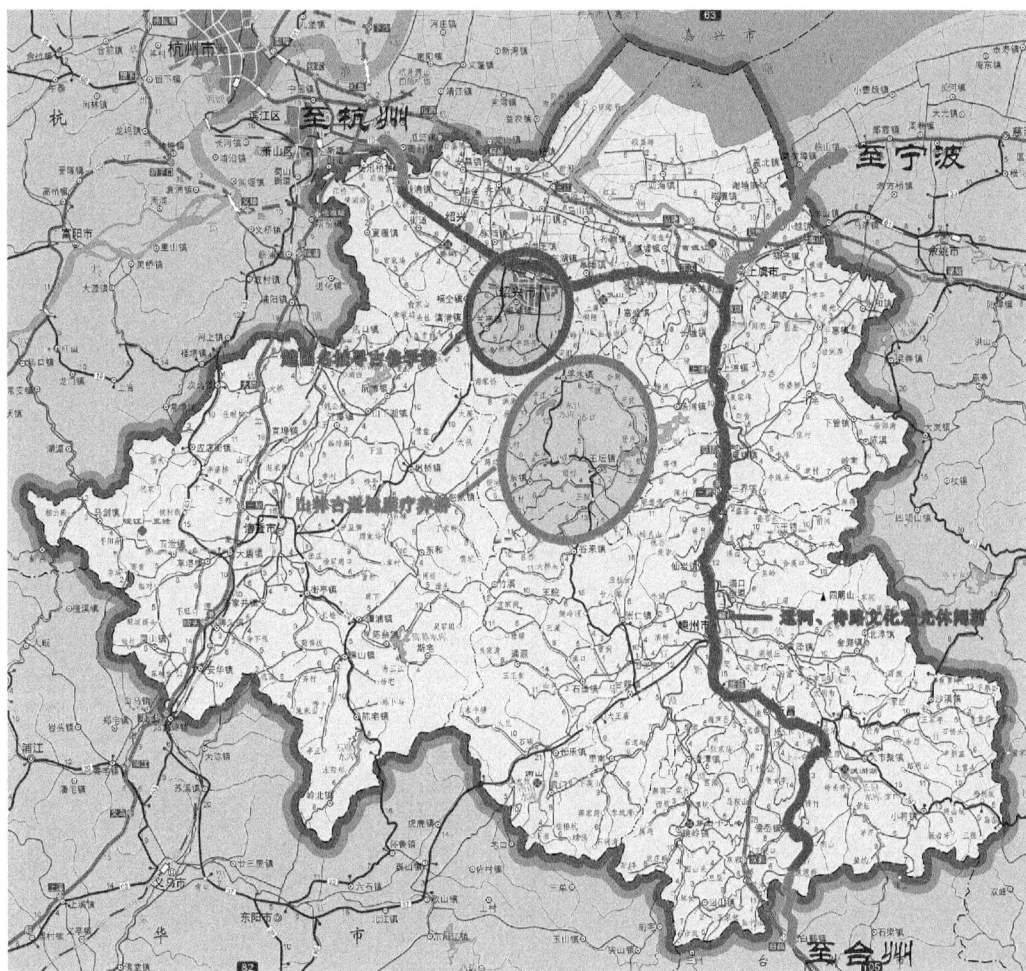

图1　绍兴古代交通旅游开发示意图

注释：

① 罗关洲主编：《绍兴市交通志》，浙江人民出版社 2007 年版，第 2 - 10 页。

② 陈桥驿：《越文化与水环境》，《浙江学刊》1994 年第 2 期，第 96 - 99 页。

③ 吕洪年：《浙东的"唐诗之路"》，《今日浙江》2003 年第 3 期，第 82 - 83 页。

④ 高春华：《绍兴市全城旅游开发研究》，《浙江师范大学硕士学位论文》2011 年第 29 期。

⑤ 陈桥驿：《浙东运河史》序，《浙江教育学院学报》2009 年第 2 期，第 1 - 4 页。

⑥ 徐建成：《浙东唐诗之路与禅茶东传之路的灵魂对接——智慧的墨迹》，《中共宁波市委党校学报》2010 年第 4 期，第 118 - 123 页。

⑦ 丁青：《再探日本名僧空海与绍兴的历史渊源》，《承德民族师专学报》2009 年第 11 期，第 47 - 49 页。

⑧ 丁锡贤：《浙东"唐诗之路"与徐霞客绍兴之旅》，《徐霞客在浙江·续二》2003 年第 4 期，第 254 - 260 页。

⑨ 盛鸿郎：《徐霞客与绍兴》，《徐霞客在浙江续二》2003 年第 4 期，第 92 - 105 页。

⑩ 郑涛：《刍议重庆交通旅游发展》，《重庆交通大学学报（社科版）》2011 年第 6 期，第 24 - 27 页。

（王书侠，女，1978 年 10 月生，河北唐山人，硕士，浙江越秀外国语学院副教授，主要从事文化旅游、旅游教育等方面的研究）

寻求题材与技法的双重突破

——2018年长篇小说综述

◎ 刘小波

摘　要： 2018年是长篇小说的大年，作家们推出了大量的优质长篇作品。在题材上，2018年的长篇小说围绕民生主题奉献了大批力作，涉及养老、教育、户籍、楼市等民生主题；同时，2018年的长篇小说着力关注个体的成长，将个体成长与时代变迁关联起来；历史探寻依旧是作家们乐此不疲的话题，很多作品都显现出一丝历史的魅影；在技法上，有大量的作品显示出一种新的动向，这既是形式上的创新，也是题材的延伸。这些作品与时代深刻接轨，切实反映了现实，触碰了每一位个体的痛点，让文学接上了浓郁的地气。但同时也应该看到，当下作家们普遍有一种长篇焦虑，长篇书写整体上有量无质的现象依然存在，这是作家与批评家们不得不正视的问题。

关键词： 长篇小说　民生主题　成长　历史　小说技法

2018年可以说是长篇小说真正意义上的大年，老一辈的50、60后名作家们新作迭出，70后、80后新生代作家渐渐能成为文坛主力军，而90后甚至00后作家也开始为文坛奉献长篇佳作，丰富长篇写作的版图。在文本呈现上，既有《山本》《戊戌变法》《北上》等历史深度挖掘之作，也有《乳牙》《无尽之夏》《景恒街》等后青春写作，还有李洱历时数十年打造的《应物兄》、刘亮程的《捎话》等技法更新之作，以及《活水》《息壤》《大野》等女性作家对乡村的深刻描摹与底层的深情关注，精彩纷呈，佳作迭出。在题材上，2018年的长篇小说围绕民生主题奉献了大批力作，涉及养老、教育、户籍、楼市等民生主题；同时，2018年的长篇小说着力关注个体的成长，将个体成长与时代变迁关联起来；历史探寻依旧是作家们乐此不疲的话题，很多作品都显现出一丝历史的魅影；在技法上，有大量的作品显示出一种新的动向，这既是形式上的创新，也是题材的延伸。这些作品与时代深刻接轨，切实反映了现实，触碰了每一位个体的痛点，让文学接上了浓郁的地气。

一、民生疾苦

关于民生主题的书写成为2018年长篇创作最为明显的特征。养老、教育、户籍、医疗、楼市、商战、环保、城市建设、校园暴力、精准扶贫等与普通个体生活密切相关的主题在今年的小说中几乎都有表达，文学介入生活的覆盖面更广，力度更深。

周大新的《天黑得很慢》[①]聚焦老年问题，小说关注老年人的生存现状，理性透析生命与死亡,采用"非虚构"的方式进行叙述。小说使用了万寿公园的黄昏纳凉活动这一场域和视角来安排结构,通过陪护员用亲身经历讲述陪护老人的故事,由此反映中国老龄社会的种种问题,比如养老、医疗、再婚、儿女等,涉及老人的科学治疗、延年益寿、老年陪护等现实问题。小说讲述了有关老年问题的多个层面,既写出了人到老年之后身体逐渐衰老,慢慢接近死亡的过程,也写了老年人精神上刻骨的孤独,同时,更写出了人间的温情与关怀。于是的《查无此人》用悬疑的外衣包裹着一个关于医疗与养老的问题。子清在父亲患阿尔茨海默病后被迫承担起照顾父亲的重责,因此彻底改变了原有的生活方式,甚至被迫放弃了远行的理想,作品深刻、细腻地描写了都市养老现况,在老龄化日益严重的时代里,这样的记录极具现实意义。作者对此有着切身的体会,她用虚实相间的手法将关系百姓日常生存的问题用小说表达出来。王手的《送行人手记》将笔触指向入殓师这一行业,关注人最后一程所面临的问题。蒋林的《最好的告别》也是对医疗、死亡等问题的透视。

残雪的《一种快要消失的职业》聚焦乡村医疗主题。小说描写了中国乡村常见的赤脚医生这一特殊群体,透过这一群体反映了乡村医疗的现状,作者有过赤脚医生的经历,对这一群体的生活有着切身体会。小说以包含关切的笔法对乡村世界进行了描写,写出了村子的贫穷、落后尤其是医疗技术的落后,写出了赤脚医生的艰难与坚守,同时也写出了一种豁达的生命观和生命的韧性。当然,她并非仅仅书写一种职业,而是透过老中青几代赤脚医生的视角,描写了乡村的另一面,尤其聚焦了乡村的精神世界,这也回到了她一贯坚持的精神关照。

鲁引弓的《小舍得》关注教育问题,将教育问题上升为一种阶层焦虑,对家长们面临的补习、学区房、升学考试等问题进行了全景展示,是其关注中国教育问题的又一力作,小说的主题触碰了中国绝大多数家长的神经,冷峻直面中国教育现状。黄宗之、朱雪梅的《藤校逐梦》也是一部反映教育问题的作品,焦点指向海外留学,通过中国与美国三个不同的华人家庭留学的故事,艺术地演绎了两代人悲欢离合的境遇及其复杂的心路历程。它指出家庭教育的重要以及对名校过分痴迷的不良后果,青少年的成长与家庭、社会、学校的教育密切相关,同时,年轻人树立人生目标以及确立自我发展意识也特别重要。秋尘的《青青子衿》聚焦教育问题,书写海外求学的故事,将现实的教育问题与历史串联起来,有现实的关注也有历史的反思。小说将中国高中生安迪在美国从私立学校吸食大麻转向公立学校开始写起,对父母的教育方式和与子女的沟通进行了反思,具有一定的警示意义。小说穿插了海外生存梦与归国梦的对比以及生活的艰辛、被裁员之后的生计困难等,都指向个体的基本生存。央歌儿的《音乐老师毕高芬》书写了一位教副科老师当班主任的故事,由此串起初中阶段学生的面貌、家长的状态和教师生存状态,同时也有子女成长所面临的一系列问题,也是一部聚焦教育主题的作品。於可训的《才女夏娲》则将笔伸向高等教育,书写博士的求学经历。

范小青《灭籍记》关注的是户籍问题,小说讲述了吴正好寻找父亲亲生父母的故事,最终引出一段特殊的历史以及叶兰乡、郑见桃、郑永梅等一系列人物在这段历史中的离奇境遇。故事的真正主角其实是一种叫作"籍"的东西。籍是只是一张简单的纸,但却是一种契约、一种身份的证明、一种主体自我的确认,更是一种象征,象征一张无形的命运之网,无论是送孩子时立下的契约、非特务身份的证明,还是房籍、户籍、个人档案都是如此。小说围绕"籍"展开,有三重叙述视角,讲述三段故事,最终回到"身份"这一根本问题上来。郊庙的《前妻的户口》关注的也是户籍问题,讲述了由一场离婚引起的户籍后遗症以及户口纠纷带给一大家人的困扰。

刘亮的《日子》关注房价,描述了几代人生存的不易,除了住房,还涉及医疗、教育、养老等诸多问题,是一种底层书写和民生关注。姜立涵的《大城小室》也是关注楼市的作品。马宇龙的《楼外楼》描写官场生活,但是更多还是关注改制、分配、住房等问题,是城市发展与民生矛盾的书写。还有大量的市井小说,描写平常生活,关注百姓日常。盛可以《息壤》关注的是生育主题。小说是一个典型的家族叙事,也是一种平常的生活写实。故事围绕一大家子人的生老病死展开,讲述了初家四代人的命运起伏。小说关注的是生育主题,甚至可以说是普通个体面临的生育困境。作者从子宫的角度切入,书写了一场场关于子宫的战争。小说通过描写初氏家族四代女人的不同处境与命运,写出了当代中国家庭所面临的复杂世情。

唐颖的《家肴》继续书写上海生活,用生活的细节真实描摹了上海的深度浮世绘,衣食住行与两性关系这些最具生活底色的话题成为她小说中心主题。小说以家族小说的笔法书写一个家族的家长里短,写出了一部新老上海的食色录,其中心是一群普通人的家长里短。张哲的《是梦》、柳营的《姐姐》等都是对小市民生活的关注,也是一种民生书写。张平的《重新生活》是反腐主题,但更深层的是一种民生情怀,这是一种为人民的写作。与此同时,他的作品寻找出了一种腐败的源头,即民众也需要为腐败买单。从魏宏刚被带走后大量人的关注以及事情做实之后人们的谴责讨伐可以看出,这些人不过是在为自己寻求解脱甚至寻找新的靠山。小说还用大量的笔墨描写书记在位时绵绵受到的优待,就连小区旁边卖早点的师傅都争着为她准备早餐,且"专座专吃"。这其实是隐射了一种不健康的社会风气:崇官媚官,而正是有了"观众"的喝彩,"表演者"的表演才会越发精彩。当然,这些荒诞行为的发生本质还是与权力和资源分配不公有关。

生态主题方面,吴仕民的《旧林故渊》是一部关于生态发展的作品,小说书写了一个古老渔村的现代命运,描写了农村绿色发展的新貌。张炜的《艾约堡秘史》主题较为繁杂,但是涉及的主要还是生态环保问题,既关注现实中的物质生态环境,也关注人的精神生态,探幽心灵家园,发展与保护、财富与良知的斗争在小说中不断体现。其他关注精神生态的作品也很多。马拉的《余零图残卷》关注城市人的生存困境,尤其是心理疾病的困扰,也是对精神生态的关注。王宏图的《迷阳》作品围绕季家祖孙二代的情感生活和情欲世界展开叙事,把有钱、有闲、有社会地位的阶层贪婪、肉欲、病态的一面展现得很充分,尤其对人物心理状态的描摹和揭示十分深入。姜玉琴的《断翅》是关于知识分子的书写,通过女性视角,对当下知识分子何去何从发出灵魂拷问。其以高校教师李粉的人生经历为主干,演绎出了三条互相纠葛的故事线索,折射出了当下高校人真实的生存图景。李西闽的《我为什么要呼救》是纪念汶川大地震的作品,同时也是精神疗伤之作,经历过大灾难的人都有各自的伤痛、焦虑,也有每个人不同的处理方式。

人类的情感困境也不容忽视,很多作品对普通个体的情感世界进行了细致入微的刻画。春树的《乳牙》描写了一种常见的中年情感危机；叶辛的《上海·恋》依旧延续自己的知青书写，将目光转向爱情，小说中母子俩命运里的爱情经历，虽是都市小人物的故事，却折射出半个世纪以来，中国人的爱情观、婚姻家庭观和价值观的骤变；文清丽的《爱情底片》通过爱情主题展现出了 20 世纪末变革时代光怪陆离的生活，表现了转型期的人们的精神生活与感情纠葛。宋尾《完美的七天》围绕的也是情感困境，通过婚姻线来书写人的精神困境和存在价值。亦夫的《被囚禁的果实》将笔触伸向域外，但文本仍是对普通个体精神困境的描写。七堇年的《无梦之境》则以科幻的笔法思考科技带给人类的影响，在人工智能时代对科技的反思显得尤为必要，科幻的外衣下是对人情冷暖、对现实与民生的关注。张辛欣的《IT84》也是通过对人工智能的反思关注现世生活。

近年来校园暴力事件频发，作家们也开始关注这一领域。李尚龙的《刺》即是如此，小说为校园、职场、网络暴力发声，引发人们对这个世界的思考，从而行动起来让这个世界变得更加美好。小说对校园暴力、职场暴力、网络暴力的描写，很多来自于真实事件，能够引起读者共鸣。林奕含的《房思琪的初恋乐园》也在 2018 年引进出版，小说由真实的事件改编而成，直指校园性侵事件，小说详细再现了女学生因性侵所遭受的肉体和精神的双重伤害，现实关注与同情怜悯并存，具有很强的现实警示性。

扶贫是近年来民生的重要主题，今年的书写仍在继续。胡为民的《月亮村巨变》以川北一个贫困村为创作原型，以脱贫攻坚为主线，塑造了在脱贫攻坚伟业中的人物群像，最终无论是物质条件还是村民们的精神状态，都发生了根本性的变化。

章泥的《迎风山上的告别》是扶贫题材的创新，切入角度有所不同，将贫困地区青少年的成长问题用文学的方式呈现出来，小说并未陷入观念先行与应制之作，反而是对其的一种纠偏。在视角选择上，十岁的孩童视角也是不错的选择，在限知的视角与全知的视角的交错中将扶贫面貌全方位呈现出来。该书表达了一种乡村的重建、乡土文明的重建，是新乡土文学观，既关注物质文明的丰盛，也注重精神家园的重建。扶贫也是扶志，陈又木最终能够生活自理，接受教育，自立自强，就是扶志的成果，是对人性、人情、人格的全方位重塑。破败的环境得到极大改善，基本物质得到保障，卫生、交通、医疗、教育等得到全方位的改善。通过对人性的多角度挖掘，美与善不断在文中浮现。

葛水平的《活水》也表达了相似的主题。小说讲述了在山神凹这片土地上生存的一群人的日常生活，既是新时代的乡村创业史，也是对生活在底层群像的描摹。在时代浪潮之下，这片宁静的土地也开始躁动不安，人们也开始面临现代化的冲击。乡土书写自然面临一个现代性冲击的问题，这是作家无法回避的话题，虽然文学并不是一个社会学文本，但是遭遇的现实却让文学不得不面对这一话题。作者试图用文学的方式进行了乡村重建，开创了一种别样的乡土书写模式，也在建构一种新的乡土文学观。

城乡书写仍是今年长篇创作的大宗主题。乡村方面，王方晨的《老实街》关注城市化浪潮，同时也关注了宝贵精神的传承。韩星孩的《村庄传》、陈玺的《塬上童年》、李瑾的《地衣：李村寻人启事》、张春莹的《双蘖影》、彭东明的《坪上村传》纷纷回望童年，眺望逝去的乡村。城市方面，王莫之的《安慰喜剧》用饱满的细节展现了一幅生动的当代上海文艺界全景图，是一代文艺青年的精神小传，也是上海文艺生活，尤其是摇滚、爵士乐发展的见证,记录了许多不为大众熟悉的乐团与音乐人。彭瑞高的《昨夜布谷》则以被遮蔽的上海为背景,描写小镇公务员的生存状态。对城市底层的关注也很常见,楚河的《城市民谣》描写了一群在城市最底层打拼的人们,社会转型带给他们一次次阵痛,而他们坚韧不拔,在夹缝中生存的他们依旧对生活充满了信心。艳齐的《城南食府》是小人物的奋斗史,讲述了兄弟两人北漂的故事,写出了小人物生存的艰辛与奋斗的勇气。王威的《在边界的那一边》是一群在海外打拼的勇士们的故事。其他还有顾前的《去别处》等。城乡关注与底层书写似乎最好诠释了文学是人学这一论断。底层人物很多时候失去了人的基本底线与权力,是文学让他们仍作为人而存在。这种境遇不只是凸显作家与作品的伟大与高明,而是进一步反衬出底层人物的"非人"境况。民生主题的书写让文学介入现实的力度更深。

二、个 体 成 长

个体成长是 2018 年长篇小说另一大宗主题。商业题材在 2018 年取得了重要收获,而这些小说在描写商战的时候,更多的是从个体的成长角度展开。永城的《国贸三十八层》以三位跨国公司的普通女性职员为主角,演绎出一台精彩绝伦的谋略大戏。三人虽看似平凡,却试图扭转须眉大佬们操控的乾坤,小说把商战的阴险与残酷、情爱的忠贞和背叛、人性的善恶美丑描写得淋漓尽致。

杜斌的《天上有太阳》描写 20 世纪 90 年代一群人在珠海艰苦拼搏的故事,书写珠三角的太阳能发展史以及经济发展与社会转型期的人生百态。在几十年的商战过程中,也表现了主人公的努力、内心的挣扎和向善的成长过程。

腾肖澜的《城中之城》写的是国际大都市和金融中心上海的生活,通过对两代金融人日常工作和生活从容而细腻的书写,写出了这个时代的盛大、复杂与坚硬,写出了这个世界人性的斑驳与复杂。同时,《城中之城》也是一部关于成长的小说。小说书写了外省青年陶无忌从底层努力成长的经历。胡悦也是从底层奋斗成长起来的青年形象。无论是有为青年还是问题青年,都写出了在金融行业、在国际化大都市青年成长的复杂性。

王洁的《花落长安》是女性商战主题,也是女性成长小说。方英文的《群山绝响》是一部自传体的成长小说,书写了一代人的成长记忆。笛安的《景恒街》通过一款手机应用在资本运作下的兴衰史来写一群都市白领与创业者的拼搏史。此外,徐奕琳的《上塘夜色》等也和成长相关。

陈河的《外苏河密战》以战争为题,却是一部重要的成长主题小说。小说中战争是青年成长的背景,作者着墨更多的是年轻人追寻理想、探求人生真谛的成长故事,这些在越南境内为革命理想战死的年轻人很多都有原型,作者参阅了历史资料和当年参战老兵的回忆文章,用虚构方式写出了这个小说。成长的夭折是小说悲剧性的一面,也是将美好的东西撕毁给人们看,以此来铭记历史,警示当下。这种写作模式也是他创作风格的延续。《外苏河之战》中陈河透过像赵淮海这样的成长夭折书写,其实也对这种敢于牺牲的态度予以肯定,虽然夭折但是作者认可他实现了成熟,悲剧性的书写不光是对青年夭折的扼腕叹息,而是对历史深深的反思。

　　田耳的小说《下落不明》书写了一代人的成长，作者自诩《下落不明》是一部关于成长的小说。《下落不明》中有大量的人物不断出场，有些贯穿始终，有些昙花一些，几乎每个人物都面临成长的尴尬，在成长过程中都或多或少受到阻力，这种阻力来自多方面，既有底层困境、家庭因素，也有大的时代背景。比如耿多义成长期间受到同胞哥哥的欺压，甚至被打傻了脑袋；莫小陌的父母家庭分裂，父亲与自己的闺蜜纠缠不清，而自己的成长则受到母亲明总的干涉，连自己对文学的爱好也被控制，被硬逼着写武侠；欧繁则出身于重男轻女的家庭，因"超生"的原因东躲西藏。总之，这些人物后来的不幸或悲剧与这些尴尬的成长环境不无关系。当下有很多的小说书写到成长经历，似乎无一例外都是负面的尴尬的，进而影响个体的一生，其中的原因值得深思。成长小说似乎无一例外都是"青春祭"，小说中确实有大量的童年与青春记忆，但并不落俗，而是通过回忆为成长做铺垫，为理想唱挽歌，通过成长的复杂写出了人性的丰盈。成长与理想有着一定的关联，成长意味着理想的消亡，成长的代价就是隐没理想。但小说留下了诸多光明的尾巴，耿多义仍在坚持写作、欧繁与老莫相依为命，哥哥耿多好改邪归正，过上了正常安定的生活，只是耿多义苦苦追寻的莫小陌仍旧下落不明，这便是理想失落之隐喻。

　　个体成长与时代发展的结合是成长小说的普遍写作模式，陈毅达的《海边春秋》是一部反映改革开放重大题材的小说，同时也是讲述年轻干部到基层锻炼由青涩成长为中坚的故事。小说成功地塑造了刘书雷这样一个由书斋"博士"成长为服务改革"斗士"的文学人物形象，小说中多个人物一同成长。李铁的《热流》书写的是个体与民族工业一起成长的过程。小说始于二十世纪五六十年代，主人公陈铁花是长门厂的一位普通女工，为了学习绝技，想办法出奇招，终于成为厂里的"技术大拿"。进入新世纪，陈铁花的徒弟已经成为工厂的中坚力量，面对企业合资等新情况，在维护国家利益的重大问题上，他们之间发生了裂变，展开了大我与小我之间的斗争。

　　周涛的《西行记》是一部关于作家的小说，也是一部关于成长的小说，讲述了一代人的青春和成长。作家用散文化的笔法讲述了带有自传性质的西行故事，夹杂了很多作者的论述，故事性并不强，情节不断闪回，主要讲述的还是一代人的援疆故事与成长历程。

　　储福金的《念头》用倒序的手法回望商业上取得成功的张晋中的一生。从他儿时的记忆，到校园的生活，再到一步步建立起商业帝国，直达功成身退，过起了隐居般的生活。一路上他遇到形形色色的人，这些人促使他一步步成长，在彰显了一种被成长的主题的同时，书写了一代人的成长，是一部关于成长的小说。比如张晋中成长期间受到多个人物的影响，包括赌棋者、姚定星、唐三娘等，但由于小说的幻境书写，这些人物是否真的存在过也成了一个问题。不过，这些足以说明人物后来的不幸或悲剧与这些尴尬的成长环境不无关系。

　　张者的《远水》书写了一个"问题少年"黄老斜的成长经历与人格升华，是典型的成长主题，小说也是边疆建设者们的青春之歌，同时具有伤痕文学和知青文学的味道。与上面的成长小说一样，也能从个体的身上感受到时代的、社会的变迁。黄老斜的经历始终和时代的变迁息息相关，承载着历史的、社会的丰富内容。作为一个群体或者个体，新疆兵团人都是值得纪念和永远铭记的。将个体的成长与一个群体联系起来，是小说的独到之处。

其他关于成长书写的作品还有很多,墨柳的《青涩年华》是一部青春成长主题小说,两个大学女生对诱惑的困惑与选择,是青春成长的疼痛书写。张柠的《三城记》通过个体在北上广三城之间因工作、学业乃至理想的穿梭与游荡,写出了个体成长的一种无序与无力状态。

有论者提出中国缺乏严格意义上成功的成长小说,而近年来作家们的写作成果可以说正在扭转这一局面。另外,2018 年还有一部分小说以成长为主题,但是大多书写的还是个体在历史浪潮下的成长经历。比如董立勃的《河谷》是一部关于女性成长与感情的小说,作品同时挖掘的是一段特殊的屯垦戍边的历史,而当下很多的小说都有一丝历史的魅影在其中。

三、历 史 魅 影

对历史的处理永远是摆在作家们面前的一道难题,很多作家仍孜孜不倦在探询历史书写的问题。革命历史题材书写方面,徐怀中《牵风记》书写了刘邓大军挺进大别山的战事。李乔亚的《最后的 58 天》书写中华人民共和国于 1949 年 10 月 1 日成立至 11 月 27 日国民党反动派制造大屠杀惨案这最后的 58 天渣滓洞监狱两牢房内共产党人与敌人进行斗争的故事。余之言的《密码破译师》书写革命战争年代密码破译师的神秘生活。彭荆风的《太阳升起》通过西盟佤族大头人窝朗牛一家在新中国成立前后的生活,描写了佤族人怎样从原始部落末期进入新社会的艰难曲折过程。张弛的《战马之歌》记叙红军远征河西走廊的历史。邓一光的《人,或所有的士兵》是对战争的反思,将其以法庭对质的形式呈现出来。

肖亦农的《穹庐》书写 20 世纪 20 年代蒙古族的历史。小说以清朝与俄罗斯签订《尼布楚条约》,包括乌金斯克的大片土地划归俄罗斯为背景,讲述了以嘎尔迪老爹为首的乌金斯克布里亚特部落,在与沙俄、布尔什维克、日本等势力周旋、斗争,最后回归中国的故事。小说在历史书写的时候深入人物内心世界,将人性伦理作为小说主线,用丰满的人物形象和复杂的人性来构筑故事,展现了历史的一丝独特魅影。

海男的《野人山·转世录》是一部关于时间、关于历史、关于遗忘、关于生命的小说。作者选择了极为宏大的一件历史史实,即关于二战时期中国远征军的故事,这是一段值得礼赞的历史,作者在处理的时候采取了较为私人化的方式。小说通过一群因各种原因走上旅途的旅行者重返野人山的经历,穿插起对当年战事的回忆,在主旨层面表达了战争的残酷及其对人类个体带来的无尽伤痛,也表达了对老兵的致敬、对坚韧生命力的敬畏、对遗忘历史的痛心以及对当下生活一定程度的焦虑和批判。

刘醒龙的《黄冈秘卷》是一部致敬父辈、致敬历史的作品,是作者多年创作积累的进一步冶炼和结晶,也是一部深入历史之作,无论是历史人物的若隐若现,还是小说人物的革命经历,都是历史的影子。作品具有一种百科全书式的风貌,同时具有全景扫描历史的野心。小说线索繁复,主线是家族叙事,同时多条故事线并行不悖,写历史,也写当下;写风物,也写人情;写物质,也写精神;写父辈的革命史,也写父辈的爱情。小说重心是关于父辈一生的书写,但也有"我"与少川的情感纠葛,同时还有对孩童辈的描写。小说既展现出作者的历史姿态，也有一定的现实批判。总体来说，小说是一部怀念故土故人之作，无论家族成员乃至普通人之间有多少的恩怨矛盾，最终似乎都得以化解，成为一部"和解"之书，这是一种典型的晚期风格和老年写作之衰年变法。

王安忆《考工记》依旧是一部以上海为中心的小说，作品以陈书玉平淡而孤寂的一生为线索展开，书写了上海的前尘往事，对历史进行了全新的开掘，显示出一位成熟作家创作上的人性关怀与技法超越。小说在时间上从 20 世纪 40 年代写到新千年，以陈书玉的一生为线，串起半个多世纪中国的历史与上海的变迁。《考工记》一如既往以上海这座城市为书写对象，叙事上有着诸多的延续，譬如朱朱去香港与《香港情与爱》的互文，关于手工业在中国的发展与《长恨歌》以及与描述上海传统工艺顾绣的《天香》之间的呼应等。小说借陈书玉祖上流传下来老宅"煮书亭"书写老上海浮华背后的世态民生，岁月沧桑和历史之感充盈其间。

徐则臣的《北上》书写中国的运河，以一位外国人对中国运河实地考察为契机梳理了一个多世纪以来中国历史的发展与社会的变迁。李学辉的《国家坐骑》也是传统文化的回响，围绕着"义马"这一特殊的领域，将特殊的历史呈现出来，同时也书写了传统与现代的交锋。愚石的《天虫》以蟋蟀文化作为背景和主题，小说透过玩虫的故事来进入历史。叶舟的《敦煌本纪》则为敦煌这块神奇的土地立传。

当下作家们的历史情结愈发浓郁，很多小说都会有历史的影子在其中。贾平凹的《山本》探寻一段特殊的历史，以此为切口，用传奇的方式虚构历史，落脚点仍在人上。老藤的《刀兵过》是一部革命史与社会变迁史，深层里表现了不变的精神传统，通过九里生生不息的书写表达了中国文化坚韧的生命力和独特的生存智慧。蔡俊的《无尽之夏》仍然在延续"萌芽系"的写法，将一个荒岛求生历险的青春故事用"后青春"的笔法描写出来，小说明显将 1997 年这一特殊的历史时刻标识出来，历史魅影在小说中不断闪现。徐晓思的《归湖》是一对恋人被迫隐居荒岛的故事，而这不得已的举动更多地还是与特殊的历史相关。其他的还有乔盛的《滚烫的岁月》记叙"人民公社"的历史，韩少功的《修改过程》延续知青书写。陈玉福的《西凉马超》、费勤的《苍茫天地一醉翁》、胡小远、陈小萍的《蝉蜕》、柳岸的《夏姬传》等作品则从历史人物身上做文章。

甚至还有很多小说以现实生活为对象，却处处闪回历史，比如王锦秋的《月印京西》、秋尘的《青青子衿》以及前文提到的多部小说，都有历史的魅影时时闪回，不少小说中的历史书写只是借史抒怀，以古喻今。很多史学家认为不可充分信任被书写的历史，因为任何历史在根本上都只是某种叙事而已，他完全取决于叙事人的态度和修辞方式。文学在某种意义上是承担了历史文本所无法完成的使命，达到了历史文本所很难达到的历史深度。历史是作家们的心结，可以说绝大部分的小说是在为 20 世纪的中国历史做注脚，对历史的态度与处理模式是检验作家们最有力的方式。

四、技 法 创 新

2018 年还有一部分小说在题材上与前面的主题无异，但是在技法上有明显的创新，或许可谓进入小说技法的新时代。这些小说以自身的文体见长,虽然是形式上的创新,也体现出创作题材的全面延伸。

《灵的编年史》是霍香结撰写 15 年的心血写成的精心之作,表现为百科全书的样式,是汉语语境罕见的以知识想象为推动力与结构方式的长篇小说。小说完全颠覆了传统的写法,作品的时间跨度是从大元即 13 世纪上下至 21 世纪中期,以欧亚大陆直抵中国腹地的空间幅度,撷取中西方知识的精华,虚构了一种"法穆知识",并以该知识波及的个人命运、历史褶皱、伦理转换为书写场地,展示出复杂的世界观和庞大的知识系统,并显现出向内探求的微妙和深度,显示了作者文字创世的野心与能力。其丰沛、精密、光润的细节,让人惊叹。

陈继明的《七步镇》是一个与他个人前期风格迥异的文本,也是一部与一般的小说技法十分不同的作品。比如,小说并完全不是一个按时间流逝线性推进的故事,而是不断闪回交叉重叠,时间成迷;又比如,小说没有严格意义的主人公,人物不断出场又迅速退场,虽然叙述者东声贯穿始终,但是它的前世似乎又是独立的主人公,演绎着另一种生活;再比如,小说很难概括故事梗概,故事类似块茎植物铺开,导致主题十分涣散,每一条故事线似乎都是主线又不完全是,多中心而无中心。《七步镇》是一种苦炼文本,将诸多的事件素材进行熔炼,最终提炼出的是一个知识分子的心路历练,只不过这个知识分子自始至终都没有搞清楚自己的心理疾病究竟好了没有,患病的知识分子似乎可以归为"狂人"一类,鲁迅笔下的狂人开启了小说的新时代,《七步镇》及其塑造的东声是否也有此野心?

范小青的《灭籍记》的技法也是更进一步,相较以前的单线叙述,这次将三重叙述糅为一体,围绕"籍"展开,故事层层推进,直至真相显豁。作者使用了一种元小说的策略,不断跳出来告诉读者这是虚构,这是梦境,或者直接告知故事下一步的发展,甚至告诉读者故事有漏洞,不断讲述又不断解构,尤其是大量的讲述被叙述者告知是梦境,造成虚构中的虚构,有一种盗梦空间的感觉。小说结尾,又是一种亦梦亦真的场景,颇有红楼一梦的遗风。此外,作者的语言也进行了更新,更多的俗语、口语、流行语以及网络语言被安排进小说,使得小说有了另一种风味。

储福金的《念头》也在常规情节之外增加了不少内容,常常旁枝斜出,比如《聊斋志异》的反复出现、打狗运动中关于狗的生命的思考,参观人工智能时的思考等。此外,这部小说中的禅宗意味浓厚,尤其是莲花的意象以及幻境的书写极具阐释的难度,第七章的"镜火"更是极具禅宗味道,很多小说语言可谓箴言。小说还有很多幻境书写,如亦真亦幻和灵魂出窍的描写等,这种幻境书写是当下小说非自然叙述的表征,其实也代表了人生的多样性与人性的多样性,"念头"这样的题目也有一念成佛、一念成魔的意味。

李洱的《应物兄》笔触指向的是知识分子阶层,但是书写的似乎还是底层多余人的故事。与此同时,小说更是一部技法更新之作。小说的小标题、人物的虚实相间、互文本的插入、大量古典文献的引用及注释的安排等,都显示出一种技法更新的渴望与尝试。

刘亮程的《捎话》既是一部历史之作,也是一部技法独特之作。小说将人、畜、灵同居共融,是极为晦涩难懂的作品,也是一部寓意深刻的作品,可谓超现实书写的典型之作。《捎话》情节奇谲荒诞无比,整个故事充满了非自然叙事与反现实书写,作者创建了一个关于动物与人类的寓言式社会。异化书写在文学中较为常见，这是对时代反思最好的手段，卡夫卡将人变为甲壳虫开启了经典模式，被多次效仿，在《捎话》中异化书写在继续，库曾经骑着驴将满脑的昆经捎给其他人，在库的师傅去世的时候，口中吐出的是昂叽昂叽，这是驴的叫声，捎话人吐驴声，将人和驴融为一体了。到最后，库也发出了驴叫，谢的灵魂附着在库的身上，这种人与动物界限的模糊具有很深的隐喻性，继续书写着人性的异化主题，只不过，作者更进一步，他还写到了动物的异化，将动物异化为人。小说可以说是一部驴图腾，驴是小说一半的内容，与人的地位平起平坐，将驴与人同等对待也有深意。处驴谢是主要的书写对象，文中不断写到谢的原始欲望，但是却在人的调教下一直压抑着，人的异化在这里被转化为动物的异化，这种关于动物性被驯服和压抑的书写可以说极具隐射意味。虽然在技术层面仅仅是一种反向模仿，但是深意无限，尤其是结合当下所处的时代，警示作用不言而喻。李凤群的《大野》给这个年代的长篇小说提供诸种新的特质。[②] 人物与话语方式的高度协调似乎谈不上什么特别——虽然这方面普遍表现出无能存于现状——但两个女主人公就是经由各自不同的话语方式，建起了一部作品的新而不怪的架构，容纳了四十年人间的心神。

2018 年有先锋文学复活的态势。先锋写作继续追求形式感，追求完美的表达，却有完整的故事链与价值观，这是作家成熟的表现。马原的《姑娘寨》是一部元小说，同时融进了大量的真实事件，作者有着一种对未知事物的敬畏感，用隔空对话的方式与民族英雄帕亚玛对话，虽然最终帕亚玛不复存在，是儿子眼中的幻觉，但是没遇见不意味着不存在。现实与幻想彼此分割却又在姑娘寨那片神奇的土地上交织。作为 50 后的作家，他的精神追求和写作目标与同代作家是一致的，追求的是 19 世纪的那种经典文学，这与 60 后、70 后甚至 80 后等践行的 20 世纪小说观念是不大相同的。因此，尽管他的技法时髦而新奇，骨子里却是对经典作家的致敬与回归，是对现实生活虔诚而热切的拥抱。

这种技法更新是当前在成熟作家中普遍存在的现象，当下很多作品都有此趋势。当下长篇小说备受诟病，就是源于他们缺少应有的深度和广度，故事清晰，主题豁朗，几无阐释的难度，有些作者便会反其道而行之，增加小说的丰富性，而增加了这些内容，会增加阐释的难度，也增加了阅读的挑战与趣味。这样的写作还与一种文本冗余有关，冗余的成分不多余，反而成为阐释多样性的突破口。复调小说让多个主题并行发展，让小说人物进行对话，彼此冲突。正是这样的写作模式，反映了生活的复杂与人性的丰盈，更能凸显作家对生活的把握与提炼，也显示出其作品全面介入社会的责任与担当，写作不完全是空中楼阁，虚无缥缈，也可以实实在在。

新生代作家是当下小说技法更新的主力军。90 后作家群体的崛起是近年文坛的一种不可忽视的现象，这些作家们的出现为文坛注入了新鲜的血液，丰富了文坛创作版图。李唐是 90 后作家们中较为有代表性的一位，在大量中短篇小说的创作积累之后，他推出长篇《身外之海》。小说描述了一大群年轻人，描写他们的日常，描写他们的爱情，描写他们与父辈的关系，描写他们对人生的态度，总之，绝大部分是这一代人的真实生存境遇。故事的引子是作为镇上警察的"我"破获镇上出现一只会说话的狼的案件，由此牵出镇上的一系列人和事。小说虚实相间，想象诡谲，既展现了青春写作的肆意张扬，也明显流露出了他们这一群体创作的不足。

当然,几乎所有作家在创作的过程中都会注重技法的更新,不过,小说技法更新的局限也是不得不正视的问题,技法创新需要把握火候,过犹则不及。另外,在长篇创作高歌猛进的同时,作家们还是有一种普遍的长篇焦虑,不断追逐长篇,追求创作的速度,高产而低能,这些仍是摆在作家们面前的问题。总体来看,近些年的长篇小说创作主要在量的层面爆发,出产量很大,长篇小说专号越来越多,出版社出版的作品更是不计其数,但太过激进的创作步伐导致很难有精品诞生。顾彬曾提出当代中国作家们大都不知疲倦,作品一部接着一部。中国作家们不知疲倦的书写状态可能是造成精品难寻的根本原因。此外,小说机制上同构化;主流的报刊、选刊、出版社、评论家构成了协同的圈子;长篇小说影视化,脚本化;读者阅读空间逐步压缩等问题仍然不可回避,这是作者及研究者需要严肃对待的问题。

注释:

① 本文所涉及小说在期刊出版时间与单行本版权页时间均为 2018 年,限于篇幅,不一一标明,特此说明。

② 人民文学编辑部,卷首语,《人民文学》2018 年第 10 期。

(刘小波,男,1987 年出生,四川广元人,艺术学博士,《当代文坛》杂志编辑,研究方向为艺术理论与批评,中国现当代文学)

慧眼觅诗趣　诗心著妙文

——《蔡旭散文诗五十年选》读后漫议

◎ 高若海

　　《蔡旭散文诗五十年选》是 2015 年复旦大学校庆 110 周年出版的。出版之前,我曾通读过全书,读后感触良多,既为他五十年笔耕不辍,诗如泉涌而赞叹,又为他散文诗从青涩到纯熟、从单一到丰富,从状物抒情到写意铸魂而击节叫好,我尤其喜读他闪耀着诗思火花的"心散步""寓言诗",情不自禁地想为之写点什么。

一

　　我赞赏诗人有一双于平凡生活中发现诗美的慧眼。

　　蔡旭说:"半个世纪以来,我的散文诗涉及的题材虽然广泛,但实际上只有三个字:'写生活'。写城市,写现实,写身边的人物与事情,阳光与阴影,欢乐与哀伤。"(《蔡旭散文诗五十年·前言》)

　　柯蓝 1987 年在为蔡旭的《彩色的明信片》所写的序中就说道:"题材的涉及面是很广阔的。几乎所有能写散文诗的素材和生活镜头,他都写出很好的篇章。"

　　蔡旭的散文诗所写的不是引领时代潮流的弄潮儿,不是壮怀激烈的英雄豪杰,不是被人仰慕的"高富帅",不是影视里常见的霸道总裁、聪慧才女,而多是平凡生活的平凡人物。

　　在"人物廊"中,我们看到的是:走上 T 型台的黎妹,头上闪着胶灯的割胶女工,升任爸爸的施工队长,送快餐的小哥,足下生辉的擦鞋妹,晨运老人,刷墙工,卖甘蔗的老汉,天桥上的演奏者,在这些普普通通随处可见的寻常人身上,诗人却发现了人们几乎视而不见的诗意、诗趣。

　　写割胶女工:

　　　　头上闪的还是那盏胶灯,手上挥的还是那把胶刀,甚至盛放胶乳的也还是那只胶碗……
　　　　女胶工同她的妈妈,那位三十年前的女胶工,似乎没有什么两样。
　　　　……
　　　　胶灯划过的,是一样的黑夜或月光;头上顶着的,是一样的暑色或雨晨。
　　　　熟能生巧,是一样的刀法与纹路;留给岁月的,是一样的树痕与心痕。
　　　　写在脸庞的,是一样的疲惫与振奋啊。
　　　　挑在肩上的,是一样的责任与希望!

写卖甘蔗的老汉：

> 这条街，拥有最多甜蜜的人，就是他了。
> 这么多甜蜜，却没有独享。他根本就不享。
> ……
> 一根根递送，一截截递送。
> 只把甜蜜的后遗症，那些果皮与蔗渣，留给自己。

写卖蛋的母亲：

> 以下蹲的姿式，她守在市场角落的蛋篮边。
> 市场里没有她的摊位。因为她租不起市场的摊位。
> 早逝的丈夫，读小学的女儿，压偏了她命运的天平。
> 卖蛋的天平却坐得很正。
> ……
> 一些熟客，同她互递着关切与温暖。
> 交换着信任还有被信任。
> 一日又一日，一年又一年，她就在这一个角落蹲着。
> 如同一只不知辛劳的母鸡。
> 以下蹲的姿式，为她那未成年的女儿，孵化希望。

写天桥演奏者：

> 把一条腿盘坐在天桥的地板上，用两根弦拉响生活的颤音。
> 正是张灯结彩的日子，所有的曲子也跟着张灯结彩起来。
> 那些欢乐的音符在空中飘荡，很想和天桥上下的气氛打成一片。
> ……
> 他用曲子，展示了别人的生活。
> 却用场景，展示了自己的人生。

　　把责任和希望扛在肩上，把甜蜜分给别人，为女儿孵化希望，为人们喜庆节日演奏华彩乐章，诗人抒写的人、事、生活场景，我们那么熟悉、多见，但却司空见惯，从不把他们和诗联系在一起。而在诗人的眼里，这些平凡、琐细的情与景，都有着人们忽略、无视的真、善、美的元素，都有诗趣、诗美的存在。诗意的发现，深意的发掘往往是从细小处入手，从简单生活中发现的。

　　蔡旭在《不穿白大褂的天使》写到诗的魅力与感染力。一位重症的患者，获赠不能让热血和希望凝固的诗句，从而开启了崭新的人生。是诗：

> 给那被生活打得焦头烂额的小船，撑起了人生的风帆。
> 甚至撑起诗的风帆。
> 他从病床上坐起，从病房中走出。
> 他想到写诗，面对真、善、美，不得不写诗。

"面对真、善、美，不得不写诗。"正是诗人的内心独白，也是诗人以独特的眼光发现诗，以清新的文字抒写诗的动力源泉所在。

二

我赞赏蔡旭的散文诗充盈着一种超凡脱俗的清气。
浏览"市声录""简生活""心散步""诗寓言"，诗人爽朗的清气跃然纸上。
在《染发》中，诗人警戒自己，不要被环境染黑，要保持自身的清白：

> 黑白斑驳的人生，本无可厚非。
> 或许抵不过潮流，或许顶不住虚荣——
> 把清白涂黑了。
> 同一些人一样，我亦未能免俗。
>
> 所幸的是，老汉我染的，仅仅是头发。
> 不幸的是，有些人染的，不仅是头发。

面临空气的污染，环境的恶俗，诗人清醒地意识到出淤泥而不染的难度：
《过秤》：

> 其实我也知道，空气正在变质。无论是瓜果还是蔬菜，早已不再纯洁。
> 这些不纯洁的营养，又化身为我的血肉。

但是，他还是坚持着让阳光驱走阴影，让内心一尘不染。

《晒被子》：

> 久雨见晴的日子，所有的被子都跑出来晒太阳。
> 我把棉被、垫被、毛毯、床单、枕头巾全搬出来，与阳光亲密接触。
> 看见它们郁积的闷气一扫而光，一个个兴高采烈。

一个个,散发着阳光的味道。

其实我也很喜欢晒太阳。

喜欢让太阳晒出我的阴影。

《不算陋室》:

台风与暴雨,刷旧了宿舍大楼的容颜。

……

墙角叠放着一堆旧书。

外皮灰尘满面。

内页一尘不染。

"内页一尘不染",说的是书吗? 当然不是。

诗人是借书言志,唱出自己的心声。

诗人的清气,凝于笔端,便酿成诗文的清气。

诗人的描绘,不是浓墨重彩,花团锦簇,而是水墨丹青,质朴无华;诗人的吟唱,不是引吭高歌,交响宏浑,而是牧歌短笛,浅吟低唱。

蔡旭说:"多用平静的口语叙述自然而然地流露生活的诗意,力求用美好的情感与深邃的思索打动人心。我追求语言朴实、简洁,有内在音乐美。"(《蔡旭散文诗五十年·前言》)

记得朱光潜先生在评述丰子恺的画时说过:"他的画极家常,造境着笔都不求稀奇古怪,却于平实中寓深永之致。"蔡旭的散文诗也达到同样的意境,给人一种清新隽永、余味深长的感觉。

人们说忧患出诗人,愤怒出诗人,但蔡旭却说诗是清纯的。诗人借碧波荡漾、清澈见底的淇河水,喻示诗心的纯洁,诗河的绵长。

《不被污染的淇河》:

一条原生态的河。

从太行山的峰峦叠嶂奔涌而来,在豫北的广袤原野流淌而过。

"淇水汤汤",水很大。

"淇水流碧玉",水很清。

"十里淇园佳处,修竹林边",竹很多。

碧波荡漾,清澈见底,流出一百六十一公里旖旎好风景。

……

一条诗歌的河。

从《诗经》流出来,在三百零五首中占了三十九首。

从许穆夫人,中国第一位女诗人的笔下流过来。

从李白、杜甫、陈子昂、王维、高适的心中，带着《全唐诗》中的四十首佳品，流过来。

……

几千年了，淇河当年有多么清澈，今天还有多么清澈。

它不会被污染。

千古不变地流淌着美好、纯粹、崇高的诗歌，它总能荡涤——一切的污泥浊水。

在《坐看退潮的大海》中，我们就看到了诗人对顺其自然是何等的崇拜。

我又坐在故乡的大海边，读着退潮的大海。

不像涨潮时，那么兴高采烈地叫喊，那么汹涌澎湃昂首阔步地跳跃与跨越。

尽管也有声色，也有动静，也有一点小小的浪花。

……

多少年了，我在反复的诵读与默念中，感叹它撤退的平静。

我认真想学，却终究还是学不到，大海它顺其自然，收放自如的进退。

大海的顺其自然，是诗人认真想学的品格，所谓终究学不到，是自谦之辞。实际上，蔡旭的散文诗，正体现着其师法自然的所得。

我国唐代《二十四诗品》将诗的境界分为不同的类型，其中有"冲淡""含蓄""自然"等诗品，是与雄浑、纤浓、绮丽相对的。在论述"自然"一品时指出："俯拾即是，不取诸邻。俱道往适，著手成春。"强调诗境的自然而然。唐代张彦远在《历代名画记》中，将自然评为画品的最高等级："自然者，上品之上。""清水出芙蓉，天然去雕饰。"蔡旭的追求，与我国古代的审美崇尚，是一脉相承的。

三

蔡旭的散文诗所以能有如此成就，是因为他有一颗炽热的诗心——童心。

明代著名思想家李贽在论述艺术创作必须保持童心时说道："夫童心者，真心也。若以童心为不可，是以真心为不可也。夫童心者，绝假纯真，最初一念之本心也。若失却童心，便失却真心；失却真心，便失却真人。人而非真，全不复有初矣。"

李贽还说："童心既障，于是发而为言语，则言语不由衷；见而为政事，则政事无根柢；著而为文辞，则文辞不能达。非内含于章美也，非笃实生辉光也，欲求一句有德之言，卒不可得，所以者何？以童心既障，而以从外入者闻见道理为之心也。"

何谓"童心"？"童心者，心之初也。"纯真、不被外界干扰的本初之心是也。屏弃外在尘世名利之侵扰，永葆"心之初"，就能慧眼常开，诗心永存。诗心有爱，有真诚，有人生本色，自然、从简。

诗人很重视童心的保持。他的一本散文诗集就取名为《童心与父心》。他在"诗寓言"

中唱出"只要有了爱""没有说假话""本分的活着",正是诗人心迹的披露。

《岩石上长出了新绿》：

> 一块巨大的石头,一年到头总板着脸。
> 突然有一天,它竟然笑了。
> 在它光洁的岩壁上,伸出了一片绿叶。
> ……
> 这是真的,只要有了爱,石头也能开花。

《同假山合影》：

> 虽然山是假的,但它却没有说假话。
> 假山自然没有真性请,但它并不标榜自己是真的,没有说假话,还是可取的。

《不需要走红的青椒》：

> 菜椒一直青着,从来没有走红。它被人叫作青椒。
> 好在它明白,并不是所有椒类都能走红。
> 世界上,并不是只有一条路。
> 它本分地青着。青得坦然,自足,心安理得。
> 它又努力着。以生命的颜色,青春的姿态,做最好的自己。

面对着金钱的欲壑、名誉的陷阱、人世的纷烦扰攘、权势的羡慕与追逐、走红与不走红的攀比,诗人赞赏的是本色地活着,像青椒一样,"青得自然,自足,心安理得。"

这使我们看到了诗人诗心永在的秘密。

四

蔡旭的散文诗尽写生活中的真、善、美,然而我们眼前的现实,往往是贪腐、奢靡、虚假、伪劣、恶俗、欺瞒、不公,无道与之共存,是否诗人把现实写得过于美好,有粉饰太平之嫌,抑或是诗人远离社会,过着田园隐居式的生活,才显得与众不同？

绝对不是。

诗人对所见的假、恶、丑绝没有姑息,而是坚决予以挞伐,其对环境的忧虑、对虚伪的批评是随处可见的。

诗有六艺,曰：风、雅、颂、赋、比、兴。蔡旭的散文诗没有雅、颂的奢华与铺陈,在风的美刺方面,一点也不逊色于风。

请看,《一个小区的诞生》：

这里原本是农村。

有成片苍翠的树林，还有梳妆的风。

有讲解历史的山，和会唱歌的溪水。

城里人用一些许诺，让它也有了城市户口。

一片片灰色森林，刷刷地拔地而起。只不过借道的风，只能艰难地侧身而过。

有了山，假的。

也有了树，小的。

有了一池没有浪花的水，只能照镜，不会歌唱。

一切喜欢用一个新字包揽。不过空气变旧了。

　　诗人目睹了乡村变城市的演变，水泥森林遮挡了清新山风，假山假水代替了自然山水，当人们忙忙碌碌，红绸剪彩，欢庆新区的诞生时，诗人却清醒地感到自然环境的改变，令人窒息的旧的城市病将会重现，于喜庆的喧闹中，别有一番远离自然的忧虑。浓浓的乡愁，淡淡的惆怅，犹如一股清流，流向人们的心田。

　　《这片被囚禁的土地》则直指权力与商业资本的联手，贪婪地巧取豪夺：

这片土地被囚禁多年了。

每一双眼睛都见到它的荒芜，但都看不到捆绑它的那些绳索。

……

自从一个大红印章盖住一个大圈之后，这一片土地便停止种植了。

不种粮食，不种蔬菜，甚至也不种房子，

只种着荒草、污水，还有垃圾。

……

不是有红头文件管着吗？

有呀，不过有些管文件的人在耳热酒酣中心照不宣了。

那些从腐草丛间流出的肥水，正在月黑风高夜被分享。

　　犹如捆上了沉重的锁链，被囚禁的土地不稼不穑，地利尽失，然而圈地商与土地管理者却觥筹交错，耳热酒酣，庆贺圈地价值的飙升，在这大红印章的背后，有着多少利益交割、利益输送，诗人看在眼里，血脉偾张，怒怼贪腐者的权钱交易，使诗人清风朗月的诗风，也有着金刚怒目的诗句。

　　《不再轻信》写作者坐在电视演播大厅里的经历，如何醒悟到从轻信到不再轻信的心理转折。

舞台两侧，各有一个呼风唤雨的人，他们手臂一次次高高地举起，一次次扇起风浪。

全场便一波波地卷起汹涌的涛声。

我坐在台下，忽然发现自己改变了身份。

不再是观众，也成了演员。

为何不再轻信，是因为看到了作假。从电视演出的作假，联想到食品、药品、学历、清廉的假，因而强烈呼吁《借我一双慧眼吧》。

都说他有一双慧眼。

一双鉴别真假的眼，一双识别伪劣的眼，一双不为疑云迷雾所惑，不容砂子尘埃所侵的眼。

就像刀子，那样锐利，那样准确，那样一针见血，那样由内到外由表及里透过现象直取本质。

令消费者拍手称快，让假冒伪劣产品原形毕露，使制假者售假者望风而逃胆颤心惊。

他是质量监督局的工程师，他是远近闻名的"打假专家"。

然而，就是这样一位打假专家，却被新来的局长下岗了，据说是因为某些人的投诉。至此，诗人笔锋一转，写道：

也许，该借给那位局长一双明辨是非的眼。

也许，根子在这位专家有一双洞察一切的眼……

为什么打假专家被解聘？为什么不明辨是非的局长得以上位？诗人的这些问题，引人思索。

假、恶、丑的存在，都是人性迷失的表现。人性的光辉，乃是诗人的诗魂。他在狗年写下的《狗在本命年与成语咬架》，正是呼唤人性的回归。

都说狗是人类的好朋友。/狗年到了，却找不到一个好的成语。/狼心狗肺是指品质不好；/偷鸡摸狗是指行为不端；/狗眼看人是指眼光势利；/狗皮膏药是指骗人货色；/心胸狭窄就说鸡肠狗肚；/不择手段就说蝇营狗苟；……

都说狗是人最好的朋友。/那个忠心耿耿的狗到哪去了？/那个聪明、勇敢、机灵的狗到哪去了？/那个不嫌家贫不嫌母丑，只知金窝银窝不如自家窝的狗到哪去了？/忍辱负重的狗，在本命年与成语咬成一团，只要一个说法。/身不由己的成语只能坦白：关我什么事呀，这都是人说的呀。

啊，狗啊狗，不管好评差评，它一直是狗。/啊，人啊人，有的时候，真的不是人。

"真的不是人"！这是诗人对那些灭绝人性、践踏人权，违背人道行为的深恶痛绝与无情鞭挞。

　　人啊人，诗人正是以仁心、仁者爱人要求自己，诗人身上有着深厚的人道主义情怀。他为什么那么热衷于为平凡的小人物唱赞歌，为什么睥睨权贵，为什么对弱势者始终关注，充满着爱，答案全在这里啊！

（2018.7.27）

　　（高若海，北京人，1964 年毕业于复旦大学，曾任复旦大学出版社总编辑，上海图书奖评委，研究方向为中西方美学）

视角转换与内心审视

——论邱红根的诗

◎ 盛　艳

摘　要：诗歌具备自省的功能。医者视角贴近邱红根的生存现实和生活体验，城乡视角的流畅转化则深刻地表现了城市与乡村的张力与亲缘关系。研究发现：邱红根的诗秉承了中国传统诗歌的内审功能，诗歌是诗人抒发自我、表达内心理想的一种方式；二、邱红根创作了一系列医者视角的诗歌，更新了诗歌创作素材，深化并拓展了诗歌创作领域，在医生的职业生涯中实现了诗歌经验的重构；通过城乡视角的转换，邱红根展现了城市与乡村的巨大差别，刻画了城市中乡村人的集体群像，最终使其诗歌成为兼具悲悯人文情怀和熟稔诗歌技艺的有深度的文本。

关键词：审视　医生视角　转换　城市　乡村

邱红根的诗歌语言平易近人，广阔的创作素材多取自真实的生活场景，诗人擅长提炼日常生活的寻常细节，以独特的视角，在城市、乡村、旅途、医院和家庭生活的场景中观察生活、审视内心、提炼诗意，以诗人之眼还原真实生活中的问题，并在对问题的还原中审视自我。邱红根的诗不仅是对生活的描摹，更是对生命的思索与拷问。对诗人而言，诗歌是生活在语言中的结晶。

一、审视与放下

自我审视即自省，这是汉语诗歌的传统功用之一。中国的诗歌艺术体系实际上是一个二元互补的形态结构，而非一元化系统。一偏于外向，另一则偏于内向和自省。① 这种审视不同于西方诗歌中忏悔式的审视，诗人的自我审视更像是一种追问自我，使平凡生活不同于流俗的创作动力与机制。

拉康将一切混淆了现实与想象的情景都称为镜像体验。② 镜像体验正是人不断发现自我、深入自我的一个过程。人对自我的认知过程来源于两方面，后来拉康曾将这一过程指认为"双重镜像"：一是对自己肉体统一性的想象性认同；二是从他者那获得的自我认同。③ 认识自我总是需要借助于他者，自我是在与他者的关系中被构建的，自我即他者。

《镜中》④ 这首诗体现了诗歌一个基本功用——审视。一方面，通过诗中描述的"在理发店照镜子"这一过程，"我"从他者的视角发现镜中之我与想象之我的巨大差别，从而审视真实的自我。另一方面，与镜子一样，诗作为一种文学体裁，本身即具备自我审视与拷问的功能。《镜中》记录了诗人在内省过程中细微的心理起伏，对自我的追问在双重的镜像即真实的镜子和作为心理镜子的诗歌中来回投射。

一方面，作为审视外表即自我表象的工具，理发店的"镜子"提供了从不同角度认识自我的契机，"镜中"的"我"是"我"所不熟悉的，"满脸横肉"，"皮笑肉不笑"，诗人用"神志恍惚"来刻画当时的心理特征，指向了对陌生自我的拷问。心理上的"迟疑，虚拟——"虚化了真实的生活场景。另一方面，在诗歌的末尾处，"我"能够明辨的仅是物理学上的特征，人对于自身的不了解，对于生活的迷惘感在诗中定格与盘旋。"长久的观察之后／我得承认，我能够辨明／镜中的左实际是生活中的右。／是的，仅此而已"。生活的"左右"指代的究竟是什么并不确定。《镜中》并未解决"我"的迷惑，但是思考的意义，即对自我的追问留存于诗歌，并进一步引发了读者在阅读时对自身的审视。标点的转换在这首诗中具备突出的功能，问号、破折号、省略号是情绪发展的脚注；疑问、思考、茫然等情绪在不同的标点中被表现出来。

邱红根的写作大部分是立足于都市生活的。虽然在其早期创作中有一系列对于家乡的回顾，但这种对于家乡的观望多是浪漫的、经典式的回望。城市的描写在诗人的笔下，自然、灵活、恰到好处。城市仿佛是座庞然大物，凭借医生职业性的敏锐，诗人似乎不需要费力就能找到城市的痛点。比如《刷黑》[⑤]一诗中的修路工。第一节，诗人对于修路民工的描写，自然、沉着，起笔平实，没有一丝突兀，诗人以稳健的笔触，描述了修路工的存在与其日常生活。

> 他们粉碎石头、重筑路基
> 在人行横道上挖宽大的壕沟
> 他们清理天空如麻的电线
> 一群头戴草帽的民工——
> 一群慌乱，一群杂乱无章

在炎热的夏天，一群头戴草帽的民工在修路，此时诗人从高楼的居室往下看到的是"壕沟""电线""草帽"和"杂乱无章"，路在扩建中的物理上的杂乱无章与生活中精神上的杂乱无章互文。

在最后一个诗节，邱红根写到道：

> 作为这城市的良好公民
> 我尽力避免打扰他们
> ——整个夏天，我吃面包，喝生水
> 拒绝出门，从窗子里看天

"从窗子里看天"这看似平常、简单的动作至少蕴含了来自三个层面的自我审度：第一层审视来源于公民意识，要做个好公民，"作为这城市的良好公民／我尽量避免打扰他们"。良好公民的意识立足于对于修路工作的尊重,这是社会规范层面的审视;第二层面是对于自我约束的阐释"——整个夏天,我吃生面包、喝生水",这是类似清教徒似的自我约束,简朴生活是对修路工烈日下工作的呼应,可被视为从自我道德层面的审视;第三层面则是"拒绝出门,从窗子里看天"。天空究竟指代什么? 一方面,在诗的第一节,诗人写到"天空如麻的线",这与如麻琐碎的生活互相映衬,因此"看天"的过程即是整理生活的过程;另一方面天空的广袤无垠最终使诗人的自我审视落入空茫。

与《镜中》的结尾类似,诗歌并不能厘清生活的琐碎,也解决不了对自我的不断诘问,自我审视最终是茫然而无果的。此时,诗更倾向于是一种记录方式,和心电图类似,在时间的维度上不断延伸。需指出的是,在第一节中,诗人对于修路工的群像描写选取了向下的俯视角度,这既表明诗人的观察地点是高楼的窗口,另一方面这隐含了城市人对乡村打工者的观察视角;在最后一节对天空的"仰视"是对生命敬畏以及俯仰之间的对生活的拷问,这使得该审视带有哲学意味。"俯"与"仰"的角度变换并非有意为之,正是这种看似无意的"俯""仰",使邱红根的诗充盈着对生命的悲悯与尊重。

从《镜中》与《刷黑》可以看到,由场景提供的创作契机最终并未解决场景中所出现的问题,然而正是诗歌创作中的哲学思考使诗人有机会触碰到生活的本真,最终得以窥见庄子所说的"精神自由"。邱红根诗中的"审视"与中国传统诗歌的"审视"互文,即这种审视是一种塑造自我的审度,寄托了中国文人的传统理想。这种传统理想一方面体现于庄子的《逍遥游》:"若夫乘天地之正,而御六气之辨,以游无穷者,彼且恶乎待哉!"⑥ 这正是游处于天地间,精神与宇宙一体化,打破物我界限,不再受困于物的文人的理想状态,即"放下";另一方面则体现于东晋诗人陶渊明的田园诗,蕴于山水田园,看似平淡、实则传递了诗人的思想、灵魂与道德操守,陶渊明通过田园躬耕与诗歌创作表达了对自然与生命的态度。逍遥游与田园居都是"放下",即"精神自由"的具体表现形式,"放下"体现了中国文人的传统理想。

在《放下》⑦一诗中,邱红根谈及了理想中的"人"。"万亩蓝莓产业园"让我"放下了斯文";"乡下的幸福酒馆"让我放下了"知识分子身份";"青林寨关公园风景区"让我放下了"昨日与同事的争吵",从放下与他者的是非延伸到放下自身,这是一种内化的自我审视。在诗的末尾诗人写道:

> 可这么多放下还是不够啊
> 多想永远地像今天一样放浪形骸
> 任青林寨的小雨、微风清空自己
>
> 多想像眼前的这株小草
> 渺小、卑微,无关紧要
> 多想就此紧贴大山终老山林

最终使"我"得以放下的,是自然的"大"与草的"小"之对比。小草是"小我"的自况,只有认识到我之小，才能了解生之大，这正是庄周在《逍遥游》中的"大小之辨"的体现，同时又反映了陶潜的寄情山水以获得心灵自由的追求。

在《我愿意把每次旅行当作是还愿》⑧中，诗人写道：

> 这些年，工作之余
> 我去过青岛、桂林、苏州、长沙、深圳
> 去年妈妈去世后，我散心去过厦门
> 有时候是一个人去，有时候和许多人
> 无非是看山、看水
> 看名人写的字
> 重复古人走的路

诗人理想中的游历是"看山""看水""看字"，诗中的"无非"两字，从字面上看，似乎有否定的意味，但是诗人接着写道："这些城市和许多我没有去过的城市/像一颗颗镶嵌的珍珠/而私底下我把它当作隐秘，就像我的疼痛，像关节炎/我把每个城市当作待收拾的河山/我把每次行走当作一次占领"。

走遍河山是"我"的隐秘心愿，而现实生活使得这种隐秘"就像我的疼痛，像关节炎"。诗歌在结尾处对当下进行了反讽式的书写，"这些年，我生活的很不容易/读书、结婚、科研、每天疲于奔命"。虽然理想中的游历"无非"是看山、看水、看字，但是旅行是心愿的实现，是一次又一次的还愿，这恰恰彰显出中国文人乐好山水、师法自然的人文理想。

《我愿意把每次旅行当作是还愿》隐藏在一本诗集的不起眼之处，通过它也可以一窥诗人内心深处的朴素的"游世"思想。"嬉游"一词一直隐匿在中国传统诗歌文本之中，从庄周、阮籍到欧阳修，都论述过"嬉游"。"游于世"不仅仅是为了"嬉乐"，更重要的它表达了中国文人追求精神自由之心。从"这些年，我活得很不易"，到最终"正高、工作顺利、生活美满"。诗歌结尾处的"美满"被生活的艰辛所解构，呈现出的是浮于俗世生活之上的山水追求。正如诗人在《情牵百里荒》⑨中写道：

> 这里缺乏的是这样几种眼光——
> 比如宋代文宗欧阳修的诗句：
> "荒野几家聚，瘦野一刀田。"

然而这并非是容易的事情，正如在《奢侈的事情》⑩中诗人写道：

> 在这样的下午，喝杯茶
> 与同伴不紧不慢的聊着天
> 偶尔，读一首诗
> 看很平常的时间

在江汉平原绿中慢慢消逝
是奢侈的事情

实现中国文人的山水之理想原本就不容易,更何况是对一位职业是外科医生的诗人。诗人的笔下有许多在路途中写就的诗,譬如《右手的月亮》⑪记录了诗人的一次夜空飞行,在诗歌的末尾,诗人写道:

这黑暗,
这盛大的虚无

电话处于关机状态
而这短暂的失联
多么美好,此时大地万物
用不着我来关心

只有在飞行的途中,诗人才能放下日常生活的繁重,这与席慕蓉在《独木》⑫中所写的一致:"喜欢坐火车,喜欢一站一站的慢慢南下或者北上,喜欢在旅途中间的我。只因为,在旅途的中间,我就可以不属于起点或者终点,不属于任何地方和任何人,在这个单独的时刻里,我只需要属于我自己就够了。"

二、医者的诗歌术

作为医者,邱红根对于生命有着超乎常人的体验,这是一般诗人所不具备的写作视角。周树人先生曾经留学日本,原本志在学医,后来他意识到学医救不了国人,最终弃医从文,中国才有了鲁迅。正是学医的经历使得鲁迅先生能精准地察觉国人病灶之所在。医者的诗歌术正在与此:精准的切入生活的痈疮,找到症结。《这双手》⑬《挽歌》⑭《移植》⑮《某种物质》⑯《银连》⑰《停顿》⑱《妈妈的心思》⑲《病床头的念佛机》⑳《简单句》㉑展现了邱红根精湛的医者诗歌术。

《简单句》中虽然没有与"医"相关的场景,却可以被视为一首外科医生之歌。诗人仿佛手拿手术刀,将语言中的修饰与无关意义全部摘除,放弃技巧,留下本真。"从今天开始,我们用简单句表达思想",这正是医者的诗歌术,冷静客观,如奥卡姆的剃刀定律"如无必要,勿增实体"。

救死扶伤的医生本身就是英雄般的存在,但邱红根的诗丝毫没有英雄情结,只看到诗人对于生命之痛的切肤、真实、准确的描摹。在《这双手》中,诗人对"我"的手进行了特写,医生注视着"手",并最终意识到这是"一双外科医生的手"却是源于"一只韩版的护手霜。"护手霜提醒了手对于外科医生的重要性,而之前,医生本人却"从未关心过/这双手/这双用刀的手/这双常常浸泡消毒液的手/这双被电刀击穿的手/这双救命的手。"救死扶伤在诗人的笔下就如同拾荒者拾起一个矿泉水瓶那般自然。"这双司空见惯的手/粗糙，皲裂"——外科医生的手与其他任何劳动者的手并无二致，救死扶伤是医生的日常，正是这种对于职业的认知，让诗人独具医者之眼，多年的职业熏陶，在行医中所沉淀的经历使得诗人比普通人更能深刻地了解生老病死之苦。譬如谈及"病"，大多数人都会有着心理上的不舒适以及随之而来的情绪渲染。但是在邱红根的笔下，"病"是通往人生真谛的幽深而昏暗的隧道。生理上的疾病映照了个人精神上的缺失。诗人的笔触被客观的医生视角所规范，艾略特的"情感克制"在邱红根这里是不成问题的，皆因"情感克制"原本就是外科医生所必备的职业素养，这正好与诗人的诗歌创作相契合，使其诗歌哀而不伤。

"停顿"可被视为邱红根医者诗歌术的关键词。"停顿"是超越语言的与"病"与"死"相关的一个心理活动，是动作与动作之间的思考，极具哲学意味。诗中的一次停顿是因为一名 34 岁切割乳房的未婚患者：

> 整个上午，在强烈的无影灯下
> 我专注于切割、缝合和止血
>
> 面对成功切除的一只患病乳房
> 很有成就感的我长长叹了一口气

这是完全的医者视角，"切割""缝合"和"止血"的对象是"一只患病的乳房"。从无影灯下抬起头注视外面的明亮的阳光，"我"的角色从单一工作场景"手术室中的医生"转换成了医院这个微型社会中的"医院中的医生"，随着对环境与光线感知的变化，"我"看见"一群男女，手捧鲜花/热烈的交谈着/从一楼手术间的窗口走过"：

> 这才想起今天是妇女节
> 再看手术台上 34 岁的未婚女孩
> 我感到时间突然停顿了一下

"停顿"是打破人与人生活的壁垒的时间上的延迟，此时作为医生的我，虽然仍身在手术室，视角却已经不自觉地转换成了对于患者病痛感同身受的亲人视角。在光线的转换中，视角也发生了两次转换，最终落足于"停顿"。这种停顿似乎是时间上的，事实上时间永远都在波澜不惊地前行，停顿的是诗人作为医生的仁者之心。对于疾病了解，使得诗人对于人的局限与渺小深有体会，在《病床头的念佛机》邱红根写下这样的诗句：

> 一路上，我总想着"念佛机"
> 是的，"医学"不能除去所有的病
> ——菩萨，哦，如果真有菩萨，
> 任何人都是他的子民。

他分担众人的苦难，

应该，让我们能够看见。

当医学的力量遭遇束手无策，信仰的力量就自然地从诗歌中浮现出来：诗中的情感真切，不受到外物的影响，直抵生命的本真。作为一名医生，诗人对生命的自知，对寰宇所保有的敬畏，加强了生命的悲剧性。在《某种物质》中，诗人写道：

作为一向的唯物主义者

我的怀疑在扩大——

我和妈妈之间

一定存在着亲情之外的某种联系

某种我们尚不知道的物质

基于对"病"的认识以及对"病痛"的冷静，作为医者的诗人不会纠结于病症，而是跳脱出具体的病灶，去思考"病"的本质——这即是对内心的拷问与审视，正是这种审视，使得诗歌成为平衡现实与理想的砝码。医者视角和社会人视角的转换使得包罗万象的社会生活通过诗人的笔触被清晰地还原，一些容易遗忘的镜头在诗中得以定格，它们在阅读中产生巨大的共鸣，这种共鸣来源于生活，是对生命本真的理解。

三、城市与乡村视角切换

"城市"是与"乡土"相对的概念。脱离了"乡土"，城市的概念就失去对比，没有了生根的土壤。都市书写主要是以城市生活和城市居民为主要表现对象，在写作中展现完全不同于乡村的风貌的城市生活。2006 年后，乡村背景在邱红根的诗歌中出现的较少，写作背景大多设置在城市，邱红根的诗呈现了较为明显的都市写作特征。

在城市书写中，邱红根的诗展现了一系列平凡的小角色，这些小角色好像一颗颗的螺丝钉，正是他们将城市生活铆紧，有《遮盖》[22]中"在云集路口，天桥下/一位天门籍擦鞋的妇女"；《移植》中的头戴草帽的民工；《三个瞎子》[23]中打快板、拉二胡、唱戏的街道艺人；《卖花姑娘》[24]中从乡村来到城市卖花的少女，《银连》中远房哥哥，这些不同人物展现了城市生活中的乡村色彩，并印证着城市与乡村的变迁。

母亲是链接城市与乡村的链条。在《汲水的老人》[25]一诗中，母亲的形象以承担沉重挑水，灌溉农田的形象出现，"她用一种逼真的劳动/刺痛我们城市人的眼睛"。诗人用反讽的口气进行自我戏谑，展现了城市人对于农村生活的无知。《打鸟记》[26]中，诗人也采用了讽刺的手法，书写了农村人和城市人的对比。城市人到了农村，连树叶与鸟都分不清，乡村中的鸟比城市的打鸟人智慧，"打鸟的我，/很难将一只鸟/和一片树叶区分开来"。来自城市的"我"最终无奈地感叹："这树太高啊！/我的弹弓够不着。/在涂邱打鸟，对我这目光短浅的城里人/无疑是一种讽刺和嘲笑"。但是当鸟儿误入了城市，它们就失去了灵动与活泼，在《误入城市的鸟》[20]中，诗人描写了一只又冷又饿又慌张的鸟：

> 一只误入城市的鸟无伴又无巢
> 在风中　它多么孤单
> 它东张西望　它想飞翔
> 却不知该飞往哪个方向

远离故乡的日子久远，在农村人看来，我身上褪去了农村色彩，在农村，"我"是城市人，有着城市人的外表与谈吐，但是诗人对自己的身份一直有着清晰而理性的认识，这种认识使得"农村人""城市人"的称谓成为诗人呈现城市与乡村之间张力的工具，如果误以为诗人正经历着身份认同危机，则是落入了诗人预设的诗歌陷阱。

在《老家》[21]中，诗人写道："三十元和三小时/是城市与乡村之间的距离/是嘈杂和宁静之间的空缺。"乡村是宁静的，是逃离嘈杂的去处，它与城市的距离不仅是地理上的，也是时间上的。在《涂邱》[22]中，诗人写道："但我必须宗教般记住它/用整整一生，涂邱/——它是一个流浪在外的人/内心的地理"；在《乡音》[23]中，诗人写下了这样的句子："在所有的声音当中，/这种声音最耐听……应该感激　这么多年/这种声音　提醒我/在城市永远保持着/最初的方向。"对于离开乡村，扎根于城市的人而言，乡村是他们的内心地理，乡音提醒着他们的根在那里。

巨大的城乡差异，不仅出现在街头巷尾，即使在亲人之间也是难以逾越的。在《妈妈的心思》中，诗人写道："现在她住在涂邱——/我贫穷、落后的老家/靠我带的药延续生命/她拒绝上医院，也不愿来宜昌"。《银连》可被视为医者视角、城市乡村视角切换的杰作。这首诗兼具了农村、城市、生、死、命运的转换等戏剧性创作元素。银连是"我"的远房哥哥，他的经历唤醒了大多里人对暂居于城市中的农村人的印象，"他这一生经历过三种身份——/半桶水的小木匠/失败的小生意人/城市里的废品收购者/在他的中年，在宜昌/他找到了自己的准确定位"。从城市到乡村，有血缘的两个人的生活经历相互印照。整首诗叙事流畅、节制；贯穿诗歌文本的医学名词呈现出横贯在城市与乡村间的巨大鸿沟——"高血压是确凿存在的/只是没能发现。在城市/一个连温饱都不能解决的人/他能拿什么对抗身体里的暗疾"。"我"与"银连"哥的联系可被视为城乡联系的隐喻，"他默默地照顾了我这些年/平日里很少想起他/但屈指可数的几次搬家/家里阳台上的垃圾堆多了/就会想起在宜昌的这个哥哥"。

由此可见，家庭内部的差异进一步突显了城乡之间巨大的、无法跨越的鸿沟，诗人别具匠心地在微型空间中将普遍的社会现象放大，以平实的口吻，在视角的流畅转换中刻画了城市中乡村人的群体像，展现了诗人悲悯的情怀。

四、结　语

邱红根的诗歌素材包罗万象，源自日常生活，却将诗歌的触角深入到人类深邃的内心世界,医者与社会人视角以及农村与城市人视角的流畅转换,使得诗歌展现了城乡之间的巨大张力、刻画出城市中小人物群像,传递了对生、老、病、死的深刻体验。在创作中,邱红根将诗歌作为内省的独特方式,以诗人之眼凸显真实生活中存在的问题,并在对问题的还原中审视内心,展现了植根于生活的强大的原创力以及精湛的诗歌技艺。

注释:

① 王小舒:《中国古典诗学的二元体系》,《文艺研究》2002 年第 5 期。

② 郭玮:《拉康精神分析理论对电影批评的启发》,《文艺生活》2017 年第 10 期。

③ 张一兵:《从自恋到畸镜之恋——拉康镜像理论解读》,《天津社会科学》2004 年第 6 期。

④⑤㉙ 邱红根:《现场(组诗)》,《延河》2009 年第 3 期。

⑥ 庄子:《庄子今注今译·逍遥游》,陈鼓应注译,中华书局 1983 年版,第 1-14 页

⑦ 邱红根:《放下》,《2014 年中国诗歌排行榜》,邱华栋主编,南昌:百花洲文艺出版社 2015 年版,第 239 页。

⑧⑳ 邱红根:《放下(组诗)》,《躬耕》2015 年第 3 期。

⑨ 邱红根:《情牵百里荒(组诗)》,《都市》2016 年第 10 期。

⑩ 邱红根:《疼痛的乡愁(组诗)》,《芳草.潮》2018 年第 1 期。

⑪ 邱红根:《右手的月亮(外三首)》,《都市》2017 年诗歌增刊。

⑫ 席慕蓉:《独木》,《文苑》2016 年第 10 期。

⑬ 邱红根:《这双手》,《中国诗人》2018 年第 5 期。

⑭ 邱红根:《邱红根的诗(5 首)》,《诗歌月刊》2012 年第 7 期。

⑮ 邱红根:《现场(组诗四首)》,《文学港》2009 年第 2 期。

⑯ 邱红根:《某种物质》,《诗歌月刊》2014 年第 6 期。

⑰ 邱红根:《银连》,《大家教育周刊》2016 年 1 月 30 日,第 28 版。

⑱ 邱红根:《停顿》,《诗选刊》2016 年第 10 期。

⑲ 邱红根:《邱红根的诗》,《都市》2014 年第 9 期。

㉑ 邱红根:《简单句(外一首)》,《中国诗歌》2014 年第 12 期。

㉒ 邱红根:《遮盖》,《都市》,2006 年第 8 期。

㉓ 邱红根:《邱红根的诗(四首)》,《江河文学》2016 年第 6 期。

㉔㉘㉚ 邱红根:《叙述与颂歌》,中国文史出版社 2006 年版,第 72、67、50 页。

㉕ 邱红根:《汲水的老人》,《青年文学》2003 年第 6 期。

㉖ 邱红根:《右手的月亮(组诗)》,《北极光》2018 年第 5 期。

㉗ 邱红根:《误入城市的鸟(二首)》,《椰城》2018 年第 9 期。

(盛艳,女,1979 年出生,湖北宜昌人,中山大学文学硕士,中南财经政法大学外国语学院副教授,研究方向为现当代诗歌)

反思文学批评弊端　建构批评家主体性

——第八届中国新锐批评家高端论坛综述

◎ 史习斌

2018 年 12 月 16 日,第八届中国新锐批评家高端论坛在广东湛江岭南师范学院隆重举行。本次论坛由岭南师范学院、北京大学影视戏剧研究中心、北京师范大学中国当代新诗研究中心和《文艺争鸣》杂志社联合主办,《语言与文化论坛》编辑部、《文艺论坛》编辑部协办,岭南师范学院文学与传媒学院承办。来自北京师范大学、澳门大学、武汉大学、华中师范大学、复旦大学、浙江大学、北京语言大学、福建师范大学、云南昭通学院、闽南师范大学、湖南科技大学、广东海洋大学、浙江越秀外国语学院、肇庆学院、深圳职业技术学院、广东石油化工学院、岭南师范学院等高校以及《文艺论坛》《语言与文化论坛》、中国诗歌流派网等文艺媒体的 30 多位知名专家、青年学者和诗人出席论坛,岭南师范学院副校长苏古发为论坛致开幕词,文学与传媒学院院长赵金钟教授主持开幕式。在开幕式上,中国新锐批评家高端论坛主要发起人、北京师范大学中国当代新诗研究中心主任谭五昌介绍了创办中国新锐批评家高端论坛的宗旨与目标,并强调了这个论坛的明确定位与几大特点:新锐性、高端性、学术性(学理性)、开放性、包容性、建设性。随后,澳门大学中文系主任朱寿桐教授在发言中充分肯定了中国新锐批评家高端论坛近年来在新的历史条件下把握时代脉搏、改善批评和学术格局所做的努力,对论坛产生的学术影响给予了高度评价。同时他对以赵金钟教授、张德明教授为首的岭南师范学院批评家团队给予了充分肯定,对这个团队新近出版的五卷本"岭南批评文丛"给予了好评;武汉大学文学院樊星教授充分肯定了中国新锐批评家高端论坛的学术重要性,并对中国诗歌创作与批评中的南方意识和南方诗学特色进行了概括。

12 月 16 日全天,谭五昌、朱寿桐、樊星、邹建军、路文彬、庄伟杰、蔡天新、陈卫、吴投文、赵金钟、张德明、向卫国、潇潇、世宾、陈永华、马新亚、庄森、任毅、赵目珍、黎保荣、史习斌、周显波、程继龙、李海燕、叶澜涛等与会人员围绕"批评家主体性建构"这一核心议题,从当前文学批评的弊端与困境、批评家主体性缺失的原因、主体性建构的途径等方面展开深入探讨,在批判中反思,在反思中建构。

一、对当下文学批评弊端的揭示

文学批评历史悠久,形态各异。长期以来,文学批评对文学创作的指引、提升及对文学研究的探路、奠基作用彰显无遗。时至今日,文学批评成了一门专门的职业,在新的文化背景和传媒环境下,产生了一些实际的问题,不仅为创作者诟病,也促使批评者进行反思。

学院派批评历来以专业、深刻、严谨见长，但在当下也存在着一些弊端，从学院派自身开始进行了反思。武汉大学樊星教授认为，现在文学批评的文学性越来越弱，很多研究生和不少研究者总有一种理论情结，或者理论焦虑，拿出各种"主义"，然后把作品往里面套，这就脱离了和文本的接触，和鲜活人生的接触，使文学越来越成为理论的附庸。如何将文学的丰富性和复杂性告诉读者，让他们体会到丰富复杂的人生，这一点很重要。比如顾城有一首诗叫《永别了，墓地》，从中可以看出一个政治话语的顾城，还有一个以《英儿》为证想建立女儿国的顾城，所以至少有三个顾城。这跟教材将顾城说成童话诗人不一样。应该将这种智慧意识带入我们的文学批评，把人生的复杂性还原出来，不要仅仅依靠教科书的理论，按照某种理论的教条来阐释文学。这种对当下文学批评过度理论化、抽象化的批评引起了不少与会者的共鸣。湖南科技大学吴投文教授认为，当下的文学批评表面上看非常"繁荣"，背后却存在一定程度的疲乏：话语上的花样翻新很多，真正有原创性的话语不多；很多批评看起来很理论化，但背后缺乏思想的支撑，是一种缺乏理论模式的套用；新世纪以来，新媒体的广泛应用使得文学的边界变得模糊，文学性被稀释，文学批评被文化批评取代。岭南师范学院张德明教授从诗歌批评的细部出发进行反思，他认为当下的诗歌批评日益偏向于长篇大论，偏向于缺乏生命感悟和生命体验的学理阐发，以致陈腐的学究气、刻板的理论术语、僵硬而封闭的三段论模式充斥于诗歌批评界，新诗批评很长时间以来都无法及时地灵活地有效地进入当下诗歌现场，无法与诗人产生直接的交流与互动，无法把当下诗歌的现状准确地传递给读者，也不能从泥沙俱下的当代诗歌现场提炼出优秀的诗歌理论对读者进行陶冶和引导，这是今天的诗歌批评面临的严峻现实。

除过度理论化和过度抽象化之外，当下文学批评还存在其他一些问题。《语言与文化论坛》执行主编庄伟杰教授指出当前文学批评面临的困窘，集中体现在三种缺失。一是文学批评的判断失衡，二是文学批评标准的缺失，三是文学批评方法的模糊性。由于判断的失衡导致文学批评要素的不确定，进而对批评标准、模式构建（主体性构建）及方法论确立产生消极影响，使文学批评往往成为文学作品的附庸者。此外，从创作的介入到批评价值的自身构建皆缺乏引领性的主导，缺少理性分析和真诚批评，而批评群体在自身队伍的构建上，在思想观念、价值判断和自身定位上，从大的方面说，是缺乏中国范式的思想主导；从小的方面看，是批评家的主体性严重缺失。肇庆学院黎保荣教授对现在的几种批评形态存在的弊端进行了综合分析，他认为学院批评存在过度阐释或是强制阐释，作协或官方批评行政色彩和宣传性比较强，作家批评往往以自身经验为主且流于故事情节的复述，包括媒体批评在内的公众批评缺点是"短平快"。岭南师范学院赵金钟教授则从具体的批评实践出发，指出当前文艺批评的症结：一是"红包批评"，以吹捧为主，丧失批评的良知和底线；二是"无心"批评，没有跟作品进行拥抱，直接拿理论来套，把批评当作理论的附庸。

创作与批评理应是相互促进的，然而当下的创作者与批评者之间常常产生裂隙。诗人潇潇对当下诗歌批评提出了一些质疑：第一，当下的诗歌批评大多是一种表扬，批评家大多是表扬家，少有人指出诗人创作中的欠缺，对诗人来说失去了通过批评反思和提升的机会；第二，诗歌批评过分学术化，批评文章大多引用西方文论的术语，喜欢吊书袋，把简单问题复杂化,使读者如坠云中,也很难看到批评者自己的观点,这样的文章对诗人的写作没有太多的指导意义;第三,现在批评家关注的大都是一些成名的作者,希望批评家多去发现那些有潜力的"黑马";第四,批评界对女性诗人的批评总是喜欢从群体的角度去归纳,而不是从个体的角度进行研究,对坚持个性化写作的女诗人关注不够。潇潇作为女性创作者的代表,其观点对文学批评的角色意识、自律意识和性别偏见具有警醒意义。

二、批评家主体性的缺失及原因探讨

文学批评一方面以作家作品、思潮流派、文学现象等为基础,另一方面又具有相对独立性,批评家的思想、观点和表达更是不依附于其他而独立存在的。批评家在从事文学批评的过程中要坚持自己的主体性,主体性的缺失往往会使批评失去独立性,当下文学批评的困境与危机,与批评家主体性的缺失直接相关。

究竟什么是批评家的主体性,与会专家观点各异,又不乏共识。北京语言大学路文彬教授认为,主体有归属、服从的意义,主体的确立首先要服从自由,当自由失去的时候,服从就变成了反抗(回归),回归自由是主体的使命。但可惜的是,作家和批评家的主体一直在丧失,在反抗中寻找和回归主体成为重要命题。真正的反抗是打破表面和谐、追求深度和平,所以《平凡的世界》中的高加林从被压迫者成为新的压迫者不是反抗,《我不是潘金莲》中的潘金莲作为现行状态的维护者也不是反抗。我们的批评界是一片和谐的声音,恰恰没有和平的声音,没有真实的自我的出现,如何改变这种状态是我们在批评主体性建构时需要深刻反思和努力做到的。广东文学院专业作家世宾认为,主体性建构中的主体就是指能够对客体进行认识和实践的人,对这个世界能否有一个真实的认识在主体性建构中非常重要。所有的写作都是"我"对置身其中的对象的体验和认识。"我是谁?"是被出身、教育、社会关系所规范、塑造出来的。"我"是充满着可能性的,批评家要对身处其中的自我有一个认识。主体性的根本还是自由,要在反抗中不断丰富。闽南师范大学任毅副教授具体到诗歌这一门类,认为诗歌批评家的主体性应该是审美的主体性,就是把诗歌活动中的人从各种束缚中解放出来,以确定诗歌批评内在的主体精神。

批评家的主体性是如何缺失的呢?吴投文教授认为当前的一些文学批评家逐步失去了对文学审美本质的把握,失去了文学标准和洞察力,也就渐渐丧失了批评的主体性。华中师范大学邹建军教授认为,批评家的主体性主要表现在他们具有的独立品格和自由精神。文学批评主体性建构具有二重性,是主观与客观之间双向、多重、反复地相互吸收建构起来的。当前文坛甚至整个艺术领域仍然存在很多问题,比如这么多年"抗日神剧"大行其道,胡编乱造;比如各大电视台宫廷戏盛行,充满钩心斗角、尔虞我诈。文学批评在这方面发挥了什么作用? 为什么会出现这种情况? 一个很重要的方面就是批评家主体性的缺失,不敢讲真话,不敢讲直话。批评家主体性的缺失的责任并不完全在批评家和文学自身,而是由整个文化传统、整个评价体制以及文艺的整个运作机制共同造成的。广东石油化工学院向卫国副教授通过追根溯源发现,古代从事文学批评的是哲学家、思想家,之后更多的是作家在"兼职",现在成了职业化的工作,这跟 20 世纪以来的大学体制有关系。

当代的一些批评家天然地与体制结合,受诸多"条条""框框"制约。从文学理论内部来看,接受美学提出批评家都是自由的,是有创造性的,像作家一样自由创造,从个体来看这有利于主体性的确立,但从现实来看,这种自由创造性又造成一些问题,比如批评标准没有了,共识消失了,这又消解了主体性。

三、倡导批评家主体性的自觉建构

北京师范大学中国当代新诗研究中心主任谭五昌认为,批评家的主体性建构具有重要的理论意义、文学史意义和伦理意义,批评是创作与阅读之间的桥梁,在文学活动整个过程中不能缺席也不应该缺席;同时,文本解读、价值评判、发现被遮蔽的作家作品、对作家与诗人进行文学史定位都是批评家应尽的职责。当前不少批评家自信不够、主体意识不强,这种状况应该予以高度重视并得到有效改善。如何建构批评家的主体性是本次论坛的中心议题,也是与会代表关注的热点,大家从批评主体、批评方法、批评形态、批评文本与批评实践等方面多层展开,多维探讨。

文学批评者作为批评活动的实施主体,是建构批评家主体性的最关键要素,也是论坛争鸣最热烈的地方。邹建军教授提倡批评家要读万卷书,行万里路,观千把剑,写百篇文,这样才能建构起真正的主体性,才能逐渐成为成熟的批评家,成为批评大家。赵金钟教授认为要建立批评家的主体性,必须避免"红包批评"和"无心"批评,同时努力提高批评者的自身素养:一是知识素养,包括文学的专业知识,跟文学有关的外在的理论知识以及辅助知识;二是在知识素养之外的能力素养,包括艺术感受能力、艺术鉴赏能力和理论思维能力。具备了这些素养,才能避免理论的钝化,才能用心拥抱作品,做"有心"的文学批评家。专业作家凸宾认为主体性的建构有三个完成维度:一个是知识,要以富有良知的姿态置身知识的土壤,吸收营养,通过自由的心灵整合这些知识,让生命变得丰富;二是价值的选择,只有富有人文意义的价值,才能激活我们的知识,如果价值的选择是野蛮的,知识就成为野蛮的武器,成为野蛮的帮凶;三是体验力,有了知识和价值立场,还必须有穿越现实、穿越迷障的体验力,只有保持新的文化和文明的想象,才能全方位地提升我们的主体意识。向卫国副教授从文学观念的角度认为主体性重建必须注重三个方面:一是个人的世界观、伦理观、价值观,这对批评家来说十分重要;二是批评家文学观的确立,现在很多批评文章背后看不到支撑他的文学观念,表面看是理论化套用,深层次看是没有自己的文学理论,没有自己的文学观念;三是语言观念的建立,很多批评者没有一个成熟的语言观,对语言本身的思考不够,也影响了主体性的建构。深圳职业技术学院赵目珍副教授认为,自由感与激荡性是批评家主体性建构的两个"占据"。当前的批评很多时候处在被动的地位,甚至显得比较无奈,批评家在批评过程中有逼迫感、焦虑感,自由度不如作家。批评家应该通过个人的批评意愿、对对象的喜好、对方法的运用以及批评与不批评的自由选择,获得批评的自由感。激荡性侧重于批评过程中,批评主体与批评对象之间的心理激荡,与同行之间的学术共鸣,自己独到的发现和对他人的引领性。自由感是产生激荡性的基础,激荡在自由中实现,两者共同建构批评家的主体性。吴投文教授认为重建批评家的主体性，批评家要坚守文学的本体立场，重新回到文学性上来；应该着重发现文学的内在意蕴，避免高度理论化的阐释；应该重新认识文本细读和文学感悟的重要性，批评时不是将作品还原为文学知识上的某个环节，而是要突显出其内部生机勃发的生命状态；应该守持文学批评的底线，发现文学作品真正的文学价值和开创性，而不是无底线地为一部作品开道，或者随意贬低一部作品。福建师范大学陈卫教授认为，自媒体时代人人都是批评者，在一个听众都很难"找"的时代，专业的批评如何吸引读者，把真正好的作品推介给大众，从而推动作家，推崇经典，这是一个很值得思考的问题。当下批评家可做的事情，一是主动发现文学发展中存在的问题并指出问题，而不是仅仅对问题作出消极回应；二是回到批评之前，从源头了解创作，才能提高批评的敏锐性，同时自己要有创作的能力，才能在批评中理解作家的苦衷，而不是"打棍子"；第三，建设也是一种批评，比如这些年自己在新诗课堂引入旧体诗词，尝试诗歌翻译，进行诗歌朗诵，甚至请人吟唱，尝试诗与歌的结合等，把不同的声音带入诗歌批评，都是一种建设，是另一种形式的批评。云南昭通学院陈永华教授通过对近年来昭通学院主办的全国大学生"野草文学奖"的参与和观察，一直在思考获奖诗人到底优秀在哪里，那些获奖的校园诗人后续发展怎么样，诗歌批评在其中能做些什么。他很赞同文学批评要有温度、有人文情怀的观点，认为批评家应该关注当下，立足当下，在诗人成长、评奖方面，在发现、挖掘、培养青年作家方面有所作为；广大爱好文学的大学生需要指导，也渴望指导，批评家在关注校园诗歌方面也要有所作为。任毅副教授认为当下政治意识形态和权力系统、金钱物质以及私人情感三大现实因素都影响到诗歌批评家的主体性精神与独立性，诗歌批评的主体性需要三大重建：作为诗学资源的继承主体，必须有一颗强大的"中国诗心"，以实现古今中外诗学资源的对话与"中国化"；作为诗歌批评实践主体，他必须具有独立的人格和批判精神；作为诗学批评操作主体，批评家必须具有理性的深邃透视力与灵敏的诗歌文本感悟力。这三大重建关系着当下诗歌批评的整合发展与创新。

批评方法的选择及其科学性也是建构批评家主体性的重要内容。庄伟杰认为重建文艺批评主体性，就要探索新的审美体验的批评方法，注重批评的历史文化性，从"心"出发，提倡带有生命体验的文艺批评。张德明教授认为当下批评的困境与我们长期依赖和采用分析性、逻辑性的话语方式密切相关，而诗话批评在春秋笔法、人间情味、感悟思维和主体投入等方面具有优势，重启诗话传统对改写当下诗歌批评话语模式，促进诗歌批评的活力大有裨益。《文艺论坛》编辑马新亚认为，批评的有效性首先是"悟"，要将自己的生命体验熔铸到批评中，摆脱社会意识形态或学术利益集团的"代言人"的身份，放低姿态，摒除杂念，将"艺术经验"与"生命经验"相结合，用接近艺术本身的方式接近批评的真谛；同时，要确立整体性观念，贯通古今，融会中西，并在这个基础之上，打通文史哲，将文学批评纳入文化批评的整体结构之中，确保文学批评标准的有效性。

采用何种批评形态，各种形态如何扬长避短，对建构批评家的主体性也很重要。澳门大学朱寿桐教授认为文学批评包括两个含义，一个是我们通常理解的文学批评，另外一种是文学家的批评写作，即文学家所从事的社会批评与文明批评。文学中除了创作本体，另外还有两种本体，一个是文学的学术本体，另外一个很重要的本体就是批评本体。我们可以把鲁迅的杂文看作是鲁迅的批评本体写作,当代作家在这方面投入的力量、取得的成绩还远远不够。社会发展需要多方面的批评介入,其中文学家的介入是很重要的,因为文学家最有可能脱离某种行业的立场和功利的考虑,从文明、历史、文化、审美等深入的非功利角度来对社会现象、文明现象进行批判。我们呼唤更多有责任、有思想的文艺家除了通过小说、诗歌这样的创作本体来反映我们的时代之外,还可以走鲁迅等人的路,进行广泛的社会批评和文明批评。文学批评还有另外一种,即文学批评家对批评对象的审美认知、情感的拥抱甚至语言的实验。这是一种非常诗意的、非常感性的、非常有审美的穿透力的文学批评,这种批评也是非常稀缺和可贵的。要重建批评家的主体性,就要重视文学的批评本体和学术本体中的审美批评写作。黎保荣教授认为当下有人提倡的学理性批评形态有利于弥补其他批评形态的弊端,并总结了学理性批评存在的三个维度:一是史,即批评的历史维度,包括史料翔实、历史视野、历史格局和历史限度;二是诗,即批评的审美维度,包括审美观念、审美分析、审美限度和审美超越;三是思,即批评的思想维度,包括思想性、问题意识和理性。岭南师范学院周显波副教授着眼于学院批评这一形态,指出当下的学院批评有优势,也存在弊端,要建构规范的学院批评,需要以文学史经典作为参照,以建构经典体系为目标,以公正筛选和客观评价同时代文学创作的经典性作为责任,以文学研究的基本方法与原则作为文学批评的基础。

重视文本在批评中的中心地位,同时注重批评文章文本自身的美感,也有利于批评家主体性的建构。岭南师范学院史习斌教授认为,当前的文学批评存在一定的浮躁之气,显得不接地气,导致创作与批评之间分庭抗礼、互不买账。解决途径之一便是重申文本中心,注重文本聚焦。具体来说:首先是进入文本,不能游离于文本之外,更不能故意跳过文本,甚至瞧不起文本,要做拥抱文本、与之交流的"有温度的批评",不做"急性子批评"和"空手道批评";途径之二:要深入文本,重视文本的核心地位,把握文本这一了解作家的"核心机密",注重批评的文学性,基于对象,回到常识;途径之三:要超越文本,吸收诸多批评方法的合理之处,共同发掘文学的丰富内涵。这是一种"笨"功夫,吃力费时,也难以获得故作惊人之语所产生的"轰动效应",但它有利于消减当前批评实践中的浮躁之气,促进创作与批评的和平共处,避免批评的过度理论化,建设健康的文学批评生态。除了重视文本的批评,还要注重批评文本自身。樊星教授认为文学批评应该尽可能地写成美文,有些作家如王蒙、韩少功、张承志的批评都很有文采,很有诗意,反而是有些批评家,谈着谈着就进入了高深的理论。在这方面,王国维的《人间词话》、鲁迅的《魏晋风度及文章与药及酒之关系》,都是值得反复体会的。怎样才能在像谈家常话一样把文学的智慧表达出来,都是我们追求文学批评的文学性时应该具备的眼光。岭南师范学院程继龙副教授认为当下诗歌批评陷入了危机,只有抓住批评文体、增强文体意识、写出成熟的批评文章,才能应对危机中的种种问题。如何把握和完善批评文体呢? 一是要有详实的史料支撑,不尚空谈,言必有据;二是要能上升到诗学思辨的高度,透过个案、现象解决有价值的诗学问题,描述与评判要有诗歌史、诗学史的参照;三是要有文章之美,要把批评文章当成艺术品来细细地雕琢打磨。只有这样,批评才能"文质彬彬",才能传之久远,才能与我们所处时代的文学、思想和历史对话。

　　除了对批评家的主体性建构问题进行直接阐述，还有与会专家从微观的角度从事具体的批评实践。浙江大学蔡天新教授把关注点投向诗歌的相似性原则与拼贴艺术，他认为诗歌隐喻与相似性相关，不同年龄、思想、学科背景的交流碰撞可以加强这种相似性；拼贴是 20 世纪艺术的重要特征，是隐喻的一种手段，在诗歌中，包括画面与意义的转换、画面与画面的转换、画面与抽象意义的转换、抽象事物与抽象事物之间的转换。广东海洋大学李海燕教授阐述了打工诗歌中的认同危机与主体性建构，她认为"农民工诗人"的身份导致农民工的身份危机、打工诗人的身份危机、打工诗人被"收编"后的身份危机。面对这样的危机，打工诗人通过创作呈现了自身漂泊无依的生存状态，对城乡身份差异发出强烈质疑，很多时候他们超越了自我身份意识，将批判的矛头对准现代工业化社会，揭示人们日益被扭曲与异化的灵魂。打工作家们对"农民工"们被歧视、受排挤的边缘地位有着惨痛而清醒的认识，他们既对不平的社会制度进行了愤怒的指责，又深入反思了农民工们人性的异化与主体意识的缺失，并试图唤醒他们的自我意识，重构打工者的身份认同。广东海洋大学叶澜涛副教授着重分析了新诗的形式探讨对新诗创作的引导性，他认为 1990 年代以来新诗发展与新诗的形式研究都显示出滞后的状态。新诗的形式研究涉及分行、标点符号、人称代词、虚词、节奏、对称等多个问题，在诸多形式研究中节奏问题最为重要。新诗的节奏问题与古典诗词中的"韵"不是同一个概念，比"韵"的概念大，涉及多个形式问题。新诗发展到当下，需要开始建构新诗的节奏观，这对新诗的创作具有正面的引导性。这些具体的批评与研究具有学术性，有问题意识，从操作层面体现了批评的主体性。

　　在闭幕式上，中国新锐批评家高端论坛主要发起人谭五昌对本届论坛进行了总结。他指出，在短短一天时间内，论坛安排了 4 场主题发言和 1 场自由发言与交流互动，各位与会代表从不同的视角对论坛主题进行了到位阐释，视野开阔、思维活跃、见解深刻，表现出了批评者应有的思想立场和独立人格，也体现了中国新锐批评家高端论坛一直秉承的新锐、高端、包容、建设的总体精神，堪称一届非常成功的学术论坛。

　　（史习斌，男，1979 年出生，湖北建始人，岭南师范学院文学与传媒学院教授，文学博士，研究方向为中国现代文学、写作学）

编 后 记

◎ 编 者

　　年年岁岁花相似，岁岁年年人不同。季节轮回，催生万物；告别冬天，走向春天。此情此景，人们收到的祝福，如同纷飞的雪花融入阳光中……

　　任何事物的发展都有其自身的过程，且总是伴随着时间，像折扇一样徐徐展开。进一步说，世间上任何一种事物，尤其是新生事物，大多是从默默无闻开始的，然后在成长之中不断探索前行，亦步亦趋，渐入佳境，乃至抵达某种新的可能。诚然，探索或跋涉总会有艰辛，甚至要付出巨大的牺牲和代价，这是谁也无法回避的事实。可以断言，世上没有一种新生事物从一开始就是完美无缺的，并让所有人都能认同和接受。在寻道、问道和求道之路上，事物本身的发展往往是呈螺旋式的态势。当风打着旗语，时间才是唯一的见证。诚如人生的历程，总是在蜿蜒曲折的道路上，不断地走向新的理想境界。不是吗？我们的人生，一定是今天好过昨天，但愿明天也一定胜于今天。

　　话说回来，《语言与文化论坛》作为一份综合性人文学术出版物，是在光明日报出版社连续出版14辑《语言与文化研究》的基础上更名的。毋庸讳言，她所敞开的声音，需要两大元素（精神与物质）来支撑，方能得以延续和传播。自第1辑出版以来，她已走过三个多年头，在海内外学术界备受好评，也产生了些许影响。回眸前瞻，总结经验教训，义无返顾地走在学术人生通向未来铺开的大道上，仿佛有一种神秘的热切的呼唤，遥远而亲近，同时透露出几多焦灼的渴望。于是，无论在任何境遇中，我们依然不改初衷，期冀真正地建立一个开放而活泼的学术对话平台。在校方领导的高度重视和关怀下，在诸位学有专攻的编委们给力和相助下，在所有同仁们的共同努力下，从今年起，我们重新调整及增设栏目，并将有所侧重，力图打造属于自己固定的特色栏目。谨此，欢迎海内外从事中外人文社科研究，尤其是外国语言文学研究的方家、学者和校内外同行，不吝惠赐力作给予鼎力支持。是幸！

　　天空高远，水流无形。学问之路，永无止境。不再询问来路和去路，重要的是过程的无限展开。当我们打开重新更名之后的新一辑《语言与文化论坛》，仿佛听见了一季春雨羽化降临的祥和声音。因此，有必要循着她的顺序来做一番简要的概述。

　　由于任何事物的运动过程，往往体现出不平衡性、目的与结果的不统一性、时代差异性和历史文化差异性等，因而从中可见，有差异就有区别，就可以在认识和把握事物的基础上加以比较，乃至互补借鉴。譬如，广受千家万户关注的中国新高考改革，作为一项综合性系统工程，涉及的话题相当广阔。那么，如何尊重差异，并借助差异性原理，为新高考制度的改革和进一步推进，提供更为行之有效的理论依据呢？这无疑是值得我们认真思考和探讨的重要命题。

他山之石,可以攻玉。在"论坛特稿"栏中,施文妹等 3 位作者,经过一番深入细致地调查研究,在掌握诸多重要数据的基础上,立足于差异性原理视阈,指出中国现有高考招录制度的特点及其存在的问题,并与欧洲的芬兰丹麦高考招录的相关做法,加以有的放矢地比较、探析,从而获得有益的启示,其强烈的现实针对性所彰显的价值意义不言而喻。

驻足于新开设的"国别与区域"栏目,日本文学研究专家魏大海教授作为特邀主持,组织编审了多篇讨论日本文学的文章合为专辑,并亲自撰写宏文高论以及颇有见地的"主持人语",其中所付出的心血和精力着实令人感动。所有这些,让我们听见了精通国外文学文化的另一种声音。或作家个案研究,或文学现象管窥,或文本读解分析。对此,主持人已作出精彩点评,恕勿赘述。在"语言与翻译"栏目中,涉及的话题领域较多,然皆有所侧重。有探究德汉翻译策略的,有思考俄语网络词语演变的,有考察英语"事实"嵌入投射句的,有研究汉日语词汇对译的,有探讨基础韩语学习方案的,林林总总,各呈特色,皆有可圈可点之处。"外国文学"栏里推出的三文,一是揭示了狄金森诗歌中长期存在的主题——尝试思考;二是重思了诺贝尔文学奖的理想主义倾向;三是探讨了托马斯·曼的帝国主义寓言。这对于感兴趣的读者,或许有所启发。

走向"地理文化"这条长廊,四篇文章各有千秋。卢善庆透过旅游景点中常人习焉不察的人事风情,发现并列举了其中存在的文史缺失,并亮相自己的独到看法;哈建军通过特定视角,纵横交错地论述了河西走廊宝卷文化传统经验价值及其现实意义;刘勇把笔触延伸到近代晋陕地区移民与"河套"内涵变迁的历程;王书侠结合地方历史和交通文化的特点,联系旅游开发,进行具有当代性的研究。而在始终保存的"序跋评述"栏里推出的三篇文章,论题有异,角度不一。刘小波以青年学人的敏锐,及时观察一个年度(2018)长篇小说的整体风貌;高若海以富有诗性的言说,从美学视角切入对《蔡旭散文诗五十年选》展开深刻评论;盛艳则围绕着当代诗人邱红根的诗歌,抓住其特色进行评述。在新开设的"学术动态"栏中,所提供的乃是对于当下中国新锐批评家高端论坛的学术信息,值得留意。

推开岁月的栅栏,谛听窗外的风声雨声,心灵在滴答的景色中行走。在时间的尘世里,在风雨的时间里,那些树叶摇响回旋的声音,如歌如诉。直面季节的更迭,想起前方的路依然在延伸中漫长地铺展,学会自得其乐地面对学术人生,似乎洋溢着春风般浩荡的惊喜……

2019 年春日编后记之

《语言与文化论坛》基本格式说明

一、论文编排顺序

(1) 标题(包括英译,如有副标题也需英译)

(2) 作者姓名(包括英译)

(3) 摘要(300 字以内,摘取论文的主要观点或创新点,客观反映论文主要内容。请避免出现"本文"、"作者"等字样)

(4) 关键词(3—5 个,集中体现论文主题的关键词)

(5) 正文内容(论点鲜明,逻辑严密,数据准确,文字畅达,格式规范)

(6) 注引格式(采用尾注形式,集中统一放置于全文最后,一律使用"注释",不用"参考文献"字样。无论是诠释性注解,还是单纯引用文献,在文中标于引文后面的右上角。序号用带圆圈的阿拉伯数字标识,用①、②、③、④……按照循序依次进行编号)

(7) 作者简介(包括姓名、性别、出生年月、籍贯、学位、职称或职务、主要研究方向,前后加括号。同时,提供详细通讯地址、电话、电子邮箱等具体联络方式)

另:基金项目(如获得基金资助的文章,应详细注明"项目级别""项目名称""项目编号"等信息,并置于正文首页下方)

二、注引格式示例

1. 专著文集

① 〔法〕卢梭:《社会契约论》,何兆武译,商务印书馆 2003 年版,第 50 页。

② 鲁迅:《文化偏至论》,《鲁迅全集》(第 1 卷),人民文学出版社 2005 年版,第 51 页。

2. 期刊文章

③ 何龄修:《读顾城〈南明史〉》,《中国史研究》1998 年第 3 期,第 167－173 页。

3. 报纸文章

④ 谢希德:《创造学习的新思路》,《人民日报》1998 年 12 月 25 日,第 10 版。

4. 学位论文

⑤ 庄伟杰:《华文文学关键词研究》,复旦大学博士后研究报告,2008 年 6 月。

5. 电子文献

⑥ 詹伯慧:《把语言作为资源来认识》,http://theory. people. com. cn/n1/2016/0626/c40531-28478957. html(2016 年 6 月 26 日),2016 年 6 月 27 日访问。

（电子文献请写出具体网址，注明网页上标注的文献发表时间和访问网页的时间）

6. **外文文献**

⑦ Hedlley Bull：*The Anarchical Society*：A *Study of Order in World Politics*，Columbia University Press，1977，p.31.

（外文文献标注顺序与中文同，但外文书名一般用斜体以示区别，跨页则用 pp. 31 - 32.）

三、投　稿　须　知

（1）《语言与文化论坛》为综合性人文学术出版物，由浙江越秀外国语学院主办、上海交通大学出版社出版。它是在光明日报出版社连续出版 14 辑《语言与文化研究》的基础上更名的。自创刊以来，已在海内外学术界广受好评，且产生较大影响。本刊以会通中外语言文化、关注学科发展前沿、注重基础应用研究、促进人文学术交流为宗旨，刊登人文社科各学科学术论文。特别鼓励学术创新，包括对重大学术研究理论和现实问题的探索，对不同学术观点的讨论和争鸣，期冀建立一个开放的学术对话平台。

（2）《语言与文化论坛》常设栏目有：论坛特稿、外国文学、中国文学、华文文学、比较文学、中外诗学、语言与翻译、文字与文化、国别与区域、序跋评述等，每期栏目有所侧重，力图打造自己固定的特色栏目。欢迎海内外从事中外人文社科研究尤其是外国语言文学研究的方家、学者和校内外同仁不吝赐稿支持。

（3）来稿必须观点鲜明、新颖，资料翔实、可靠，论证严密、科学，文字规范、通畅，篇幅一般不超过 1.2 万字，重要文章可作适当调整；书评、序跋及学术动态等文章 5 000 字以内为宜。来稿请通过电子邮件提供 WORD 文档（附件方式）。如文中包括特殊字符、插图等，可单独发送图片文件。

（4）编辑部对采用稿件有权作文字删改，如不同意改动请在来稿时申明，稿件文责自负。审稿周期为 3 个月，3 个月内未收到答复，作者可自行处理。来稿恕不退还，请自留底稿。一经录用，将邮件或电话通知作者，稿酬从优并赠送样刊两册。

四、联　系　方　式

地址：（312000）中国浙江省绍兴市越城区会稽路 428 号
浙江越秀外国语学院学报《语言与文化论坛》编辑部
电话：0575 - 89114475　89114479
投稿邮箱：yuexiuxuebao@163.com